2024 年版

春季労使交渉・
労使協議の手引き

経団連事務局編

はしがき

　経団連は、春季労使交渉・協議における経営側のスタンスや、雇用・人事労務管理に関する諸課題への見解を明らかにするため、毎年、「経営労働政策特別委員会報告」（以下、「経労委報告」）を公表している。

　本書は、「経労委報告」をより深く理解いただくための実務書として、雇用・労働法制の改正動向や人事労務管理のトレンドを踏まえた企業事例、労働関係の統計資料など、人事・労務担当者をはじめ、日本の雇用・労働市場の現状を把握し、今後を展望したい方々にとって、参考となる情報を幅広く盛り込んでいる。

　本書の構成は、「経労委報告」に準じており、第Ⅰ部「『構造的な賃金引上げ』の実現に不可欠な生産性の改善・向上」では、エンゲージメントと労働生産性の向上に資する働き方改革に加えて、DE&I（Diversity, Equity & Inclusion）のさらなる推進、円滑な労働移動等について解説するとともに、様々な企業事例を紹介している。

　第Ⅱ部「2024年春季労使交渉・協議における経営側の基本スタンス」では、前半で日本経済や労働市場、企業収益などの状況について各種統計データを用いて解説を行っている。これらを踏まえ、後半では、賃金や社会保険料の動向、また、連合と主要産業別労働組合の今次の春季労使交渉に向けた方針や経営側の基本スタンスを記載している。

　そのほか、巻末では、労使交渉・協議で必要となる統計データや、旧労働契約法20条をめぐる判例の解説等を収載している。

　本書を、今次の労使交渉・協議や人事諸制度の検討・見直しの際の参考資料としてご活用いただければ幸いである。

　2024年1月

経団連事務局

春季労使交渉・労使協議の手引き　目次

はしがき

表紙デザイン──池上　幸一

第 I 部

「構造的な賃金引上げ」の実現に不可欠な生産性の改善・向上

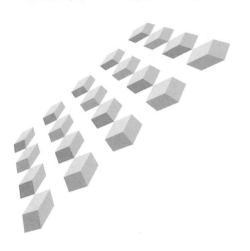

1

「働き方改革」と「DE＆I」の
さらなる推進による
生産性の改善・向上

1 ① 働き手のエンゲージメント向上

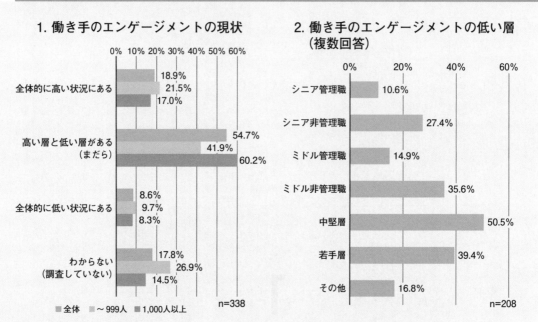

1. 働き手のエンゲージメントの現状

2. 働き手のエンゲージメントの低い層（複数回答）

注：2. 集計対象は働き手のエンゲージメントの現状が「高い層と低い層がある（まだら）」または「全体的に低い状況にある」と回答した企業

出典：1. 2. 経団連「2023年人事・労務に関するトップ・マネジメント調査結果」

◆エンゲージメントの現状

　企業の成長を実現するには、インプット（労働投入）を効率化する働き方改革「フェーズⅠ」を継続しながら、アウトプット（付加価値）の最大化を図る「フェーズⅡ」を深化させて、労働生産性の改善・向上に注力していくことが重要である。そのためには、企業におけるイノベーションを生み出す働き手が高いエンゲージメントを保ちながら仕事に取り組み、組織としてのパフォーマンスを高めることが不可欠である。

　経団連調査によると、働き手のエンゲージメントの現状としては、「高い層と低い層がある（まだら）」（54.7%）との回答が最も多く、以下、「全体的に高い状況にある」（18.9%）、「全体的に低い状況にある」（8.6%）と続く。また、企業規模別にみると、「高い層と低い層がある（まだら）」と回答する企業が、1,000人以上の企業では60.2%、999人以下の企業では41.9%となり、規模の大きい企業では比較的エンゲージメントの現状はまだらな状況となっている。年代・職階別のエンゲージメントの状況（複数回答）では、「中堅層」（50.5%）や「若手層」（39.4%）、「ミドル非管理職層」（35.6%）で低い傾向にある。企業においては、自社の状況を適切に把握し、各課題に応じたエンゲージメント向上策の検討が求められる。

◆職場におけるコミュニケーション

　働き手のエンゲージメントを高めるためには、職場のコミュニケーションの活性化が鍵となる。経団連の調査では、9割以上の企業が職場におけるコミュニケーションに課題を感じている（「一部において課題を感じている」（73.8%）と「全社的に課題を感じている」（18.5%））。「一部において課

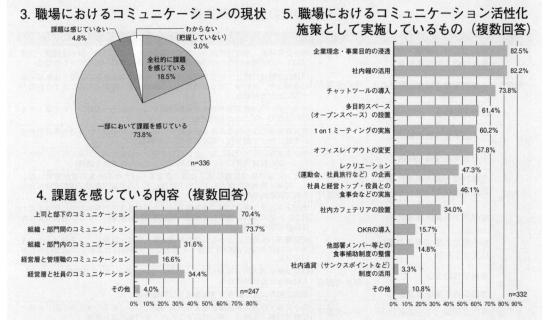

3. 職場におけるコミュニケーションの現状

- 課題は感じていない 4.8%
- わからない（把握していない）3.0%
- 全社的に課題を感じている 18.5%
- 一部において課題を感じている 73.8%

n=336

4. 課題を感じている内容（複数回答）

項目	%
上司と部下のコミュニケーション	70.4%
組織・部門間のコミュニケーション	73.7%
組織・部門内のコミュニケーション	31.6%
経営層と管理職のコミュニケーション	16.6%
経営層と社員のコミュニケーション	34.4%
その他	4.0%

n=247

5. 職場におけるコミュニケーション活性化施策として実施しているもの（複数回答）

項目	%
企業理念・事業目的の浸透	82.5%
社内報の活用	82.2%
チャットツールの導入	73.8%
多目的スペース（オープンスペース）の設置	61.4%
1on1ミーティングの実施	60.2%
オフィスレイアウトの変更	57.8%
レクリエーション（運動会、社員旅行など）の企画	47.3%
社員と経営トップ・役員との食事会などの実施	46.1%
社内カフェテリアの設置	34.0%
OKRの導入	15.7%
他部署メンバー等との食事補助制度の整備	14.8%
社内通貨（サンクスポイントなど）制度の活用	3.3%
その他	10.8%

n=332

注：4. 集計対象は職場におけるコミュニケーションの現状として「一部において課題を感じている」と回答した企業
出典：3. 4. 5. 経団連「2023年人事・労務に関するトップ・マネジメント調査結果」

題を感じている」と回答した企業では、「組織・部門間のコミュニケーション」（73.7％）、「上司と部下のコミュニケーション」（70.4％）をその具体的内容として挙げる企業が多い（複数回答）。

　職場におけるコミュニケーション活性化施策としては、「企業理念・事業目的の浸透」（82.5％）が最も多く、「社内報の活用」（82.2％）、「チャットツールの導入」（73.8％）、「多目的スペース（オープンスペース）の設置」（61.4％）、「1on1ミーティング」の実施（60.2％）などが続いている。リモートでの勤務を含む多様な働き方が浸透する中、企業は、自社のコミュニケーションに関する課題に対応し、組織活性化に向けたマネジメントに取り組むことが肝要である。

◆現場業務に従事する働き手のエンゲージメント

　生産性の改善・向上のためには、いわゆるホワイトカラーだけでなく、製造や建設、運輸、警備、介護、農林・水産などの現場業務に従事する働き手についても、エンゲージメントを高める施策を積極的に展開していく必要がある。経団連調査によると、現場業務に従事する社員のエンゲージメントを高める施策（複数回答）としては、「表彰・報奨の実施」（88.8％）が最も多い。これに「安全かつ効率的な就労環境の整備」（78.5％）、「自社の経営や事業の状況等に関する情報の共有」（76.0％）、「資格取得等を支援する施策の実施」（74.7％）、「経営トップや社員同士の対話の推進」（70.8％）などが続いている。企業は、現場の状況や働き方を踏まえ、働き手の技術・技能の向上支援や働きやすい職場環境の整備、コミュニケーションの充実等の取組みを進め、現場業務に従事する社員のエンゲージメントを高いレベルで維持・継続していくことが求められる。

1 ❷ 中小企業の生産性改善・向上に向けた支援

中小企業向けの主な政策支援

類型	名称	所管	概要
補助金	ものづくり・商業・サービス生産性向上促進補助金	中小企業庁	中小企業等が、生産性の向上に資する革新的サービス開発・試作品開発・生産プロセスの改善を行うための設備投資に要する経費の一部にかかる補助金
	小規模事業者持続化補助金		持続的な経営に向けた経営計画に基づく、小規模事業者等の地道な販路開拓等の取組みや、あわせて行う業務効率化の取組みを支援するために要する経費の一部にかかる補助金
	IT導入補助金		中小企業・小規模事業者等が自社の課題やニーズに合ったITツールを導入する際の経費の一部にかかる補助金
税制	個人版事業承継税制	中小企業庁	個人事業者の集中的な事業承継を促すため、10年間限定で、多様な事業用資産の承継にかかる贈与税・相続税を100%納税猶予
	中小企業経営強化税制		中小企業等経営強化法に基づき、認定を受けた経営力向上計画に従って行われた、一定の設備投資について、即時償却または税額控除を適用
	先端設備等導入制度に基づく固定資産税の特例		市町村により先端設備等導入計画の認定を受けた中小企業の設備投資に対して、臨時・異例の措置として、地方税法における事業用家屋や償却資産にかかる固定資産税の特例などを適用
	地域未来投資促進税制		地域未来投資促進法に基づき承認を受けた地域経済牽引事業計画に従って行われる、一定の要件を満たした建物・機械等の設備投資について、特別償却または税額控除を適用
	中小企業の経営資源の集約化に資する税制		経営資源の集約化によって、生産性向上等を目指す計画の認定を受けた中小企業が計画に基づくM&Aを実施した場合に、①設備投資減税②準備金の積立が利用可能
助成金	雇用関係助成金	厚生労働省	特定求職者雇用開発助成金やトライアル雇用助成金、65歳超雇用推進助成金、人材確保等支援助成金等
	労働条件等関係助成金		業務改善助成金、働き方改革推進支援助成金等
その他	専門家派遣（中小企業119）	中小企業庁	中小企業・小規模事業者が抱える経営課題につき、事業の各段階に応じた様々な経営課題・支援ニーズに対応するため、専門家派遣を実施

出典：中小企業庁、厚生労働省ホームページをもとに経団連事務局にて作成

　生産年齢人口の減少が進む中、わが国経済の持続的な成長のためには、企業全体の99%以上を占める中小企業における労働生産性の改善・向上が欠かせない。しかし、中小企業の労働生産性は大企業の半分程度の水準で長らく横ばいで推移しているのが現状である。そのため、中小企業の労働生産性の引上げに向け環境整備を後押しするためにも、政府等による公的支援策の充実が重要となる。

◆労働生産性の改善・向上に向けた公的支援の活用

　労働生産性の改善・向上策として、デジタル技術を活用しながら、新たな付加価値の創出を図るDXの推進が企業にとって重要な課題となっている。中小企業基盤整備機構が中小企業を対象に行ったアンケート調査（2023年10月）によると、DXの取組みを行っている企業は31.2%に上る。しかし取組みの具体的内容については、アナログ作業・データのデジタル化にとどまる企業が約3割（29.1%）で、業務プロセス等のデジタル化（13.4%）、ビジネスモデル等の変革（9.6%）と、高度な取組みになるにつれ実施の割合は減少している。また、DXに取り組むにあたっての課題としては、ITに関わる人材の不足（28.1%）や予算確保の難しさ（24.9%）等が挙げられている。

　こうした状況を踏まえ、政府・自治体等は、中小企業向けにDXを支援する補助金や助成金、税制優遇措置、専門家派遣等の措置を実施している。例えば、中小企業庁や一部の自治体は、設備投資にかかる税制優遇措置、雇用の安定や職場環境の改善等を支援する助成などを実施している。このほか、新潟県燕市は、金属加工業が集積する地域特性を踏まえ、連携・分業する各企業間の受発注や納期などの情報を共有するクラウドサービスを開発し、安価な価格で提供している。中小企業は、このような公的支援策を積極的に活用し、労働生産性改善・向上の取組みを進めていくことが望まれる。

1 ❸ 弾力的な労働時間制度の動向

1. 弾力的な労働時間制度の概要

区分	適用対象	労働時間	導入手続き	適用労働者割合
フレックスタイム制 労働基準法第32条の3	特段の制限なし	一定の清算期間における総労働時間を定め、その枠内で労働する	就業規則での規定、労使協定の締結	10.6%
事業場外みなし労働時間制 労働基準法第38条の2	労働時間の全部または一部について事業場外で業務に従事し、労働時間の算定が困難な場合	原則として所定労働時間労働したものとみなす ※所定労働時間を超えた労働が必要な場合は当該業務の遂行に通常必要な時間労働したものとみなす	労使協定の締結義務等はない ※みなし労働時間が所定労働時間を超える場合労使協定を締結することが望ましく、協定を締結する場合、みなし労働時間が法定労働時間を超える際は労働基準監督署への届出が必要	7.6%
専門業務型裁量労働制 労働基準法第38条の3	新商品・新技術の研究開発をはじめ厚生労働省令及び厚生労働大臣告示で定める19業務（2024年4月より20業務に）	労使協定で定めた時間労働したものとみなす	対象者個人の同意取得（2024年4月より）、労使協定の締結、労働基準監督署への届出	1.1%
企画業務型裁量労働制 労働基準法第38条の4	事業の運営に関する事項についての企画、立案、調査及び分析の業務	労使委員会の決議で定めた時間労働したものとみなす	労使委員会の設置・決議、労働基準監督署への届出、対象者個人の同意取得、労働基準監督署長への定期報告	0.2%
高度プロフェッショナル制 労働基準法第41条の2	金融商品の開発業務、コンサルタント業務をはじめ厚生労働省令で定める5業務	労働基準法に定められた労働時間、休憩、休日及び深夜割増賃金に関する規定は適用されない	労使委員会の設置・決議、労働基準監督署への届出、対象者個人の同意取得、労働基準監督署長への定期報告	0% (823人)

出典：厚生労働省「現行の労働時間制度の概要」、「2022年・2023年就労条件総合調査（制度適用対象労働者割合のうち、高度プロフェッショナル制度のみ2022年調査による）」、「高度プロフェッショナル制度に関する報告の状況（2023年3月末時点）」をもとに経団連事務局にて作成

労働基準法（労基法）は、1日8時間、週40時間を超える労働を原則禁止しているが、事業活動や働き方の多様化に対応する観点から、フレックスタイム制や裁量労働制など、法定労働時間の規制を弾力化する労働時間制度を設けている。企業には、働き方改革の深化の鍵を握るエンゲージメントの向上のため、自社の状況に応じて、「時間」や「場所」にとらわれない柔軟な働き方を可能とする環境整備が求められている。

◆フレックスタイム制

あらかじめ一定の清算期間における総労働時間（最長3ヵ月間）を定め、日々の始業・終業時刻をその枠内で労働者の選択に委ねる制度である。実労働時間が総労働時間を超えた場合、割増賃金の支払いが必要となる。制度導入においては、労使協定で対象となる労働者の範囲や清算期間等を定めるとともに、就業規則への記載が必要となる。なお、同制度は全社員一律ではなく、特定の部署や社員に適用を限定することも可能である。また、必ず労働しなければならない時間帯（コアタイム）を設定する場合には、フレキシブルタイムを必ずコアタイムの前後に設ける必要がある。コアタイムを設けない、いわゆる「スーパーフレックスタイム制」の導入も可能である。

◆事業場外みなし労働時間制

労働時間の全部または一部を事業場外で業務に従事し、使用者の指揮監督が及ばず労働時間の算定が困難な場合（取材記者や外勤営業職員など常態として事業場外で労働する場合や、出張など臨時的に事業場外で労働する場合）に、原則として所定労働時間分の労働をしたとみなす制度である。ただし、所定労働時間を超える労働が必要な場合には、当該業務の遂行に通常必要な時間を労働したものと

2. 裁量労働制の主な導入手続き（太字下線部は2024年4月から導入）

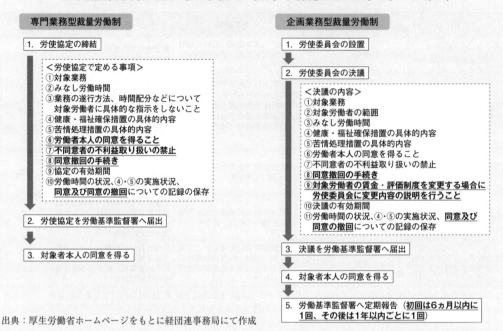

出典：厚生労働省ホームページをもとに経団連事務局にて作成

みなされる。本制度は、在宅勤務やリモートワークにも活用できるが、厚生労働省のテレワークガイドラインは、①情報通信機器が使用者の指示により常時通信可能な状態におくこととされていない、②随時使用者の具体的な指示に基づいて業務を行っていないという2要件の充足を求めているため、適用にあたっては実態を踏まえた検討が必要である。

◆裁量労働制

　業務遂行の手段・方法や時間配分を労働者の裁量に委ねる必要のある一定の業務に従事する場合、実際の労働時間にかかわらず一定時間労働したものとみなす制度であり、専門業務型と企画業務型の2種類がある。制度の導入にあたっては、①対象業務への該当性、②社員の裁量性の有無、③健康・福祉確保措置の設定等に留意する必要がある。2024年4月1日から改正法が施行され、新たな導入要件として専門業務型の本人同意の取得等の追加など一部制度が変更になる。すでに裁量労働制を導入し、労使委員会決議や労使協定を締結している場合も、改正法施行日までに締結し直す必要がある。

◆高度プロフェッショナル制度

　特定の5業務に従事する、高度の専門的知識を持ち職務範囲が明確で、かつ年収1,075万円以上の労働者を対象に、一定の条件の下、労基法上の労働時間・休憩等の規定を適用しないことを認める制度である。割増賃金規制や深夜規制の特例が認められるが、労基法上の健康管理時間の把握や、年間104日以上かつ4週間を通じ4日以上の休日付与、選択的健康確保措置などが求められる。

❹女性の活躍推進の現状と男女間の賃金格差

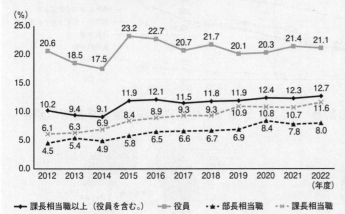

1. 役職別女性管理職等割合の推移（企業規模10人以上）

要　因	男女間賃金格差		男女間格差縮小の程度 ②－①
	調整前（原数値）①	調整後②	
勤続年数		79.4	3.7
役　職		85.4	9.7
年　齢		76.3	0.6
学　歴	75.7	77.2	1.5
労働時間		77.6	1.9
企業規模		75.7	0.0
産　業		73.6	-2.1

2. 男女間の賃金格差の要因（単純分析）

注：2. 調整前（原数値）①は男性100に対する、実際の女性の賃金水準
　　調整後②は女性の各要因の労働者構成が男性と同じと仮定した場合の賃金水準
出典：1. 厚生労働省「令和4年度雇用均等基本調査」
　　　2. 厚生労働省「令和4年賃金構造基本統計調査」をもとに厚生労働省雇用環境・均等局にて作成

◆女性の活躍推進の現状

　わが国の女性就業者は増加傾向にある。また、2022年に12.7％となった課長相当職以上の女性管理職の割合（課長相当職11.6％、部長相当職8.0％）は、長期的にみれば上昇傾向にあるものの、近年はほぼ横ばいで推移している。

　人手不足が深刻化する中、性別にかかわらずすべての働き手が能力を発揮することにより、社会活力の維持と経済の持続的な成長を実現していかなければならない。そのために企業は、多様な人材を受け入れること、とりわけ女性の活躍を推進する必要性が高まっている。

　その鍵は、女性の継続就労支援と、管理職やその候補となる女性の増加につながる施策である。例えば、仕事と育児の両立支援や柔軟な働き方の促進に加えて、中長期的なキャリアアップ支援としての面談・研修の実施等が効果的である。さらに、男性の働き方を見直し、男性の家事・育児等を促進していくことも課題である。

◆男女間賃金格差の要因と解消に向けた取組み

　厚生労働省の分析によると、わが国における男女間賃金格差の主な要因としては、「役職」が最も大きく、次いで「勤続年数」や「労働時間」などが影響している。2022年7月に女性活躍推進法の省令の改正が施行され、常用労働者301人以上の事業主に対して、男性の賃金に対する女性の賃金の割合の公表が義務付けられた。男女の賃金の差異は、女性活躍に関する結果指標であり、企業には、自社の状況を把握・分析し、女性の活躍推進施策を継続して実施していくことが求められる。

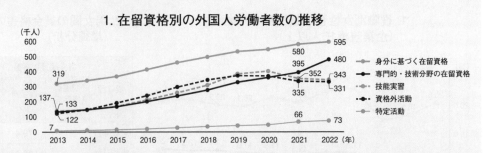

1. 在留資格別の外国人労働者数の推移

凡例:
- 身分に基づく在留資格
- 専門的・技術分野の在留資格
- 技能実習
- 資格外活動
- 特定活動

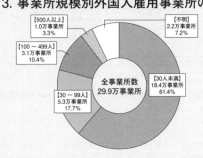

2. 国籍別外国人労働者数の割合

外国人労働者数 182.2万人
- 中国（香港、マカオを含む）38.6万人 21.2%
- 韓国 6.7万人 3.7%
- フィリピン 20.6万人 11.3%
- ベトナム 46.2万人 25.4%
- ネパール 11.8万人 6.5%
- インドネシア 7.8万人 4.3%
- ミャンマー 4.7万人 2.6%
- ブラジル 13.5万人 7.4%
- ペルー 3.1万人 1.7%
- G7等 8.1万人 4.5%
- その他 21.0万人 11.5%

3. 事業所規模別外国人雇用事業所の割合

全事業所数 29.9万事業所
- 【500人以上】1.0万事業所 3.3%
- 【100～499人】3.1万事業所 10.4%
- 【30～99人】5.3万事業所 17.7%
- 【30人未満】18.4万事業所 61.4%
- 【不明】2.2万事業所 7.2%

注：2. 外国人労働者数の内訳はほかに「不明」が42人含まれる
出典：1.2.3. 厚生労働省「外国人雇用状況の届出状況」をもとに経団連事務局にて作成

わが国の外国人労働者数（2022年10月）は182.3万人となり、外国人雇用状況の届出が義務化された2007年以降の過去最高を更新した。対前年増加率は、コロナ禍の影響により2020年（4.0%増）、2021年（0.2%増）と鈍化していたものの、2022年は5.5%増となった。

◆在留資格別・国籍別の外国人労働者数

在留資格別の外国人労働者数は「身分に基づく在留資格」（59.5万人）が最も多く、次いで「専門的・技術分野の在留資格」（48.0万人）、「技能実習」（34.3万人）となっている。

前年比の増加率としては「専門的・技術分野の在留資格」（21.7%増、85,440人増）が最も高く、次いで「特定活動」（11.3%増、7,435人増）が高い。一方、「資格外活動」のうち「留学」（3.3%減、8,958人減）や「技能実習」（2.4%減、8,534人減）など、コロナ禍の影響が残る在留資格もある。

国籍別の労働者数では、ベトナム（46.2万人）が最も多く、中国（38.6万人）、フィリピン（20.6万人）が続いており、上位3ヵ国で全体の約6割（57.9%）を占めている状況である。

◆事業所規模別の外国人雇用事業所

外国人を雇用する事業所数を規模別でみると「30人未満」（18.4万事業所）が最も多く、全体の約6割（61.4%）を占めている。また、事業所数の対前年増加率も「30人未満」が最も大きく（前年比4.5%増）、多くの外国人が中小企業に雇用されており、その傾向が強まっている現状が伺える。

1 ⑥ 高齢者雇用

1. 70歳までの就業確保措置への対応状況

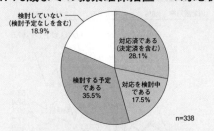

- 検討していない（検討予定なしを含む）18.9%
- 対応済である（決定済を含む）28.1%
- 検討する予定である35.5%
- 対応を検討中である17.5%

n=338

2. 70歳までの就業確保措置の内容

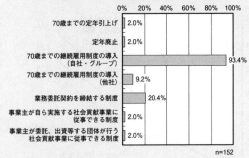

- 70歳までの定年引上げ 2.0%
- 定年廃止 2.0%
- 70歳までの継続雇用制度の導入（自社・グループ）93.4%
- 70歳までの継続雇用制度の導入（他社）9.2%
- 業務委託契約を締結する制度 20.4%
- 事業主が自ら実施する社会貢献事業に従事できる制度 2.0%
- 事業主が委託、出資等する団体が行う社会貢献事業に従事できる制度 2.0%

n=152

3. 高齢社員の職務の内容

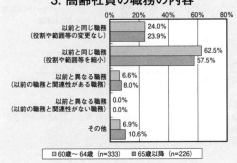

- 以前と同じ職務（役割や範囲等の変更なし）24.0% / 23.9%
- 以前と同じ職務（役割や範囲等を縮小）62.5% / 57.5%
- 以前と異なる職務（以前の職務と関連性がある職務）6.6% / 8.0%
- 以前と異なる職務（以前の職務と関連性がない職務）0.0% / 0.0%
- その他 6.9% / 10.6%

■60歳～64歳（n=333）　■65歳以降（n=226）

4. 以前と異なる職務につく高齢社員に対する研修・セミナー等の実施有無

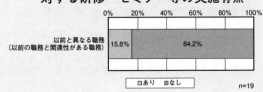

- 以前と異なる職務（以前の職務と関連性がある職務）あり15.8%　なし84.2%

□あり　■なし　　n=19

出典：1.2.3.4. 経団連「2023年人事・労務に関するトップ・マネジメント調査結果」

◆**改正高齢法への企業の対応状況**

　2021年4月に施行された改正高年齢者雇用安定法（高齢法）への企業の対応状況について、経団連調査によると、70歳までの就業確保措置を「対応済」「対応を検討中」とした企業が45.6%、「検討する予定である」は35.5%、「検討していない（予定なしを含む）」は18.9%となっている。「対応済」「対応を検討中」の企業における具体的な措置の内容（複数回答）は、雇用による措置である「70歳までの継続雇用制度（自社・グループ）」が9割（93.4%）を超えた一方、雇用によらない措置である「業務委託」が約2割（20.4%）、「社会貢献事業」が2%とその導入割合は低い。雇用によらない措置は、改正高齢法で新設された制度であり、先進事例等が少ないことから、導入を検討する企業においては、厚生労働省が示している指針等を参考にすることが有効である。

◆**高齢社員の職務の内容**

　高齢社員の職務内容について、経団連調査によると、60～64歳（59歳時と比較）では、以前と同じ職務で「役割や範囲等の変更なし」が24.0%、「役割や範囲等を縮小」が62.5%で、計86.5%にも上っている。65歳以降（64歳時と比較）でも同23.9%、57.5%となっており、定年後再雇用や定年延長に伴う役職定年などを境に、以前と同じ職務で役割や範囲等を縮小することが多くなっている。また、以前と異なる職務（以前の職務と関連性がある職務）につく高齢社員に対して、研修・セミナー等を実施している割合は15.8%と低調となっている。とりわけ、以前と異なる職務に従事する高齢社員のパフォーマンスの維持・向上に向けては、企業として職務の変更に伴って必要となる能力・スキルを習得するための研修やセミナー等を実施することが重要である。

1. 企業規模別実雇用率の推移

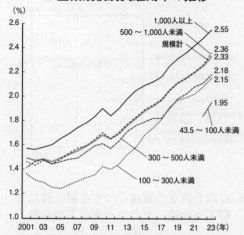

2. 法定雇用率達成企業割合の推移

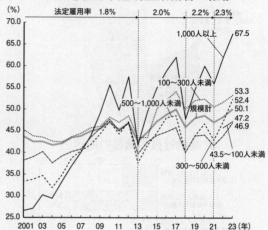

注：1. 2. 2021年3月に雇用率制度の対象となる事業主は、従業員数「45.5人以上」から「43.5人以上」へと拡大された
2. 制度改正（2010年：短時間労働者の参入や除外率の引下げなど、2018年：障害者雇用義務の対象として精神障害者が加わる）により、2018年以降と2011年〜17年、2010年までの数値は単純には比較できない
出典：1. 2. 厚生労働省「障害者雇用状況報告」をもとに経団連事務局にて作成

◆企業における障害者雇用の現状

厚生労働省「障害者雇用状況報告」によると、2023年6月時点で企業（43.5人以上規模、法定雇用率2.3%）に雇用されている障害者数は約64.2万人となった。前年より約2.8万人増加し、20年連続で過去最高の数値を更新した。また、実雇用率は2.33%（対前年比0.08ポイント上昇）となり、12年連続で過去最高となった。企業における障害者雇用の取組みは着実に進展している。

企業規模別の実雇用率は「1,000人以上」（2.55%）で最も高く、「500〜1,000人未満」（2.36%）、「300〜500人未満」（2.18%）、「100〜300人未満」（2.15%）、「43.5〜100人未満」（1.95%）と続く。

法定雇用率達成企業の割合は、全体では50.1%（対前年比1.8ポイント上昇）となった。規模別では、「1,000人以上」（67.5%）、「100〜300人未満」（53.3%）、「500〜1,000人未満」（52.4%）が5割を超え、「43.5〜100人未満」（47.2%）、「300〜500人未満」（46.9%）が続く。

◆法定雇用率の引上げと今後の取組み

民間企業の法定雇用率は2024年4月より2.5%、2026年7月より2.7%へ段階的に引き上げられ、義務の対象も2024年4月より40.0人以上、2026年7月より37.5人以上の従業員を雇用する事業主へと拡大する。

現状では、法定雇用率未達成企業のうち障害者を1人も雇用していない企業（障害者雇用ゼロ企業）の割合は6割弱（58.6%）となっており、その大部分が300人未満の企業である。

中小企業における障害者雇用の取組みへのさらなる支援が必要とされる中、2024年4月以降、中小企業を含む民間企業の支援のために助成金の新設・拡充が予定されている。企業は各種助成制度を活用しながら就労支援機関等と連携し、障害者雇用に積極的に取り組むことが望まれる。

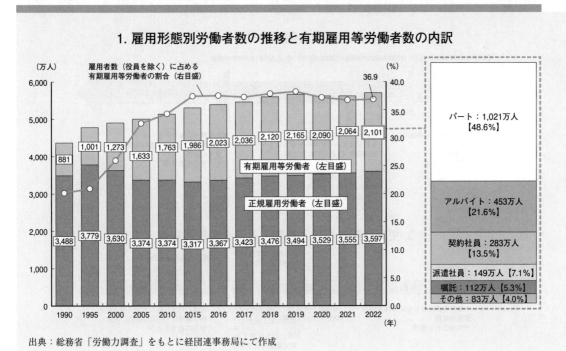

1. 雇用形態別労働者数の推移と有期雇用等労働者数の内訳

出典：総務省「労働力調査」をもとに経団連事務局にて作成

◆**有期雇用等労働者の現状**

　有期雇用労働者やパートタイム労働者（有期雇用等労働者）は、2022年でわが国の雇用者の4割弱（2,101万人）を占め、2000年と比較すると、828万人の増加（構成比で10.9ポイント増）となっている。2020年、2021年と前年から減少したものの、2022年は再び増加に転じている。年齢別では60歳以上の有期雇用等労働者が全体の約3割（31.5%）を占めており、2021年に改正高年齢者雇用安定法が施行されたことを踏まえると、今後高年齢の有期雇用等労働者のさらなる増加が予想される。

　総務省「労働力調査」によると、有期雇用等労働者が現在の雇用形態を選択した主な理由としては、「自分の都合のよい時間に働きたいから」（679万人、33.5%）が最も多く、増加傾向にある。以下、「家計の補助・学費等を得たいから」（389万人、19.2%）、「家事・育児・介護等と両立しやすいから」（222万人、10.9%）と続く。一方、「正規の職員・従業員の仕事がないから」とする不本意有期雇用等労働者は減少傾向にあり、直近10年の推移をみると、2013年の約342万人（19.2%）から毎年減少し、2018年は約256万人（12.8%）、2022年は約210万人（10.3%）となっている。

◆**処遇改善に向けた企業の取組み**

　有期雇用等労働者は、わが国の雇用者数全体の4割弱（36.9%）を占めており、企業の人事戦略上、重要性が高まっている。各企業においては、同一労働同一賃金法制に基づく処遇の見直し、能力開発・スキルアップ支援、正社員化の推進などに対する積極的な取組みが求められている。こうした取組みを通じて、有期雇用等労働者における生産性の改善・向上や処遇改善、エンゲージメントの向上を図っていく必要がある。

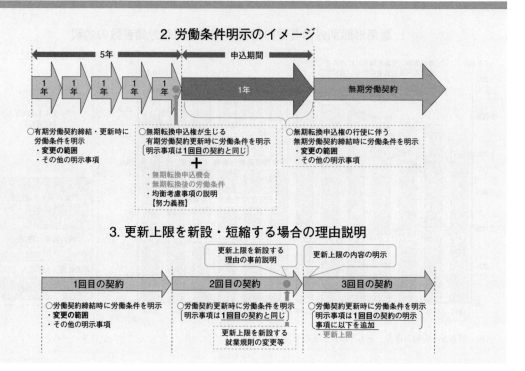

◆無期転換ルールの見直し

　有期契約をめぐっては、同一企業において有期労働契約期間が通算5年を超えた際に、当該有期契約労働者に、使用者に対する無期労働契約への転換を申し入れる権利が発生する無期転換ルールがある。この関連で、2024年4月に改正労働基準法施行規則が施行されるため、ポイントを3点紹介する。

　1点目は、労働条件の書面明示義務事項として、転換申込機会と転換後の労働条件を追加することである。使用者は、同書面明示を無期転換申込権が発生する契約更新時に行う必要があるが、この明示と労働基準法15条に基づく労働条件明示とは異なる。そのため、①無期転換申込権が生ずる有期契約更新時と②無期転換に伴う無期契約締結時（申込期間で当該権利が行使された場合）のそれぞれで労働条件明示が必要となる点は留意が必要である。ただし、①と②の労働条件がすべて同じであれば、②の明示に際しては、すべての事項が同じであることを書面の交付等により示すことが可能である。

　2点目は、①労働契約締結時における更新上限の有無とその内容の書面明示、②最初の労働契約締結より後に更新上限を新設または短縮する場合の理由説明の義務化である。②の説明に際しては書面の交付のほか、説明会等で同時に複数の有期契約労働者に説明することも認められている。

　3点目は、無期転換後の労働条件の明示の際、均衡を考慮した事項について説明することの努力義務化である。無期転換後の労働条件は「別段の定め」を設けることで、有期労働契約締結時の労働条件からの変更が可能だが、労働者にとって著しい不利益となる変更は認められず、労働契約法3条2項が定める就業の実態に応じた均衡を考慮する必要がある。

1 企業事例1
地方の中小企業における生産性向上の取組み①－寿商店

1. 利用している主なソーシャルメディアの特長と活用例

ソーシャルメディア	主な特長と活用例
YouTube	・発信できる情報量が多く、コアなファンを作りやすい。 ・魚に興味を持ってもらうための「入口」として活用。魚の捌き方や調理法、国内外の漁港や魚市場など、幅広い内容の動画を週1～2回配信。
X （旧Twitter）	・本文中にURLが添付でき、Webサイトとの連動性が高い。 ・商品やイベントの告知などに活用。ECサイトやイベントの特設サイトなどにも案内。
インスタグラム	・写真や画像・動画など、視覚的に楽しめる。 ・商品やイベント告知など、幅広い内容を投稿。系列飲食店ごとのアカウントでは、ストーリー機能（24時間限定の投稿）も活用し、その日のおすすめメニューを写真付きで紹介している。
オンラインサロン	・審査を経た特定のメンバーを対象に、狭く深い情報交換が可能。 ・ファンマーケティングの一環として活用。審査を経た会員に向けた質の高い情報発信、限定イベントなどを行う。

注：ソーシャルメディアの特長、活用の内容はヒアリング内容をもとに経団連事務局にて作成

　株式会社寿商店（従業員数86名、2023年11月現在）は、愛知県名古屋市に本社を置き、鮮魚卸・小売業、飲食業、通販業を展開している。同社は、目利きや調理といった分野で発揮される職人の長い経験や優れた技術にデジタル技術を掛け合わせることによって生産性向上に取り組んでいる。具体的には、ソーシャルメディアを活用した情報発信による商品の付加価値向上、受発注業務などのシステム化による効率化に注力している。

◆ソーシャルメディアを活用した情報発信

　同社は、約10年前よりソーシャルメディアを活用した消費者向けの情報発信を重視している。きっかけは、同社が毎年販売している「おせち料理」に対するインターネット上での評価が低かったことであった。仕入れから調理、飾りつけに至るまで、職人が手作業で時間をかけている製造過程が、消費者には十分伝わっていなかった。そこで、「食卓からは見えない部分を伝えたい」という考えの下、職人の作業の様子を同社のソーシャルメディアで公開した。「職人の手作り」というメッセージを発信することにより、商品に新たな価値を付与し、商品を購入した消費者の満足感も高まった。

　同社は現在、様々なソーシャルメディアを使い分けている。例えば、情報量の多い動画の配信はよりコアなファンを作りやすく、本文中にURLが記載できるX（旧Twitter）はインターネットサイトとの連動性が高く、オンラインサロンはある程度閉じた関係の中で質の高い情報交換が可能と分析している。こうした特徴を踏まえ、YouTubeを魚料理や同社への関心への入口とし、Xやオンラインサロンでは社員や商品開発の様子などを伝えて、出口としての商品販売につなげるなど、各媒体の有機的・体系的な活用を意識した情報発信を行っている。また、各メディアの運用にあたっては、登録者数や各投稿の閲覧数は意識せず、同社の理念に共感し、商品や活動を周囲に広める役割を担う「アクティブユーザー」を増やすことを重視している。同社は、閲覧者から高い共感を得るために、商品の裏側にあるリアルな情報を各媒体の特長に沿って発信することを心がけているという。

　ソーシャルメディアを活用した情報発信は、同社の社員のエンゲージメント向上にも寄与している。商品とともにそれに携わる職人に焦点を当てた投稿をしたところ、職人個々人も消費者から注目され、応援を受けることも増え、それがモチベーションの向上につながっていると分析している。

2. 受発注システムの実際の画面

◆現場におけるシステム化の推進

　同社には、鮮魚の仕入れや調理などの分野において長い経験と優れた技術を有する職人が数多く在籍している。魚を「競り落とす」「捌く」といった画一的な処理が困難な業務については、職人の経験と技術を活用する一方、それ以外の定型的な業務については、システム化を推進した。

　例えば、従前は、毎朝の仕入れに際し、直営の飲食店や取引先からファクシミリや電話でその日の魚の注文を受けて取りまとめていた。受発注をデータで管理するシステムを導入した結果、毎朝この作業に要していた約2時間が削減でき、また手書きや口頭ゆえに発生していた伝達ミスも減少した。

　システム化は、同社の提供するサービスの付加価値向上ももたらした。例えば、系列の飲食店において、予約や売上などの情報をデータ管理するシステムを導入した結果、開店前後の準備時間が短縮し、システム化で捻出された時間は、仕込みに充当してメニューの質の向上につながったという。

　システム化にあたっては、デジタル技術に慣れていない職人を中心とした現場の社員の不安や反発への対応が大きな課題となっていた。そこで同社は、社員が少しでもストレスを感じるシステム化は失敗する一方、一度定着すれば大きな効果を発揮するとの考えの下、現場の社員からの問い合わせにいつでも即座に対応できるフォローアップ体制を構築して、社員をサポートした。

　また、システム導入にかかる多額の費用も課題であった。同社は、最初は無料サービスを活用し、費用対効果を見極めて有料サービスに乗り換えることで、可能な限りコスト削減に努めた。

◆今後の展望

　同社は、セントラルキッチン化による効率化や、多店舗展開といった規模の拡大を目指してはいないという。同社の強みである経験や技術を有する職人が活躍しやすい規模を維持しながら、精度（利益率）を高めていく仕組みを模索し続けていきたいとしている。

1 企業事例2
地方の中小企業における生産性向上の取組み② ― 三松

1.「小ロット製造代行サービス」の概要

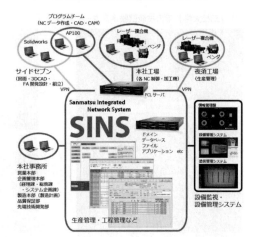

2. 三松の生産管理システム

株式会社三松（従業員数178名、2023年7月現在）は、福岡県筑紫野市に本社を置き、半導体・液晶製造装置から微細な電子部品に至る金属部品の加工に加え、開発設計やソフト開発、ＩｏＴとＡＩによる生産管理など、事業内容は多岐に渡る。顧客のニーズに即し、様々な製造代行サービス（開発設計、ロボット制御、加工技術、外注購買、アッセンブリ、品質・生産管理等）を提供している。

◆全社的な取組みとしてのデジタル化推進

同社は1972年の創業以降、他社に先んじた先端設備の導入を武器に、取引企業・分野を拡大してきた。しかし、グローバル化や多品種少量化といった製造の大きな変化に直面する中、先進的な設備導入による差別化だけでは、競争の優位性を保つことが難しい状況となっていた。また、少量多品種の依頼数が拡大する一方でコスト削減が思うように進捗しなかったことから、生産管理システムを構築する必要性が高まっていった。

そこで同社は1993年に、原価管理に取り組むべく生産管理システムを導入し、デジタル化に舵を切った。しかし、それまでテンキーによるデータ入力をしたことのなかった職人にとって、既存業務に加えて各種データの入力は想定以上に困難な作業となったことで、同システムは導入から2〜3ヵ月で頓挫した。この経験について同社は、デジタル化に向けたシステムの導入には、経営者の思いだけではなく、社員を含めた全社的な取組みが必要というよい教訓となったという。

その後、1997年に新規事業として始動しつつあった半導体製造装置にきめ細かな生産管理が必要となったことから、同社は、システム導入などのデジタル化を通じて、今後のあるべき自社の姿について経営ビジョンを策定することとした。その策定過程において、各生産工程において計数データをきちんと算出する手段がないことが明らかとなった。このことを踏まえ、同社は職人の感覚や経験に依拠した「暗黙知」を数値化して「形式知」へ転換する作業に取り組み、「小ロットの製造代行サービス業」という目標に向けて邁進することとなった。

◆生産性の改善・向上のための人材育成を通じた事業の拡大

同社のデジタル化の根幹を成すのは徹底したデータ検証である。そのためには、原価管理や進捗

3.「三松大学」を通じた人材育成

① 「三松大学」での技能試験ポスター

② 「三松大学」での技能試験の風景

管理、生産管理における各種作業に要する時間とその成果についてのデータを記録する作業の積み重ねが重要であった。前述の教訓を踏まえ、全社員が新たなシステムの導入に向けた研修に約半年間かけて取り組んだ。その結果、日々の製造の進捗はもちろん、社員の作業への習熟度の進歩も「見える化」することができた。

　社内へのシステムの浸透を通じた生産性の改善・向上には、社員の育成とモチベーション向上に向けた取組みも欠かせない。人材育成に関しては「三松大学」を創設し、社内の技能試験を行う独自の教育カリキュラム制度を整えた。同制度の下では、多能工化に向けて、1人3役の職務を遂行できるように教育を行っている。また、入社当初の2年間は当該社員が希望する業務以外の部署にあえて配属することで、欠員発生時や緊急的な受注発生時への機動的な対応を可能としている。さらに、経営トップからのデジタル化の号令にとどまらず、社員からのボトムアップの改善提案制度を設けている。提案が採用され、その成果が出た場合には、当該社員に報酬が支払われる仕組みを構築したことが、社員のモチベーション向上に寄与しているという。

　デジタル化推進の取組みは、生産性の改善・向上にとどまらず事業の拡大にもつながった。その一例は、2001年から始めた3次元CAD（コンピューターによる設計支援）システムの構築である。当時、顧客から発注される設計図は2次元であったため、金属部品の曲げ加工や切削などが十分織り込まれていなかったが、顧客の要求に応えるべく、設計図の3次元化を実現した。この成果をもとに、外販用のパッケージソフトSMASHを開発した。これにより、数千部品から成り、数百メートルに及ぶ製造ライン設備を数秒で仮想空間上に描写し、これまで不可能とされていた動作検証の実現が可能となった。

　同社は、デジタル化を含めて「新しいことに取り組む」という哲学を引き続き大切にしながら、今後はロボットの導入や省力化にも取り組み、九州発のものづくり革新を支援していくとしている。

1 企業事例3
現場業務の効率化、エンゲージメント向上等の取組み－新雪運輸

1. 最新型のデジタルタコグラフ

　新雪運輸株式会社（従業員数361名、2023年11月1日現在）は、埼玉県川口市に本社を置き、主に食品の生産工場などから大手スーパーの物流センター等への輸送を手がける食品一次物流事業を展開している。同社では、時間外労働の削減に向けてデジタル技術を活用した業務効率化のほか、「新雪運輸向上委員会」を非管理職で構成し、イベントの企画や社員の意見をとりまとめて経営側に提案をすることで、働きやすい職場環境の整備に取り組んでいる。こうした活動が評価され、国土交通省の「働きやすい職場認証制度（運転者職場環境良好度認証制度）」をはじめ、多くの認定・認証を取得している。

◆デジタル技術を活用した業務効率化、時間外労働削減への取組み

　2000年代はじめに労働者の過労死が社会問題となり、運輸業界においても、ドライバーの高齢化に伴って健康状態に起因する事故が発生していた。こうしたことを受けて、同社は、経営者の強いリーダーシップの下、働き方改革・コンプライアンスの徹底に本格的に取り組み始めた。

　その一環として、2008年、デジタルタコグラフとドライブレコーダーが連動した最新型のセーフティー・レコーダーを導入し、業務の見える化・効率化を推進した。従来、運転手が手書きで作成していた運転日報が自動化され、事務作業に費やす時間の削減に成功した。

　また、デジタルタコグラフで把握した個々のドライバーの運行時間や配送コース別の運行時間のデータをコンサルタントと共同で分析した。物流業界では「走れば稼げる」と考え、時間外労働の削減に対して否定的な考えを持つドライバーも少なくなく、長時間労働が常態化していた。また、時間外労働の削減には、ドライバーとともに顧客である荷主の理解が必要となる。デジタルタコグラフの分析結果は、ドライバー・顧客への説明を行う際の説得力あるデータとして役立っている。

　また、2017年から、出発前・帰社後に行っているアルコールチェックにて、自動的に、個々のドライバーの出勤・退勤時間を管理することとした。その上で、1週間ごとに、労働時間と勤務間インターバルが基準時間（労働時間：62時間（月31日）・64時間（月30日）/週、勤務間インターバル：

2.「新雪運輸向上委員会」の模様

9時間）を超えていないかを確認し、超過者にはアラートを出すなどの対策を講じている。

こうした取組みの積み重ねにより、2020年には時間外労働時間を約39％削減（2018年比）することに成功した。同社では、2024年度から適用される時間外労働時間の上限規制（2024年問題）の基準を、7つある事業所のうち5つがすでに満たし、残り2つの事業所も近く達成すると見込んでいる。

◆働きやすい職場環境の整備

従業員満足度（ES：Employee Satisfaction）の向上と円滑な業務運営のためには、その家族の協力が不可欠との認識の下、同社は、家族満足度（FS：Family Satisfaction）の向上を掲げ、働きやすい職場環境の整備に取り組んでいる。

その取組みの柱は、2017年に立ち上げた「新雪運輸向上委員会」である。オンラインも活用して月1回、議論を行っている。立ち上げ当初は、社内における交流の機会が限られていたことを踏まえ、各種イベントの企画の立案から始めた。賞金付きの社内標語大会など、多くの社員が参加できるよう工夫を凝らした。さらに、制服の変更など身近な提案を経営側に行った結果、採用されることも増えてきた。社員の間でも自分たちの意見が経営側に届くという意識が醸成されてきている。

FS向上の一環として、自宅送付型の社内報にも力を入れている。社員の自宅に直接社内報を送付することで、家族に同社での出来事や福利厚生（新たに加入した、社員の休業補償の保険など）の内容を確実に届け、同社への理解を深めてもらうことに寄与している。

◆今後の展望

同社は、2024年問題を「ものが運べなくなる」「残業削減によってドライバーの収入が減少する」といった側面に注目するのではなく、長時間労働の防止とプライベート時間の確保によって、社員とその家族の健康・幸せにつながる取組みと捉えている。これまでの取組みを着実に継続しながら、今後は、AIの活用を含めたDXの推進とともに、これらを担う人材の育成や管理職教育にも力を入れていきたいとしている。

1 企業事例4
柔軟な勤務制度の活用−池田模範堂

1. ラッシュアワーを避けて出退勤する社員

　株式会社池田模範堂（従業員数338名、2023年4月現在）は、富山県中新川郡上市町に本社を置く製薬企業である。虫さされ・かゆみ止めを中心に肌トラブル全般に関する医薬品の研究開発・製造・販売事業を展開し、「ムヒ」のブランド名で広く知られる。同社は働き方改革の一環として、2022年12月から2年間、研究所の社員を主な対象とする「フレックスタイム制」のテスト導入を開始した。

◆テスト導入の背景・経緯

　同社は、企業の成長のためには社員の健康維持が特に重要との認識の下、ワーク・ライフ・バランスを重視し、働きやすい職場環境の整備に努めてきた。その結果、2022年度の月平均の所定時間外労働時間は10時間を下回り、年次有給休暇の平均取得率は8割を超える。育児・介護と仕事との両立支援にあたっては、法令で定める基準を上回る短時間勤務制度や休暇・休業制度も設けた。これらの取組みが評価され、富山県の「元気とやま！仕事と子育て両立支援企業」（2015年）の受賞のほか、長時間労働の削減に積極的に取り組む「ベストプラクティス企業」として、富山労働局長の訪問（2016年）も受けている。

　労働時間については、1日8時間・週5日勤務の固定時間制を続けてきたが、研究所の管理職から、働く時間に選択肢を設けて社員の自己管理能力を高め、自律的に働く職場を目指したいとの強い意向の下、フレックスタイム制の導入要望が寄せられた。これを契機に検討を開始した。

　テスト導入にあたっては、研究所の社員（管理職級以上）から運用時に想定される懸念点を聴き出した上で、研究所と経営推進部（人事グループが所属）の関係者で議論を重ねて実施した。さらに、懸念点と対応策をまとめたQ&A集も作成し、現場から前向きな反応を得ながら進めていった。

　多く寄せられた懸念点は、「社員の在席が把握しにくくなる」であり、これはコアタイム以外の時間帯で打合せを調整する際などに生じる課題である。また、同社では各部署で朝のミーティングを実施しているが、出社時刻が社員ごとに異なる形になるため、「ミーティングの欠席者に対する情報共有が難しい」との声もあった。こうした懸念に対しては、同社が2007年から社内のコミュニケーション基盤として活用する、サイボウズ社のグループウェア「Garoon（ガルーン）」を用いた解決策を示した。具体的には、社員が自身のスケジュールに1日の勤務予定を事前に入力しておくことで、それを踏まえて打合せを設定できる。さらに、専用のグループを作り業務の連絡・相談やタスク管理を行うことができるGaroonの「スペース」機能を活用して開発プロジェクトの進捗情報やファイ

2. フレックスタイム制（テスト運用）の概要

- 対象者　　　　　　：研究所員および海外事業グループ員　※一部対象外のグループや適用除外あり
- 清算期間　　　　　：1ヵ月間
- 1日の標準労働時間：8時間
- テスト期間　　　　：2022年12月16日から2年間

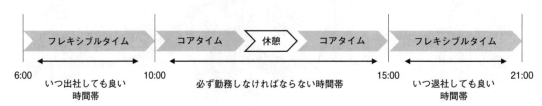

ルなどを共有する運用を取り入れ、朝のミーティングの代替手段としてWeb上での情報共有の充実化を実現した。現場の懸念を払拭しつつ制度の詳細を固めた結果、2年間のテスト運用を開始した。

◆フレックスタイム制（テスト運用）の概要と導入効果

　対象者は、研究所の社員と海外事業グループの社員とした。必ず勤務する時間帯の「コアタイム」を10時から15時（12時から13時は休憩）に、また、時間帯内に自由に出社・退社できる「フレキシブルタイム」を6時から10時と15時から21時に設けた。社員の健康確保に配慮し、22時から5時の深夜時間帯を含め、21時から6時をフレキシブルタイムから除外した。賃金の清算期間は1ヵ月、1日の標準労働時間は8時間に設定した。

　フレックスタイム制の活用により、社員一人ひとりがライフスタイルに応じた働き方を実践できている。具体的には、①車社会の富山県にあって、遠方に居住する社員がラッシュアワーを避けて出勤・退勤できる、②降雪の時期に始業時間を気にせず出勤できる、③子どもを保育園に預けてから出勤できる、④児童の登下校の交通安全指導（旗振り）当番を終えてから出勤できるなどが挙げられる。

　社員の健康確保の面でも効果がある。従来は、実験の都合で夜遅くまで勤務した翌日も始業時間に業務を開始しなければならなかったが、フレックスタイム制により、翌日の出社時間をずらしたり、翌日はコアタイムのみ出勤するなど柔軟性をもたせたことで体調管理しやすくなった。

　時間を効率的に活用できるという効果もある。これまでは、通勤ラッシュを避ける目的で早く出社し、始業時間まで読書や勉強等の業務以外の活動をして過ごす社員もみられた。フレックスタイム制では、出社後すぐに業務を開始するため、時間を効率的に活用でき、プライベートの時間も確保しやすくなった。なお、前述のとおり、始業時間前に社内で勉強する社員が存在したため、フレックスタイム制とあわせて、自己研鑽に要する費用を一定額まで補助する措置も設けた。

◆今後の展望

　同社は現在、テスト期間終了後の正式な導入・定着に向けて、2年間のテスト運用期間における業務への影響を含めた効果測定を実施する予定である。さらに、研究所以外の職場も含めて、社員一人ひとりが最適な働き方を実現し、生産性向上に取り組む姿を目指していくという。同社では、富山県の各企業に多様な働き方の推進に向けた取組みが広がり、地域経済の活性化につながることを期待している。

「ムヒ」は池田模範堂の登録商標です。

1 企業事例5
エクイティに配慮した女性活躍推進施策−双日

1. 人材戦略の3つの柱

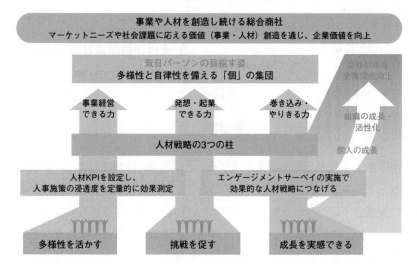

双日株式会社（2,523名、2023年3月末時点）は、自社の2030年の目指す姿として、「事業や人材を創造し続ける総合商社」を掲げ、その実現に向けた人材戦略として、「多様性を活かす」「挑戦を促す」「成長を実感できる」の3つの柱を据え、全社的な取組みを展開している。その上で、女性活躍推進を最重要テーマの1つとして位置付け、組織の意思決定に関わる女性社員を増やしていくために、世代別人材パイプラインの強化を図っている。具体的には、女性社員比率にかかる目標（2031年3月期）を、課長職で20%程度（2023年3月期12%）、課長職候補世代で30%程度（2023年3月期14%）とし、各世代における経験の蓄積やキャリア意識の醸成に努め、中長期の視点で女性社員が当たり前に活躍する環境づくりを進めている。

◆若手女性総合職の早期海外赴任等−キャリアの早回し

同社は、将来的に本社の管理職として意思決定できるようになるためには、社外や国外のビジネスの現場で幅広い経験を積むことが重要であるとの考えから、海外赴任・国内出向等の本社外経験を促していた。しかし、本社外経験の経験割合（2020年度）は、男性総合職の約40%に対し、女性総合職は約19%と約半分にとどまっていた。

このような状況を踏まえ同社は、2021年度にパイプライン強化を見据えた、本社外の成長機会による経験蓄積や意欲向上、男女間における経験値のギャップ解消を進めるため、女性総合職海外・国内出向経験割合（管理職前の女性総合職数に対し、海外・国内出向を経験した割合）を人材KPIに設定した。エンゲージメントサーベイを通じた分析では、20代の女性総合職は海外赴任等を希望する割合や成長意欲が高い傾向にあったが、海外赴任等の主対象となる30代になると、結婚や出産などのライフイベントを経験または予定する女性社員が増加することから、意欲が大きく低下する傾向にあることがわかった。そこで、20代のうちから積極的に派遣する取組みを行っており、これにより同KPIは2022年度で42%まで上昇した。掲げていた目標値（2023年度40%）を前倒し達成したため、KPIを50%に上方修正している。

1 企業事例5
エクイティに配慮した女性活躍推進施策－双日

2. エンゲージメントサーベイの分析結果

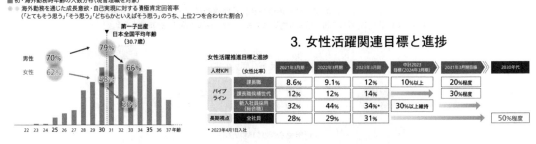

■ 初・海外勤務時年齢の人数分布（現管理職を対象）
● ● 海外勤務を通じた成長意欲・自己実現に対する責任肯定回答率
（「とてもそう思う」「そう思う」「どちらかといえばそう思う」のうち、上位2つを合わせた割合）

3. 女性活躍関連目標と進捗

女性活躍推進目標と進捗

人材KPI	（女性比率）	2021年3月期	2022年3月期	2023年3月期	中計2023 目標（2024年3月期）	2031年3月期目標	2030年代
パイプライン	課長職	8.6%	9.1%	12%	10%以上	20%程度	
	課長職候補世代	12%	12%	14%		30%程度	
	新入社員採用（総合職）	32%	44%	34%*	30%以上維持		
長期視点	全社員	28%	29%	31%			50%程度

* 2023年4月1日入社

KPIの導入当初は、「女性社員を早期に派遣する」という点だけが注目され、少数ではあったものの、男性社員から不公平感を指摘する意見があったほか、女性社員からも女性が優遇されることに違和感を覚え、配慮は不要だといった意見が届いたという。それを受けて同社は、男女間で海外赴任等の経験割合に2倍の開きがあり、それが10年後に大きな差となって現れることに危機感を持っていることや、今後の男性社員の海外赴任等の機会を奪うものではないことなどについて、データを示しながら丁寧に説明し、理解を促した。同社としては、エクイティ（公正性・公平性）の観点から、意欲のある社員に対して、ジェンダーにかかわらず成長の機会を提供することを重視している。

◆30歳前後の女性総合職を対象としたメンタープログラム

　30歳前後の社員は、一定の経験を経て知識や自信を深める一方、男女とも共通して、将来のキャリア形成について悩むことが多い世代である。同社のエンゲージメントサーベイでは、特に女性社員において、今後のキャリアプランにライフイベントを重ね合わせ、新しい挑戦を躊躇してしまう傾向がみられた。そのため、同社では、キャリア形成におけるライフイベントの発生を考慮した施策として、30歳前後の女性総合職を対象としたメンタープログラムを実施している。

　プログラムへの参加者（希望制）は、約半年間にわたって取締役や本部長クラスの経営層が務めるメンターと計5回、1対1で面談できる。テーマ設定は、参加者に委ねており、今後のキャリアや自身の仕事のスタイルに関する相談など、内容は多岐にわたる。参加者からは、「自分の強みを再認識し、自信をつけることができた」「プログラムを通して視野が広がった」「本当に自分が何をやりたいのかという問いに向かい合い、キャリアを考え直すきっかけになった」など評価するコメントが届いているという。

◆経営トップのメッセージ発信の重要性

　同社では、様々な人事施策を社内に浸透させるに際し、社長が社員に向けてメッセージを積極的に発信したことが大きく寄与したという。実際、同社が目指す姿を実現するために必要な施策との認識が社内に広く共有され、諸制度を活用する社員が増えている。海外赴任等で様々な経験をして帰任した社員や、自身のキャリアに関する考えを深めて活き活きと活躍する社員をみた周囲の社員にも、もっと応援しようという気持ちや、自身も参加してみたいという意欲につながる好循環が生まれている。

　同社は今後も、人と人とが徹底的に向き合い、全社一丸となって対話を重視した取組みを推進し、どこよりも挑戦・成長できる場を提供できる企業を目指していくとしている。

1 企業事例6
女性活躍推進に向けた取組み－新日本科学

1. 女性保健師による乳がん・子宮頸がんに関する説明会の様子

①ヘルスアップセミナー

②乳がんモデルの説明

③自己検診法の指導

　株式会社新日本科学（従業員数1,071名、2023年3月末現在）は、鹿児島県鹿児島市に本社を置き、医薬品開発関連事業等を展開している。同社は、企業理念を「環境・生命・人材を大切にする会社であり続ける」とし、経営上重視する3つの柱を設けている。「人材」の視点では、企業戦略として、1997年から女性を積極的に採用・育成しており、2007年からはダイバーシティ・エクイティ＆インクルージョン（DE&I）の実践を明確に打ち出し、女性社員の意見と真摯に向き合い、女性社員がより働きやすく活躍できる職場づくりに全社的に取り組んでいる。

　同社はこれまでに、事業所併設型の託児所設置、育児休暇から早期復帰のための補助金支給制度、時間単位の有給休暇制度、2歳以下の乳幼児を持つ親（男女）に対する特別有給休暇付与制度など、50項目を超える改善要望を具現化してきた。また、2020年には管理職への昇格要件を具体的に社内規程に定めて開示したことにより、社員は昇格に必要な研修を自律的に受講し、資格取得にも積極的にチャレンジしている。あわせて、ライフステージの変化により制約が生じている社員においても、キャリアアップを継続できる機会の公平な付与につながっている。その結果、女性管理職比率は17%（2019年）から25%（2023年）に上昇した。同社では、過半数の社員が女性であり、管理職1つ手前の係長クラス（主任）の女性比率はすでに40%を超えている。今後も、女性管理職比率は確実に増えていくと予想している。

◆女性のための健康管理

　同社は、社員全員が健康で活き活きと働くことのできる職場を構築したいというCHO（Chief Health Officer）の強い願いから、独特の健康管理を実施している。特に、女性はライフステージごとに異なった健康管理が必要であり、自身の思うように仕事ができず悩む女性社員が多くみられる一方、適切な対処法を知っていれば対応できることも少なくないとの考えから、社員のヘルスリテラシーを向上させることにより、女性社員自身も職場・企業も納得する形で組織パフォーマンス（生産性）の向上につなげている。その例を以下に3点、紹介する。

①　会社における乳がん・子宮頸がん検診の導入

　乳がんや子宮頸がんは、早期に治療すれば治癒できる可能性が高いものの、恥ずかしさや煩わし

2. 日帰り健康セミナー「ウエルネス・ツーリズム in 指宿」での様子

①ダイナミックストレッチ

②ホテルでのヘルシーランチ

さ、知識不足などの理由から、全国的に受診率は低い。そこで、同社は2010年から、乳がんと子宮頸がんの検診費用を全額援助する取組み（受診は任意）を開始したほか、社内保健師による乳がんモデルを用いた触診体験や子宮頸がんの説明会などを各拠点で取り組んだ。その結果、同社内の受診率（2010年）は、全国平均の約1.5～2倍（約70％）となった。さらに同社では、早期にがんと診断された場合、その社員に寄り添って職場復帰支援に取り組んでおり、これまで全員が職場復帰を実現している。

② 女性のためのヘルスアップセミナーの開催

女性特有の身体の特徴や生理機能を知り、健康管理を適切に行うことで効果的に業務パフォーマンスを発揮できるように、同社では、女性社員のためのヘルスアップセミナーを開催している。同セミナーは、年齢によるホルモンの働き、月経発現機序、月経前症候、おりもの異常、子宮疾患、卵巣疾患、乳がんの自己検診法、健康で美しくなるためのポイントなど、多岐にわたるテーマで行っている。加えて、平日の就業時間内に実施することで、参加しやすくなるように配慮している。また、会場にはアロマを焚き、ハーブティの提供も行うなど、参加者がリラックスできるように努めている。

③ 日帰り健康セミナー「ウエルネス・ツーリズム in 指宿」の開催

同社は、グループ傘下のホテル（鹿児島県指宿市）を利用した、日帰り健康セミナーも開催している。非日常的な環境下で職場の仲間と触れ合い、心地よい運動を体験することで、グループダイナミックス効果が期待でき、新たな運動習慣を獲得するきっかけづくりになっている。同セミナーには、女性の健康指導士を招聘し、女性社員が参加しやすい環境づくりにも配慮している。

◆今後の展望

同社は、「わたしも幸せ、あなたも幸せ、みんな幸せ」という独自のスローガン（商標登録）を掲げている。社員やその家族だけでなく、同社が関係するすべてのステークホルダーが活き活きと輝きながら活動できる企業を目指していくとしている。

外国人雇用に関する取組み －マルハ物産

1. 中国現地工場の外観

2. 原料仕入れの様子

株式会社マルハ物産（従業員数59名、2023年10月末現在）は、徳島県板野郡に本社を置き、レンコンやキノコ、タケノコなどの農産物加工品の輸入・製造・販売事業を展開している。特に、レンコンは、1958年の創業以来、製造に取り組んでおり、レンコン加工品を全国に広め、レンコン加工業界を牽引してきた。

◆外国人雇用にかかる経緯

1970年代後半、同社は国内のレンコン需要増加を受けて中国に進出した。レンコンの一大産地である江蘇省にて、原料の買い付けや現地工場への製品加工の委託を開始した。その後、1994年には現地政府との合弁でレンコンをはじめとする農産物の加工を行う会社を立ち上げた（2003年に独資公司に改組）。その際、貿易業務や現地での仕入れ・調達、工場作業員への技術指導を行うために、中国語に長けた人材が必要となり、中国人スタッフを採用したのが、同社の外国人雇用の始まりである。その当時に採用したスタッフの一人は、本社での研修を経て中国で活躍し、現在は現地法人の総経理（社長）として、工場の生産管理や貿易実務を取り仕切るほか、本社に対して日々細やかな情報提供を行うなど、マルハ物産の中国事業を支える中核人材となっている。

◆外国人技能実習生の受入れ

2000年代に入ると、本社工場の製造スタッフとして、主に中国から外国人技能実習生の受入れを開始した。以来、コロナ禍の影響で受入れを中止するまで、累計で約100名の実習生を受け入れた。

同社は、技能実習生の受入れを開始する以前から、製造スタッフとして障害者を積極的に採用していた。様々な背景を持つ人材を受け入れ、その活躍を促す土壌が整いつつあったこともあり、受入当初から、実習生は日本人従業員と良好な関係を構築することができていた。同社としても、実習生の積極的に技術を吸収する姿勢や、迅速かつ正確に業務に取り組む様子を高く評価していた。日常のコミュニケーションでは、各実習生に対して、「片言でも構わないから」と日本語の使用を積極的に促す一方、繊細なニュアンスが必要となる重要事項については、中国語に堪能なスタッフが通訳をするなど、場面ごとに適した対応を取っていた。

業務面においては順調であったが、受入れ後の日常生活に関するフォローには苦心した。生活習

3. 外国人技能実習生の実習風景

慣の違いや宿舎でのゴミ出しなど、生活を送る上でのルールに対する理解不足に起因する行動に対して、近隣住民から同社にクレームが入ることも多々あったという。そこで同社では、社会生活上のルールやマナーなど、基本的なところは辛抱強く指導を続ける一方、実習生一人ひとりの個性や自主性を尊重し、過度に干渉しないことを心掛けたところ、意識の変化とともに徐々に順応し、改善がみられるようになった。一人の社会人として、社会や自社のルールから、同社が期待していることまで、日々しっかりとコミュニケーションを取りながら理解を深めていくことで、業務・日常生活の両面において、当該社員の意識改革を図ることができたと実感したという。

◆外国人留学生の採用

　2023年春には、外国人留学生（1名、中国出身）を採用した。日本語学校での学習や、県内の大学での学生生活を経て入社していることもあり、日本語での意思疎通には全く支障がなく、入社早々から活躍している。先輩社員がメンターとなって、日々の業務に関する指導や心配事をフォローしている。現在は、商品の品質管理や中国の工場とのやりとりなどの業務を担当している。将来的には、中国からの仕入れ・調達など貿易関連業務における中心的な役割を担ってもらえることを期待している。

　一方で、初めての外国人留学生の採用ということで、在留資格の切替えなどの行政手続きには苦慮した。人事労務担当者を中心に、関連制度に関するリサーチを進めるとともに、この分野に精通している行政書士の指導を仰ぎながら受入れ準備を進め、適切な労務管理を行っている。

◆今後の展望

　人口減少に伴い労働力不足が深刻化していく中、いかに安定して人材を確保するかとの観点に加え、自社製品の輸出を計画していることもあり、引き続き、外国人材の正社員採用を前向きに検討している。同社は長年にわたって外国人材を受け入れてきたものの、仕事の有り様が日々刻々と変化していることを踏まえ、これまでの経験に縛られ過ぎずに、生活面のサポートも含めて柔軟な対応ができるよう準備を進めていく方針である。同社は引き続き、外国人材を含む全社員が安心して働ける環境づくりに取り組み、生活にかかせない「食」を担う企業として、「おいしさと楽しさを創る」をキーワードに、すべての世代の人々が食と健康を楽しめる、新しい付加価値の創造を目指していくとしている。

1
企業事例8
愛知県における産官連携による日本語教室支援活動−愛知県経営者協会

1. 日本語教室支援活動への参画者と役割

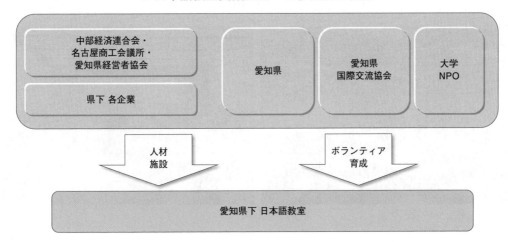

経団連の団体会員である愛知県経営者協会は、一般社団法人中部経済連合会、名古屋商工会議所、愛知県、公益財団法人愛知県国際交流協会の4者と連携し、外国人との共生社会づくりを目指して取り組んでいる。その一環として、地域のNPO等が運営する、外国人の児童生徒を対象とした日本語教室への支援活動を行っている。

◆支援活動の背景−愛知県における現状

人口減少による労働力不足が深刻化する中、国内の外国人就労者数は、約68万人（2012年10月）から約182万人（2022年10月）と直近10年で大幅に増加している（厚生労働省「外国人雇用状況」の届出状況）。特に愛知県は、外国人就労者数が約19万人で全国2位となっているほか、県内総人口に対する外国人県民の割合は、全国平均の約2.5％を上回る約3.8％（2022年12月末時点）となっている。このように、愛知県では、外国人材が県内の産業を支える貴重な労働力であるとともに、その家族を含めた地域における共生が社会課題となっている。中でも、日本語教育が必要な外国人児童生徒の数は10,749人（2021年5月）と全都道府県で最も多く（文部科学省「日本語指導が必要な児童生徒の受入状況等に関する調査」）、日本語教育にかかる環境整備が重要な課題となっている。

愛知県では、学校教育の現場に、多くの予算を投じて日本語教育に必要な時間や教員数を拡充している。そうした中で、放課後の子どもたちを対象とした、地域日本語教室が果たす役割も大きい。地域日本語教室に対しては、愛知県の拠出と企業の寄付による「日本語学習支援基金」（造成先：愛知県国際交流協会）を通じた資金面の支援を行ってきた。しかし、地域日本語教室のほとんどがボランティアによって運営を支えられている上、ボランティアの高齢化や固定化に伴い、子どもの学習支援や、事務、広報などの日本語教室の運営に不可欠な人材が不足していることに加え、運営資金や会場の確保に各教室が苦慮している状況にある。

◆取組み内容

このような状況を踏まえ、愛知県経営者協会は、他の経済団体や県内の各企業と協働し、2022年度から、教室運営への人的支援や開催会場（企業社屋内の会議室など）の提供などの物的支援を通

2. ボランティア希望者への研修の様子

3. マッチングイベントの様子

じて、地域全体で外国人との共生社会づくりを目指す取組みを開始した。産官連携により設置した「運営委員会」を中心に年度別計画を策定し、2022年度からパイロット事業として試行している。

　2022年度は、県内の特定エリア（西三河地域、尾張地域）の日本語教室に対して、その地域で事業活動を行う企業からボランティアを募って派遣する取組みを実施した。その際、ボランティア希望者を対象に、地域の外国人を取り巻く状況や地域の日本語教室の活動に関する研修を事前に実施したほか、ボランティア希望者と支援を必要とする日本語教室をマッチングするイベントを開催した。これらは、取組みに参画する企業が会場を提供して開催した。8社85名のボランティア希望者と日本語教室を運営する9団体が参加した。ボランティア希望者からは、「外国人の子どもの現状や日本語教室を取り巻く後継者不足、資金不足等の課題について、詳細に理解できて有意義な時間であった」「ボランティア活動を通じて少しでも子どもたちの助けになりたい」といった声が届いている。参加したボランティア希望者は、教室見学などを経て、数ヵ月後から各教室でボランティア活動を開始した。

　2023年度は、対象エリアを拡大してイベントを開催しているほか、本活動に地元の大学を巻き込み、学生ボランティアの募集・派遣や、学識者（教員）へのボランティア向けセミナー等での講師依頼など、産学官連携の取組みとするための検討を行っている。

　これまでの取組みにより、2023年11月現在、累計で12社から約80名のボランティアが実際に活躍しており、支援の輪は広がり続けている。各教室からは「ボランティアが増えたことでマンツーマンのサポートが可能になった」「若いボランティアが多く、勉強後に一緒に遊べることも含めて子どもたちは大変喜んでいる」といった感謝の声が多く届いているという。

◆今後に向けた課題と展望

　本活動の愛知県全体への拡大と持続的な実施体制の構築が課題である。愛知県経営者協会は、産官各団体と連携して課題の解決を進めるとともに、その取組み、実施体制の情報開示・共有を行い、県外の地域でも展開可能な活動にしていきたいとしている。

1 企業事例9
高齢者の活躍推進－石吉組

1. クレーンを使用した現場作業

2. 福祉事業における高齢社員の夜勤業務

　株式会社石吉組（従業員数115名、2023年4月1日現在）は、三重県志摩市に本社を置き、土木工事、建築工事、海洋土木工事等の建設事業、介護付き有料老人ホーム「虹の夢とば」による福祉事業を中心に事業を展開している。同社は、年齢や性別、障害の有無、国籍等の属性によらず、誰もが活き活きと働ける環境づくりに注力しており、その一環として、高齢社員の快適な職場環境の実現と活躍推進に取り組んでいる。こうした取組みが評価され、同社は独立行政法人高齢・障害・求職者雇用支援機構「2023年度高年齢者活躍企業コンテスト」で理事長表彰優秀賞を受賞した。

◆実態として年齢に上限のない継続雇用制度

　同社は定年年齢を60歳とした上で、希望者全員を65歳まで、以降は基準を設けて70歳までの継続雇用制度を就業規則で規定しているものの、70歳以降も高齢社員の体力・能力、就労意欲、希望等に応じて本人が働き方を選択できる環境づくりに取り組んでいる。継続雇用の上限である70歳を超えても退職を勧奨することはなく、76歳のフルタイム勤務の高齢社員が2023年9月まで在籍していた実績があるなど、実質的に年齢上限のない雇用を実現している。

　同社の継続雇用制度は「建設事業と福祉事業では、求められる能力やスキル、職務の内容などが全く異なるため、同じ制度を適用するべきではない」との考えの下、事業ごとの特性に応じた運用を行っている。例えば、定年後の職務（役職）について、建設事業では定年後も高齢社員本人の申出がない限りは定年前の職務を継続し、65歳を迎えてから職務を軽減・変更しているのに対し、福祉事業では原則として年齢による一律の区切りを設定していない。定年後の賃金は、建設事業では定年前の80%程度の基本給としている一方で、福祉事業では契約内容等を変更しない限りは定年前と同水準としている。

　このように、建設事業では職務の変更と基本給の減額が生じるものの、定年前の概ね90%の水

3. 安全衛生パトロール

4. 若年社員への指導

準で賞与を支給しているほか、定年前と同様に人事評価を実施して賞与に反映しており、高齢社員のモチベーションは総じて高いという。さらに、半年に1度、総務部が高齢社員本人と面談して、心身の状態やニーズ等を把握することで、期中であっても勤務日数や雇用形態を柔軟に変更できるようにしている。

こうした様々な取組みに対して、社内では「やさしい」「ありがたい」といった声が多く、社員全体のエンゲージメントの維持・向上にもつながっているという。

◆技術・技能伝承と安全・健康増進の取組み

同社は創業以来、社員の安全と健康に力を入れている。具体的には「安全衛生委員会」を月に1～2回開催するとともに、建設事業では安全衛生パトロールを毎月実施して、安全衛生の確保と事故の防止に取り組んでいる。こうした活動において、高齢社員は「これまでのスキルや経験を活かして安全面の意見を言う」重要な役割を担っている。このような取組みが評価され、同社は「健康経営優良法人2023」や「三重とこわか健康経営カンパニー2023（ホワイトみえ）」にも認定されている。

また、同社では、技術・技能の伝承は高齢社員が若手社員に「現場で実演する」ことを基本としている。特に、建設事業におけるクレーン等の重機操作は危険と隣り合わせの作業であり、熟練の技術を持った高齢社員が操作することが多いことから、若手社員が高齢社員のスキルを現場で直接見るとともに、高齢社員の指揮・監督の下で難易度の低い作業から経験を積み重ね、時間をかけて技能・技術を伝承していくことが大事だと考えている。

◆今後に向けて

同社では今後も、「三重県で一番社員にやさしい会社をめざす」を合言葉に、すべての社員が活き活きと安全に働けるよう、必要な職場環境の改善や安全・健康増進に引き続き取り組んでいくとしている。

1 企業事例10
仕事と育児の両立支援－アイ・エム・シーユナイテッド

1. 業務の引継ぎステップ

Step

休業する社員の担当業務や当人にしかできない仕事の洗出し

Step

引継ぎ相手の検討

Step

休業開始までの計画的な引継ぎの実行

2. デジタルツールを活用した労働時間削減の取組み

Web会議ツールを常時接続し、職場間の連絡を円滑化

3. 働き方改革推進委員会における議論の様子

　広島県広島市で工業用模型や検査治具等の製作を手がける株式会社アイ・エム・シーユナイテッド（従業員数39名：2023年10月現在）は、仕事と育児を両立しやすい職場を目指し、経営層と社員が一体となって取り組んでいる。2022年度の男性の育児休業取得率は100％（3名）であり、うち1名は約2.5ヵ月（81日間）と比較的長い休業を取得した。

◆取組みの背景

　同社における仕事と育児を両立しやすい職場づくりと、その一環としての男性の育児休業取得促進の取組みは、2020年に社内で初めて男性社員から育児休業の取得希望の申出があったことを機に始まった。経営層は、近年の男性の育児に対する意識の高まりや、仕事と育児の両立のしやすさが採用活動にプラスの影響等を与えることから、取組みの必要性を感じていたため、直ちに職場風土の変革に着手した。具体的には、社長から社員に宛てて、仕事と育児の両立支援に注力するといった明確な方針を発信することから始めた。その結果、配偶者の出産を控えている男性社員が、育児休業取得の意向を示し、仕事と育児の両立について早期に上司に相談するようになるなど、早々に変化が見られた。

◆安心して育児休業を取得してもらうための対応・工夫

　同社では、社員から育児休業取得の申出があった際、本人と人事担当役員、職場の上司による三者面談を実施し、休業期間や業務の引継ぎについて相談する。業務の引継ぎは、①休業する社員の担当業務と当該社員にしかできない仕事の洗出し、②引継ぎ相手の検討、③休業開始までの計画的な引継ぎの実行、といったステップを踏む。休業する社員の業務は、特定の社員がすべて引き継ぐのではなく、業務を細分化し複数の社員に担当してもらっている。引継ぎ相手にとってチャレンジ

第Ⅰ部 「構造的な賃金引上げ」の実現に不可欠な生産性の改善・向上

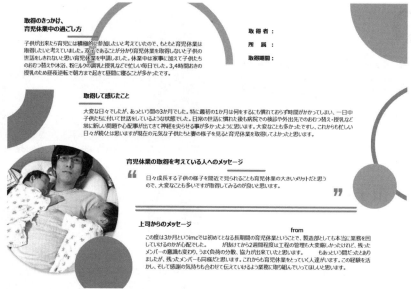

4. 育児休業取得者が提出するレポート

取得のきっかけ、育児休業中の過ごし方

子供が出来たら育児には積極的に参加したいと考えていたので、もともと育児休業は取得したいと考えていました。双子であることが分かり育児休業を取得しないと子供の世話をしきれないと思い育児休業を申請しました。休業中は家事に加えて子供たちのおむつ替えや沐浴、粉ミルクの調乳と授乳などで忙しい毎日でした。3,4時間おきの授乳のため昼夜逆転で朝方まで起きて昼間に寝ることが多かったです。

取得者：
所 属：
取得期間：

取得して感じたこと

大変な日々でしたが、あっという間の3か月でした。特に最初の1か月は何をするにも慣れておらず時間がかかってしまい、一日中子供たちに付いて世話をしているような状態でした。日常の世話に慣れた後も病院での検診や外出先でのおむつ替え・授乳など常に新しい問題や心配事が出てきて神経を尖らせる事が多かったように思います。大変なことも多かったですし、これからも忙しい日々が続くとは思いますが現在の元気な子供たちと妻の様子を見ると育児休業を取得してよかったと思います。

育児休業の取得を考えている人へのメッセージ

" 日々成長する子供の様子を間近で見られることも育児休業の大きいメリットだと思うので、大変なことも多いですが取得してみるのが良いと思います。"

上司からのメッセージ

from

この度は3か月というimcでは初めてとなる長期間の育児休業ということで、製造部としても本当に業務を回していけるのかが心配でした。　　が抜けてから2週間程度は工程の管理も大変厳しかったけれど、残ったメンバーの意識も変わり、うまく負荷の分散、協力が出来ていたと思います。　　もあっという間だったとありましたが、残ったメンバーも同様だと思います。これからも育児休業をとっていく人達がいます。この経験を活かし、そして感謝の気持ちも合わせて伝えていけるよう業務に取り組んでいってほしいと思います。

ングな業務であっても、本人の意向を尊重した上で、人材育成の観点から積極的に業務の割当てを行っている。また、休業者が管理職の場合、部下の労務管理や業務上の決裁権限は、上位の他の管理職に委譲し、権限以外の実務的・技術的な業務は、積極的に部下へ引き継ぐこととしている。育児休業による欠員は、事前に準備ができるため、上司や同僚による協力・サポート体制の構築によって属人化を解消し、円滑な引継ぎを実現している。加えて、計画的な人事異動や他部署への短期応援、新入社員向けの教育を通して、様々な業務を知る機会を設け、社員の多能工化も進めている。

◆仕事と育児を両立しやすい職場風土づくりに向けた取組み

多くの社員に仕事と育児の両立について高い関心をもってもらい、社員が互いに協力し合う風土を醸成するため、同社は、育児休業を取得した社員に簡単なレポートを提出してもらい、談話室に掲示している。レポートには、休業中の過ごし方やその間に感じたこと、上司からのメッセージなどが記載されており、育児休業を取得した際のイメージが描きやすくなることに加え、仕事と育児の両立を目指す社員に対する職場全体の理解の増進に役立っている。また、同社では「働きがい」と「働きやすさ」の向上を目的に「働き方改革推進委員会」を組織し、月1回、テーマを設定して議論している。活動を通じて、デジタルツールの活用や残業の見える化、ノー残業デーの導入を進めた結果、月平均で約10時間の時間外労働削減に成功し、仕事と育児を両立しやすい職場風土づくりにも効果がでている。

◆今後の課題・展望

同社では、今後の課題として、社員が安心して長期間の育児休業を取得できる職場風土づくりと円滑な組織運営体制の構築をさらに加速させることを挙げている。あわせて、配偶者の出産に伴う特別休暇制度の導入や労働時間のさらなる削減に向けて業務のデジタル化の推進なども検討していくとしている。

2

「円滑な労働移動」の推進による
生産性の改善・向上

2 ① 主体的なキャリア形成・能力開発

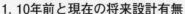

1. 10年前と現在の将来設計有無

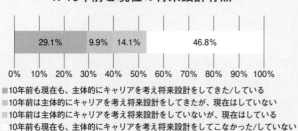

29.1%　9.9%　14.1%　46.8%

0%　10%　20%　30%　40%　50%　60%　70%　80%　90%　100%

- 10年前も現在も、主体的にキャリアを考え将来設計をしてきた/している
- 10年前は主体的にキャリアを考え将来設計をしてきたが、現在はしていない
- 10年前は主体的にキャリアを考え将来設計をしていないが、現在はしている
- 10年前も現在も、主体的にキャリアを考え将来設計をしてこなかった/していない

2. 将来設計有無別：仕事や働き方に対する満足度

回答	平均	8-10点と答えた人の割合
10年前も現在も主体的にキャリアを考え将来設計をしてきた/している	6.3点	31.40%
10年前も現在も主体的にキャリアを考え将来設計をしてこなかった/していない	4.6点	9.10%

3. 『自律的・主体的なキャリア形成』を支援してくれる会社の方が、働きがいがあるか

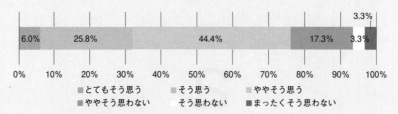

6.0%　25.8%　44.4%　17.3%　3.3%　3.3%

0%　10%　20%　30%　40%　50%　60%　70%　80%　90%　100%

- とてもそう思う
- そう思う
- ややそう思う
- ややそう思わない
- そう思わない
- まったくそう思わない

注：2.「仕事や働き方に対する満足度」を10点満点で回答
出典：1. 2. Indeed「キャリア形成や将来設計に関する意識調査」（2023年9月）、3. リクルートマネジメントソリューションズ「若手・中堅社員の自律的・主体的なキャリア形成に関する意識調査」（2021年11月）

　産業構造の変革に伴う労働力需給の変化や人口減少下における労働力不足に対応していくためには、成長産業・分野等への円滑な労働移動を通じた労働生産性の向上と産業競争力強化が不可欠である。また、「人生100年時代」の到来により、働き手のキャリアは長期化している。こうした中、働き手は、自らのキャリアを主体的に考え、その実現に向けた取組みを進めるとともに、企業にはその機会確保や支援が求められる。

◆主体的なキャリア形成ならびにその支援

　将来のキャリアビジョンをもち、その実現に向けてキャリアパスをどう形成していくのかを明確にイメージできている働き手は多くない。Indeedが30〜40代の働き手に行ったアンケート結果によれば、10年前と現在について「主体的にキャリアを考え、将来設計をしていたか/いるかどうか」を尋ねた問いに対し、「10年前も現在も、主体的にキャリアを考え将来設計をしてきた/している」と回答した人の割合は、29.1%にとどまる。また、仕事や働き方に対する満足度を10点満点で点数化した場合、「10年前も現在も、主体的にキャリアを考え将来設計をしてきた/している」と回答した人の31.4%が高得点（8点以上）となる一方で、「将来設計をしてこなかった/していない」人は9.1%にとどまった。継続して主体的なキャリア形成と将来設計を行うことが、仕事や働き方の高い満足度につながることがわかる。

　働き手の主体的なキャリア形成に向けて、企業が果たすべき役割は小さくない。「自律的・主体的なキャリア形成を支援してくれる会社の方が、働きがいがあるか」を尋ねたリクルートマネジメントソリューションズのアンケートによれば、「とてもそう思う」「そう思う」「ややそう思う」と回

4. 働き手にとっての学びの機会

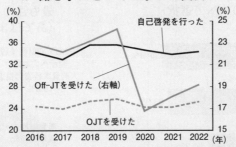

5. 将来設計をしてこなかった/していない理由（複数回答）

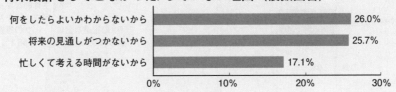

何をしたらよいかわからないから	26.0%
将来の見通しがつかないから	25.7%
忙しくて考える時間がないから	17.1%

注：4. 上司や先輩から指導を受けた場合を「OJTを受けた」と定義
出典：4. リクルートワークス研究所「全国就業実態パネル調査」
　　　5. Indeed「キャリア形成や将来設計に関する意識調査」（2023年9月）

答した働き手が76.2%に上る。企業による主体的なキャリア形成支援が、働きがいにも強い影響をもたらしていることを踏まえつつ、主体的なキャリア形成支援を推進することが求められている。

◆**主体的な能力開発と支援**

　キャリアが長期化する中、働き手が描いたキャリアプランを実現するためには、学校卒業後に就職した企業で働き続けるか転職を行うかにかかわらず、継続的かつ主体的な能力開発・スキルアップに取り組むことが重要である。

　企業には、OJTやOff-JTの機会の計画的な付与とともに、働き手の主体的な能力開発・スキルアップを促すべく、環境整備などの支援を行うことが求められている。リクルートワークス研究所の調査によると、新型コロナウイルス感染症の影響もあって、2020年以降、Off-JTの機会は大きく減少している一方で、OJTや自己啓発の機会はおおむね横ばいで推移している。また、Indeedのキャリアに関するアンケート調査によると、「何をしたらよいのかわからないから」「将来の見通しがつかないから」「忙しくて考える時間がないから」といった理由で将来設計をしていない働き手が多いことがわかる。

　企業においては、例えば、仕事や役割・ポストの遂行に必要な能力をジョブ・ディスクリプション（職務記述書）によって示すことで、能力開発・スキルアップの目標を明確にするとともに、社内公募制・FA制の拡充などを通じて学習の成果を仕事に活かせるようにするなど、適切にインセンティブを付与することが考えられる。同時に、自己啓発のための休暇・休日制度や時短勤務制度、選択的週休三日制の導入などを通じた学習時間の確保、セミナー・研修の受講費用の補助など経済面での支援などを行っていくことも一案となる。

2 ② リカレント教育等の現状

1. リカレント教育等の実施目的（あてはまるものすべて選択）

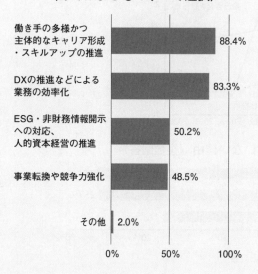

働き手の多様かつ主体的なキャリア形成・スキルアップの推進 88.4%

DXの推進などによる業務の効率化 83.3%

ESG・非財務情報開示への対応、人的資本経営の推進 50.2%

事業転換や競争力強化 48.5%

その他 2.0%

2. リカレント教育等の実施で最も注力しているもの（あてはまるもの1つ選択）

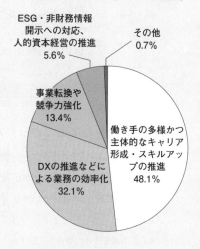

ESG・非財務情報開示への対応、人的資本経営の推進 5.6%

その他 0.7%

事業転換や競争力強化 13.4%

DXの推進などによる業務の効率化 32.1%

働き手の多様かつ主体的なキャリア形成・スキルアップの推進 48.1%

注：本調査では、リカレント教育、リスキリングを以下と定義し、リカレント教育等はリスキリング含むリカレント教育を指す
リカレント教育：働き手（求職者を含む）が現在もしくは将来の業務・キャリアのために行う学び直し
リスキリング　：主に企業が直面する経営課題に対応するスキルアップ・チェンジのための学び直し
出典：1. 2. 経団連「2023年人事・労務に関するトップ・マネジメント調査結果」

産業構造の変革に伴う労働需要の変化等に対応し、自身が描くキャリアプランを実現するため、働き手は、リカレント教育等を通じて、主体的かつ継続的に能力開発・スキルアップを図り、社内外の労働移動に必要な能力を獲得していくことが望まれる。こうした中、企業による働き手へのリカレント教育等の実施・推進の重要性は高まっている。

◆企業におけるリカレント教育等の実施状況

経団連調査によれば、社員に対するリカレント教育等を「実施している」と答えた企業は63.5%に上る。「現在は実施していないが、実施を検討中」（24.6%）も合わせると、9割弱（88.1%）の企業が社員へのリカレント教育等を実施あるいは検討している。

企業が働き手に「リカレント教育等を実施する目的」と「リカレント教育等の実施で最も注力しているもの」をみると、「働き手の多様かつ主体的なキャリア形成・スキルアップの推進」がそれぞれ88.4%、48.1%と最も高い。企業は、働き手の主体的なキャリア形成・スキルアップ推進支援を最大の目的として、社員に対してリカレント教育等を実施していることがわかる。また、「DXの推進などによる業務の効率化」（同83.3%、32.1%）がこれに続き、業務効率化もリカレント教育等の主要な目的の1つとして捉えられている。

企業は、社員へのリカレント教育等を実施する目的を十分に考慮し、その実施のあり方や提供内容を検討していく必要がある。

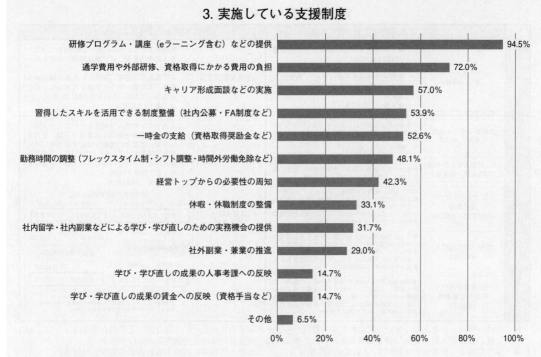

3. 実施している支援制度

支援制度	割合
研修プログラム・講座（eラーニング含む）などの提供	94.5%
通学費用や外部研修、資格取得にかかる費用の負担	72.0%
キャリア形成面談などの実施	57.0%
習得したスキルを活用できる制度整備（社内公募・FA制度など）	53.9%
一時金の支給（資格取得奨励金など）	52.6%
勤務時間の調整（フレックスタイム制・シフト調整・時間外労働免除など）	48.1%
経営トップからの必要性の周知	42.3%
休暇・休職制度の整備	33.1%
社内留学・社内副業などによる学び・学び直しのための実務機会の提供	31.7%
社外副業・兼業の推進	29.0%
学び・学び直しの成果の人事考課への反映	14.7%
学び・学び直しの成果の賃金への反映（資格手当など）	14.7%
その他	6.5%

出典：3. 経団連「2023年人事・労務に関するトップ・マネジメント調査結果」

◆企業が実施しているリカレント教育等の支援制度

　働き手がリカレント教育等を受講するにあたっては、企業の支援のあり方が重要となる。

　経団連の調査において、リカレント教育等を行っている企業に、実施している具体的な支援制度を尋ねたところ、「研修プログラム・講座（eラーニング含む）などの提供」が94.5%と、ほとんどの企業が、何らかの研修プログラム・講座を提供していることが確認できた。

　リカレント教育等の受講促進に向けては、費用面や時間面での支援や、適切なインセンティブ付けが肝要となる。同調査によれば、多くの企業は「通学費用や外部研修、資格取得にかかる費用の負担」（72.0%）、「一時金の支給（資格取得奨励金など）」（52.6%）といった形で、働き手の費用面での負担を軽減している。時間面での支援としては、「勤務時間の調整（フレックスタイム制・シフト調整・時間外労働免除など）」（48.1%）、「休暇・休職制度の整備」（33.1%）を行っている企業が多い。また、「経営トップからの必要性の周知」（42.3%）によって、働き手のキャリア形成意識を醸成し、「キャリア形成面談などの実施」（57.0%）を通じて働き手とキャリア形成のすりあわせを行い、「習得したスキルを活用できる制度整備（社内公募・FA制度など）」（53.9%）によって適切にインセンティブ付けを行うなど、働き手のリカレント教育等の受講促進に向けて、様々な側面から支援をしていることがわかる。

　企業は今後も、働き手の主体的なキャリア形成意識と自社の人事戦略とをすりあわせながら、リカレント教育等の促進に向けて、より効果的な支援の在り方を検討することが求められている。

官民による人材マッチング

		国による人材マッチング		民間事業者による人材マッチング	
職業紹介	ハローワーク（厚生労働省）	・ 国が運営する総合的雇用サービス機関（全国544カ所）。 ・ 職業紹介（求職・求人の申込を受け付け雇用関係の成立をあっせん）や求人開拓、職業訓練の受講あっせん等を実施。 ・ 求人数：1,053万人		有料職業紹介事業	・ 民間事業者によって行われる職業紹介（求職・求人の申込を受け付け雇用関係の成立をあっせん）。 ・ 有料職業紹介事業（許可制）と無料職業紹介事業（学校等が学生生徒等を対象にして行うもの等（届出制）を除き許可制）に大別。 ・ 求人数：1,030万人
その他の制度等	企業版ふるさと納税（内閣官、内閣府）	企業版ふるさと納税の仕組みを活用し、専門的知識・ノウハウを有する企業の人材を地方公共団体等へ派遣することを通じて、地方創生の一層の充実・強化。		募集情報等提供事業	・ 求人サイトや求人情報誌などにより求人者・求職者の情報を提供する事業（原則、手続きは不要。求職者の情報を収集する場合（特定募集情報等提供事業者）は届出制）。雇用関係成立のあっせんは行わず、求人者・求職者等をつなぐ情報を提供。 ・ 求人件数：1,571万件
	地方創生人材支援事業（内閣官房、内閣府）	地方創生に積極的に取り組む市町村に対し、意欲と能力のある国家公務員、大学研究者、企業の専門人材を、市町村長の補佐役として派遣。			
	プロフェッショナル人材事業（内閣官房、内閣府）	地方の企業、地方公共団体、スタートアップ等へ、都市部の企業からデジタル人材等の還流と地域人材市場の育成、マッチングビジネスの早期市場化・自立化を図ることを目的に、「デジタル人材地域還流戦略パッケージ」を集中的に実施。			
	地域活性化起業人（総務省）	地方公共団体が、三大都市圏に所在する企業等の社員を一定期間受け入れ、そのノウハウや知見を活かしながら地域独自の魅力や価値の向上等につながる業務に従事してもらい、地域活性化を図る取組みを特別交付税措置化。			
	地域企業経営人材マッチング促進事業（金融庁）	地域金融機関の人材仲介機能を強化し、転籍や副業・兼業、出向といった様々な形を通じた、大企業から中堅・中小企業（ベンチャー企業を含む）への人材の還流を創出し、大企業で経験を積まれた方々の各地域における活躍を後押し。			

注：ハローワークの求人数は2022年度の新規求人数（パートタイムを含む一般）の各月合計。職業紹介事業の求人数は2021年度の常用求人数、募集情報等提供事業の求人件数は2022年度各月の職種別掲載件数の合計を示す

出典：厚生労働省「職業安定業務統計」「職業紹介事業報告書」、全国求人情報協会「求人広告掲載件数等集計結果」

◆官民による人材マッチング機能の強化

　企業と働き手のミスマッチを最小化しながら、円滑な労働移動の推進、ひいてはわが国全体の生産性の改善・向上につなげていくためには、人材のマッチング機能の強化が不可欠である。

　国の取組みの柱は、公共職業安定所（ハローワーク）である。全国ネットワークを活かし、地方自治体とともに地域の課題に取り組みながら、各地域での取組み等の横展開が求められる。あわせて、成長分野の人材ニーズの把握、公的職業訓練の実績や訓練効果の検証、キャリアコンサルティング機能の強化など、求職者の職業能力の開発・向上に資する取組みを進めていくことも重要である。また、国は、大企業等のプロフェッショナル人材と地方に根差した企業を結び付ける施策や都市部の働き手が地方企業で副業・兼業することを後押しする取組み等を展開している。ハローワークの機能強化とこれらの施策を総合的に推進することを通じて、求職者のニーズにきめ細かく対応しながら、全国の人材マッチング機能を強化し、労働移動を推進していくことが期待される。

　民間人材ビジネス事業者は、近年のデジタル技術の進展を背景に、従来型の有料職業紹介や求人メディアのみならず、求職者の人材データベースの整備を通じたマッチングなど、多様なサービスを提供している。今後は、求職者・求人者双方に有益なサービスの開発・拡充とともに、デジタル技術等を活用した新たなビジネスモデルの増大を踏まえた現行の規制の再点検・アップデートが期待される。

　官民による連携強化の観点からは、求人・求職に関する基礎的情報を加工・集約して官民で共有の上で、定期的に更新し労働市場の基盤整備をすることも有益である。

2 ④ 雇用のセーフティーネットの現状と課題

雇用のセーフティーネットの全体像

主な目的	制度	概要
失業中の生活の安定 転職・求職活動支援	求職者給付 （基本手当）	求職者の失業中の生活の安定を図りつつ、求職活動を容易にすることを目的とする。雇用保険被保険者が離職した場合に、働く意思と能力を有し、求職活動を行っているにもかかわらず、就職できない場合に支給される。
	求職者支援制度	再就職、転職、スキルアップを目指す者が月10万円の生活支援の給付金を受給しながら、無料の職業訓練を受講できる。給付金の支給要件を満たさない場合でも、無料で受講可能となっている。
困窮者の自立支援 最低限度の生活の保障	生活困窮者 自立支援制度	生活保護に至っていない生活困窮者に対して、本人の状況に応じた支援を行う制度。例えば、離職により住宅を失った者等に対して、家賃相当の「住居確保補給金」（有期）を支給したり、就労の準備が必要な者に対して、一般就労に向けた基礎能力向上や就労機会の提供したりする。
	生活保護制度	資産や能力等すべてを活用してもなお生活が困窮している者に対し、困窮程度に応じた支援を行い、健康で文化的な最低限度の生活を保障するとともに、自立を助長する。
失業の予防	雇用調整助成金	経済上の理由により、事業活動の縮小を余儀なくされた事業主が、雇用の維持を図るための休業手当に要した費用を助成する。コロナ禍においては、数次にわたって助成金額や助成率などの特例措置が講じられた。
スキルアップ キャリア形成	人材開発支援 助成金	雇用する労働者のキャリア形成を効果的に促進するため、職務に関連した専門的な知識及び技能を修得させるための職業訓練等を計画に沿って実施した事業主等、教育訓練休暇制度を適用した事業主等に対して助成する。
	産業雇用安定助成金	在籍型出向を活用して、労働者のスキルアップや新事業等への進出を図った事業主に対して助成する。
	教育訓練給付	働く方々の主体的な能力開発やキャリア形成を支援し、雇用の安定と就職の促進を図ることを目的として、厚生労働大臣が指定する教育訓練を修了した際に、受講費用の一部が支給される。無職時も受給可能となっている。

　わが国の雇用のセーフティーネットは、求職者給付（基本手当）を柱とする雇用保険制度、求職者支援制度、生活困窮者自立支援制度、生活保護制度といった施策が重層的に整備されている。これに加え、失業の予防や働き手の能力開発を目的とする雇用保険二事業において、様々な事業主への助成金が用意されている。

◆「労働移動推進型」のセーフティーネットへの移行

　コロナ禍において、雇用調整助成金をはじめとする「雇用維持型」のセーフティーネットが失業予防策として機能した一方で、円滑な労働移動を阻害しているとの指摘もある。足元では、製造業、非製造業ともに人手不足が深刻化しており、失業予防機能は維持しつつ、成長産業・人手不足産業への労働移動を促す「労働移動推進型」のセーフティーネットへの早急な移行が求められている。

　こうした中、政府が進める5年1兆円の「人への投資」施策パッケージの一環として、雇用保険二事業の助成金の改正が行われている。例えば、専門知識や技能を働き手に修得させるための職業訓練等を実施した事業者を助成する人材開発支援助成金では、2022年12月、「事業展開等リスキリング支援コース」の新設に加え、「人への投資促進コース」における助成率の引上げ等が行われた。さらに、2023年4月には、同助成金の活用を一層促す観点から、訓練コースの統合や人への投資促進コースの拡充等の改正が実施された。また、在籍型出向を活用して雇用調整や労働者のスキルアップを図る事業者を助成する産業雇用安定助成金では、2022年12月に「スキルアップ支援コース」、2023年4月には新事業への進出等に伴う人材の受入れを支援する「事業再構築支援コース」が創設された。

　このほか、政府は「骨太方針2023」で、三位一体の労働市場改革の柱の1つとして「リ・スキリングによる能力向上支援」を推進し、在職者個人の学び直しに対する直接支援を拡充するという方向性を示した。これを受け、教育訓練給付の給付率の引上げや訓練期間中の生活を支えるための新たな給付と融資制度の創設を盛り込んだ改正法案の、2024年の通常国会への提出が見込まれている。

2　「円滑な労働移動」の推進による生産性の改善・向上

2 ⑤ 採用方法の多様化

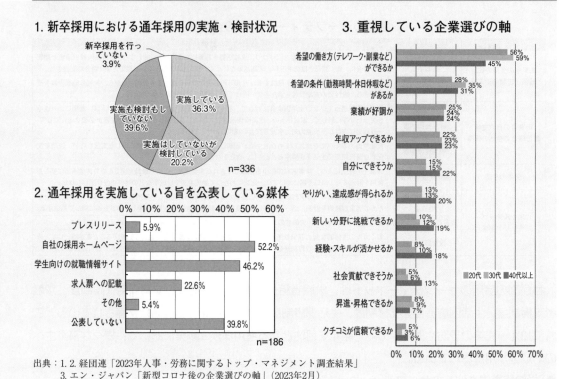

1. 新卒採用における通年採用の実施・検討状況

- 新卒採用を行っていない 3.9%
- 実施している 36.3%
- 実施はしていないが検討している 20.2%
- 実施も検討もしていない 39.6%

n=336

2. 通年採用を実施している旨を公表している媒体

プレスリリース	5.9%
自社の採用ホームページ	52.2%
学生向けの就職情報サイト	46.2%
求人票への記載	22.6%
その他	5.4%
公表していない	39.8%

n=186

3. 重視している企業選びの軸

	20代	30代	40代以上
希望の働き方(テレワーク・副業など)ができるか	56%	59%	45%
希望の条件(勤務時間・休日休暇など)があるか	28%	35%	31%
業績が好調か	25%	24%	24%
年収アップできるか	22%	23%	23%
自分にできそうか	15%	15%	22%
やりがい、達成感が得られるか	13%	13%	20%
新しい分野に挑戦できるか	10%	12%	19%
経験・スキルが活かせるか	8%	10%	18%
社会貢献できそうか	5%	6%	13%
昇進・昇格できるか	8%	9%	7%
クチコミが信頼できるか	5%	3%	6%

出典：1. 2. 経団連「2023年人事・労務に関するトップ・マネジメント調査結果」
　　　3. エン・ジャパン「新型コロナ後の企業選びの軸」(2023年2月)

◆**新卒採用における通年採用の活用**

　イノベーションの創出や生産性の改善・向上には、新卒一括採用のほかに、通年採用やジョブ型採用、経験者採用等の導入・拡大を進め、多様な人材を受け入れ、その活躍推進を図ることが有益である。

　特に新卒者の通年採用は、企業にとって、就職・採用活動の日程ルール(3月広報開始、6月採用選考開始、10月正式な内定)に沿った一般的な採用活動では出会うことが難しい、留学経験者や海外の大学を卒業した学生などの人材の獲得が期待でき、学生にとっても選択肢が広がる手法である。

　経団連が実施したアンケート調査によると、新卒者の「通年採用」は36.3%の企業で実施されており、昨年度調査より2.3ポイント増加した。また、実施を検討している企業は20.2%となっており、今後、新卒採用における通年採用の活用がさらに進んでいくと想定される。

　他方、39.8%が通年採用の実施を公表しておらず、企業においては、媒体を問わず通年採用を実施している旨の周知を一層図っていくことが望まれる。

◆**若年者の企業選びの軸**

　エン・ジャパンの調査によると、20代、30代が企業選びの軸で特に重視するものとして「希望の働き方(テレワーク・副業など)ができるか」「希望の条件(勤務時間・休日休暇など)があるか」との回答が多数を占めており、依然として柔軟な働き方やワーク・ライフ・バランスを重視する傾向が強い。人材の確保に向けて企業は、若年者の就労ニーズの多様化を踏まえた制度整備も必要となる。

2 ⑥ 自社型雇用システムの検討

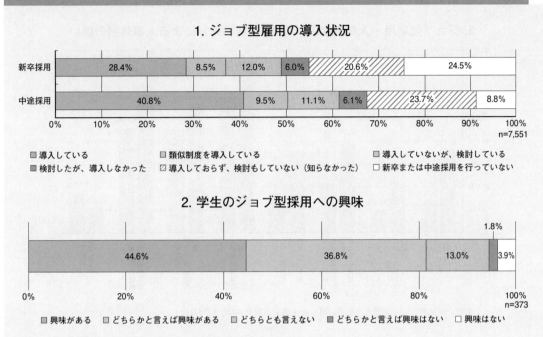

1. ジョブ型雇用の導入状況

	新卒採用	中途採用

新卒採用 28.4% / 8.5% / 12.0% / 6.0% / 20.6% / 24.5%

中途採用 40.8% / 9.5% / 11.1% / 6.1% / 23.7% / 8.8%

n=7,551

■ 導入している　■ 類似制度を導入している　■ 導入していないが、検討している
■ 検討したが、導入しなかった　▨ 導入しておらず、検討もしていない（知らなかった）　□ 新卒または中途採用を行っていない

2. 学生のジョブ型採用への興味

44.6% / 36.8% / 13.0% / 1.8% / 3.9%

n=373

■ 興味がある　■ どちらかと言えば興味がある　■ どちらとも言えない　■ どちらかと言えば興味はない　□ 興味はない

出典：1. マイナビ「ジョブ型雇用に関する企業調査」（2023年3月）
　　　2. 学情「『キャリア形成』に関する調査」（2023年5月）をもとに経団連事務局にて作成

◆自社型雇用システムの確立に向けて

　産業構造変革に伴う労働力需給の変化と、人口減少下における労働力問題に対応し、企業が持続的な成長を実現していくためには、社外から専門性を持った人材を採用して定着を図るとともに、社内では、事業ポートフォリオの組み替えに合わせて、成長が見込まれる事業分野・部門等に人材を重点配置することで、イノベーションを継続的に創出していく必要がある。そのためには、異動等により様々な業務経験を通じて人材を育成・処遇する「メンバーシップ型雇用」のメリットを活かしながら、特定の仕事・職務、ポストに人材を割り当てて処遇する「ジョブ型雇用」を導入・活用し、自社に最適な「自社型雇用システム」の確立を目指していくことが望ましい。

　ジョブ型雇用または類似する制度の導入状況については（マイナビ調査）、新卒採用では48.9%、中途採用では61.4%の企業が、導入あるいは検討を行っていると回答している。導入対象としては、「全社員」が42.6%と最も多く、職種別に見ると「営業」が23.6%、「事務」が10.8%と続く。また、「部長クラス以上」（8.0%）、「課長クラス」（8.9%）、「係長・主任・職長クラス」（8.6%）と、役職を基準に採用する企業もあり、自社に最適な「自社型雇用システム」を模索していることが伺える。

　学情が2025年3月卒業（修了）予定の大学生・大学院生を対象とした調査によると、81.4%の学生が「ジョブ型」採用に興味を持っている（「興味がある」（44.6%）と「どちらかといえば興味がある」（36.8%））。「ジョブ型」採用に興味を持っている理由としては、「仕事内容が明確だと、希望するキャリアを築けるかイメージしやすい」「ジョブ型のほうが専門性を磨くことができると思う」「配属部署や仕事内容が明確だと、希望するキャリアを築きやすいと思う」などが挙げられている。

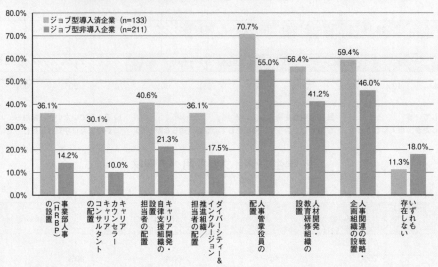

3. ジョブ型雇用・人事制度の「導入」「非導入」による人事体制の違い

出典：パーソル総合研究所「ジョブ型人事制度に関する企業実態調査」（2021年6月）

◆人事部門の体制整備

　ジョブ型雇用の導入にあたっては、人事部門の体制整備も重要となる。パーソル総合研究所の調査によると、人事部門の体制整備として実施している施策では、「事業部人事（HRBP）の設置」（ジョブ型雇用を導入済の企業では36.1％、非導入の企業では14.2％）、「キャリアカウンセラー、キャリアコンサルタントの設置」（導入済の企業では30.1％、非導入の企業では10.0％）、「キャリア開発・自律支援組織の設置、担当者の配置」（導入済の企業では40.6％、非導入の企業では21.3％）などにおいて、ジョブ型雇用の導入有無による差が大きくなっている。

　ジョブ型雇用においては、年功的な運用による昇進・昇格ではなく、企業による人事評価と当該社員の保有するスキルや意向等に基づいて、より上位の職務やポストに就けることで昇進・昇格を可能とする制度運用が考えられる。そのため、企業は、働き手自身が望むキャリア形成の実現に必要なスキルアップ・能力開発に励むことができるよう、人事部門の体制を整えることが肝要である。

◆検討の方向性・留意点

　自社型雇用システムの確立に向けて、自社の業種業態や事業戦略、企業風土を踏まえ、処遇制度、キャリアパスなどを見直すことが必要となる。処遇制度については、仕事や役割、貢献度を重視した賃金項目や賃金体系とすることが考えられる。そのためには、職務評価に伴う査定昇給や昇格・昇給のウェートの増大、成果や業績に基づいた評価とすることなどが有効である。また、働き手が担う業務の遂行に直結する知識・スキルが習得できる研修・セミナーの開催や、働き手が自ら選択できる教育プログラムを拡充するなど、人材育成施策を見直すとともに、社内公募制やFA制度、副業・兼業の導入・拡充、経験者採用者の幹部への積極的な登用などにより、主体的かつ複線型のキャリアパスを構築することが肝要である。

2 企業事例11 人材育成・リスキリングの取組み－博報堂・博報堂DYメディアパートナーズ

1. 博報堂大学人材育成プログラムの概要

　株式会社博報堂と博報堂DYメディアパートナーズ（両社従業員数合計4,704名、2023年11月末現在）は、デジタル化やグローバル化などの進展により事業領域が多角化する中、「粒ぞろいより粒違い」という考え方の下、競争力の高い人材育成を目的として、企業内大学「HAKUHODO UNIV.」（通称：博報堂大学）を運営し、複層的な教育訓練プログラムを提供している。

◆博報堂大学人材育成プログラムの概要

　博報堂大学は、「クリエイティブな博報堂」をビジョンとして2005年に設立された。設立当初は、「ひとまわり大きなクリエイティビティを創り出す起点になる」ことを目的とし、社員の「構想力」を磨くことを重視していた。しかし近年は、顧客のニーズが多様化し、事業領域がテレビCM制作等の広告にとどまらず、マーケティング戦略構築や社会的なムーブメント創出などにまでに及び、様々な事業領域で高いクリエイティビティの発揮が必要とされている。そこで博報堂大学では、社員の発想・構想・実装に関する能力を育み、社会に「新しい価値」を生み出す人材育成を目指している。

　具体的なプログラムとしては、新卒入社者やキャリア入社者向けの「オンボーディング・プログラム」に始まり、すべての職種において必ず備えておくべき能力をインストールするための、若手社員を対象とした「コア＆ベーシックスキル」、その後の戦略人材育成施策として「中計推進」「グローバルビジネス」「デジタルビジネス」「経営マネジメント」、専門人材育成施策として「ビジネスデザイン」「クリエイティブ」「ストラテジックプランニング」「メディアビジネス」などをテーマに、年間200以上の講座が組まれている。

　これらの講座は、社員が講師を務めるものが多いほか、単なる座学だけではなく、チームでともに検討・議論するワークショップ形式が多いことに大きな特徴がある。加えて、社員自身の現在の

2. 社員のリスキリングを促進・推進するための ポータルサイト

3. ポータルサイト上の受講後の レビュー例

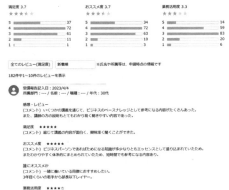

スキルや業務経験を見える化した上で上司と1on1ミーティングを行い、目指すキャリアに向けて必要な研修や業務経験のすり合わせを行っている。こうした取組みになどにより、プロフェッショナルとしての専門領域を極め、顧客のニーズに応えることを通じて社会価値を創造できる人材の育成を目指しているという。

◆自主的な学びを支援するためのリスキリング支援

目まぐるしく変化する社会情勢に対応・適応するためには、新たな学び・学び直しによるスキルや知識のアップデートが重要との考え方の下、博報堂大学は2022年度から、リスキリング支援施策として約300種類の社外研修プログラムを新たに提供している。経営戦略・マーケティング、アカウンティング、ファイナンス、DX・IT、ビジネススキルや語学など、学習コンテンツを幅広くラインナップすることで社員の学習ニーズに応えながら、生成AI領域のような、急速に学習ニーズが高まった領域にも対応している。社員は自己負担なしで受講する講座を自由に選ぶことができ、2023年11月現在で、対象となる社員の55.5%が本プログラムを利用している。エンゲージメント調査における同社への満足度も上昇していることから、自主的な学びに対する支援は順調に進んでいると受け止めている。その要因としては、社員への事前調査に基づいてニーズの高い講座を用意したことに加え、当該講座を受講している社員の属性（職種・年代等）や受講後のレビューを見える化したことにより、どの講座に支持が集まっているのか、自身の目指すキャリアに合う講座はどれなのかを社内にわかりやすく発信したことにあると同社は考えている。

◆今後の方向性

博報堂大学は単なる人材育成部門ではなく、社員が自らの気づきによって成長する「発育のための場」として、進化を続けていくことを目指している。同社が用意する枠組みと、社員個人が自由に選べる仕組みの両輪によって社員の成長を支援し、その結果を自社の成長につなげたいとしている。

2 企業事例12 企業と大学が連携したリカレント教育の取組み－富士通

富士通株式会社（連結従業員数124,000名、2023年3月末現在）は、「イノベーションによって社会に信頼をもたらし、世界をより持続可能にしていくこと」というパーパスの実現を担う人材の確保・育成に向けて、2020年からジョブ型人事制度を本格導入した。適所適材やキャリアオーナーシップをベースとした、ジョブ型人材マネジメントへのフルモデルチェンジを図った。

こうした人材面での取組み強化の一環として、同社では、営業などフロント部門におけるDX人材の育成を目的とした「システム×デザイン思考（以下S×D）超実践プログラム」を2023年度から実施している。

◆大学との連携による真のDX人材の育成

従来の「IT企業」から、マーケットやテクノロジーの激しい変化に適応し自らを変革する「DX企業」への転換を目指す同社にとって、社内や顧客のDXをリードできる人材の育成は大きな課題である。同社で活躍するDX人材には、基本的な必須スキルである3種類のDXリテラシー（データドリブン、デザイン思考、アジャイル）のすべてを身に付け、DX実現のプロセスを遂行するためのビジネススキルも習得した上で、同社の強みであるテクノロジーを自分自身のフォーカスエリアで活用することが求められている。このため、各スキルに合わせた様々な研修を実施している。

これらのスキルのうち、「デザイン思考」に関しては、デザイナーなど一部の職種に限定されたスキルというイメージが先行していることや、これまでのデザイン思考に関する教育だけでは当該スキルを獲得することが難しいことから、現場への浸透が不十分であった。こうした中、慶應義塾大学大学院システムデザイン・マネジメント研究科（慶應SDM）の白坂成功教授らが提唱する「S×D」が、同社が得意とする論理的なシステム思考とデザイン思考を組み合わせた思考方法として目指すビジネスとの親和性が高いことに着目し、慶應SDMと連携し、PBL（Project-Based Learning）型の共同講座を2021年2月から開講している。フロント部門を中心に各本部から推薦された社員が受講し、2023年3月までの7期で計216名の修了生を輩出している。

2. 成果を創出するポジティブ・ループ

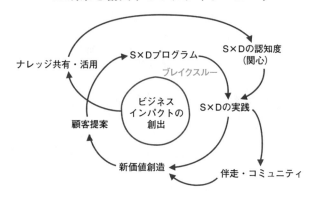

◆「超実践」への深化

　2022年度までのPBL型共同講座も一定の効果をもたらしていたものの、実践が修了生任せとなっている一面もあり、教育をビジネスインパクトに結び付ける点では課題が残った。そこで、PBL型による能力開発の取組みからさらに踏み込み、実際のビジネスの現場において課題解決型の学習をサポートしていく「FPBL」（Field & Project-Based Learning）型に発展させたのが、「S×D超実践プログラム」である。対象者は公募ではなく、新たな価値の創出をミッションとして、フロント部門を中心に具体的な顧客やテーマを持つ社員としている。また、社員個人ではなく営業チーム単位で受講するスタイルも推奨し、S×Dの重要性に深い理解を示す上層部からトップダウンで実施するケースも徐々に増やしているという。

　この取組みは、プログラムによる支援を受けながら、顧客への提案活動で必要となるリサーチからワークショップの設計まで、営業主体で検討を進めることにより、修了生がこれまでの研修で学んだことの定着化を図り、S×Dを身に着けたDX人材として完全自走を促す発展的なものである。同社では、アカデミアの知見・体系的な学びの上に、現場の実態に即した課題感やビジネスインパクト創出への意識を組み合わせた、同プログラムを通じた実践力の一層の向上を期待している。

◆成果を創出するポジティブ・ループの実現・定着

　同プログラムが実際の事業活動で成果を創出していくために、同社はポジティブ・ループの実現・定着を目指している。具体的には、同プログラムの成果を、部門横断的な発表会や修了生向けコミュニティ等で共有するほか、デジタル社内報やサイトといった社内外メディアで展開し、ナレッジの蓄積と認知度の向上を図っている。専用のサイトを設けて、単に事例を掲載するだけではなく、サイトを閲覧した社員が活用できるように、実践の中で得たリサーチやワークショップの実施方法など、詳細な手法を掲載している。その結果として、営業を中心としたフロント人材全体にS×Dの活用を広め、KGI（Key Goal Indicator）として定めた効果創出の実現を目指しているという。

　こうしたラーニング・コミュニティの整備は、社員個人の学びの充実のみならず、社内での学びの効果の増幅につながり、キャリアオーナーシップの実現にも資する。同社は、ポジティブ・ループの定着を目指し、今後も同プログラムの推進に継続して取り組んでいくとしている。

2 企業事例13 サバティカル休暇制度の導入－ファインデックス

1. サバティカル休暇制度の概要

導入年	・2018年
取得条件	・勤続10年ごと
休暇期間	・最大6ヵ月
利用目的	・制限なし （海外旅行、資格取得、単発・派遣等の仕事、実家の家業を手伝い、家族との時間の充実など）
休暇中の処遇	・基本給の3割を支給（社会保険料の本人負担分へ充当）
その他	・復帰後は休暇前と同じ条件で復帰が可能 ・円滑な業務引継ぎの観点から、休暇取得の6ヵ月以上前に申請が必要

　株式会社ファインデックス（従業員数306名、2023年4月1日現在）は、東京都千代田区に本社を置き、医療部門を中心としたシステム開発事業を展開し、全国の医療機関に対し診療を支援するソリューションを提供している。同社は、2018年5月から、「社員の健康維持と自己実現を支援することで企業価値の向上を目指す」ことを目的として、サバティカル休暇制度を導入した。

◆サバティカル休暇制度導入の経緯と制度の概要

　同社は、サバティカル休暇制度の導入以前からリフレッシュ休暇を設けており、年に1回以上、連続した5日以上の休暇取得を推奨してきた。その上で、「数カ月単位の長期間の休み」を取得する中で、通常の休暇や同社への就業のみでは得ることができない多種多様な経験を、復職後のキャリアに活かしてほしいとの考えから、新たにサバティカル休暇制度を導入した。

　制度の導入以前は、通常の休暇期間を超えて、職場を長期にわたり離れることが必要となるような能力開発や経験の機会を獲得するためには、退職せざるを得なかった。こうした状況に対して、「辞めずともチャレンジできる」環境を企業側が用意すべきとの強い考えの下、経営側が制度の導入を主導した。また、同社の顧客である大学病院の教授・教員の間では、サバティカル休暇がすでに広く浸透しており、身近に参考とすべき事例があったことも導入の一因となった。

　本制度では、勤続10年ごとに最長6ヵ月の休暇を取得することが可能である。休暇中は社会保険料の社員負担分を念頭に基本給（管理者手当、通勤差額手当、職務手当、裁量労働手当を含む）の3割を支給している。休暇の利用目的に制限はなく、勉学やボランティア等のほか、他社（競合他社以外）で働くことも可能としている。休暇の最長期間を6ヵ月としたのは、語学留学等で活用されることを念頭に十分な期間を設定する必要性と、年単位の休暇では取得後の職場復帰が難しくなるとの懸念の両面を考慮した結果である。

　休暇の取得にあたっては、円滑な業務の引継ぎを行う観点から、社員に対して、取得の6ヵ月以上前に申請をするよう求めている。

第Ⅰ部 「構造的な賃金引上げ」の実現に不可欠な生産性の改善・向上

2. サバティカル休暇中の社員の様子

①資格取得に向けた時間　　　　②電子工作に挑戦中　　　　③家族との時間

◆**サバティカル休暇制度の活用状況と導入による効果**

　本制度を導入した2018年5月以降、1年間で1～2名程度が同制度を活用している。その社員の全員が制度の上限である6ヵ月間で休暇を取得している。休暇期間中にどのような活動を行ったかは社員によって様々である。海外旅行や資格取得のほか、有期雇用契約や労働者派遣により他社で働いた社員もいた。また、実家の家業の手伝いを含め、家族との時間の充実に休暇を活用した例もあった。

　サバティカル休暇を取得した社員に対しては、社内での情報共有の観点から、復帰後に社内の広報紙で休暇中の過ごし方を紹介してもらっているほか、コロナ禍前には、全社員が一堂に参集する勉強会や懇親会の機を捉え、発表する機会を設定していた。

　サバティカル休暇制度の運用にあたっては、休暇取得者が所属する部署やチーム内において円滑な業務運営が可能となるよう業務の引継ぎや体制強化を入念に行っている。こうした取組みを通じて、職場が抱えているタスクの整理や、業務の過度な属人化が回避されたという副次的な効果が認められたという。なお、外部環境に劇的な変化があった場合や、業務の引継ぎが不十分であり申請者が休暇に入った際に業務に支障が出ることが明らかな場合は、開始時期の延期・調整も行っている。

　本制度の導入は、単なる長期休暇付与を超えるプラスの影響をもたらしている。サバティカル休暇の取得が同社で働くことへのモチベーション向上につながると同時に、休暇を経て働くこと自体の楽しさを再認識するきっかけになっている。サバティカル休暇を一つの目標・目安としている社員も出てくるなど、通常の業務とサバティカル休暇の好循環が生まれている。

◆**今後の展望**

　サバティカル休暇制度に対する社員の関心と満足度は高いため、同社は制度を引き続き運用することを通じて、社員の自己実現を支援し、社員のエンゲージメントを高めるとともに、企業価値のさらなる向上を目指していくこととしている。

2 企業事例14
多様な採用方法−コンドーテック

1. 採用選考フロー

Step1	Step2	Step3	Step4	Step5	Step6	Step7	Step8	Step9
エントリー	会社説明会	適性テスト	一次面接	最終面接	内々定・内定	内定式	通信教育	入社
	各エリアWEB	WEB	各エリアWEB	大阪		大阪		

2. 2023年度新入社員

　コンドーテック株式会社（従業員数754名、2023年3月末現在）は、大阪府大阪市に本社を置き、産業資材や鉄構資材等の製造・仕入・販売を行っている。同社は「様々な人材に出会うために可能な限り門戸を開く」方針の下、20年ほど前から新卒者の通年採用を実施しており、海外留学生や大学院進学から就職に切り替えた学生、公務員試験を目指していた学生、既卒者、第2新卒者など、多様な経験・キャリアを有した人材を積極的に採用している。

◆通年採用の概要

　2024年4月1日入社を対象とした選考の場合、2023年3月から2024年2月（予定）まで、随時エントリーを受け付けており、2023年11月までの応募者数は432名、採用者数は14名となっている。また、例年、入社者全体の約25〜30%は10月以降に内定する傾向にある。

　同社の新卒採用は既卒者も対象としている。新卒扱いとする対象者は、「卒業後概ね3〜5年」を目安としているものの、卒業年次や年齢によって制限することは事実上しておらず、この指標に合致しない既卒者を新卒者として採用することも多いという。

　選考は、参加が必須の会社説明会と適性テスト（Web）、面接によって進められる。適性テストは現在活躍している社員と同一の設問を基本とすることで、一般的な職務適性だけでなく入社後の職務適性も判断している。また、選考の過程で、事務所見学や先輩社員との面談を可能な限り実施することとしており、同社の雰囲気を入社前から実感してもらうことで入社後のミスマッチを生じさせないよう工夫している。

　同社は、採用に向けた広報活動にも力を入れている。採用ナビサイトを活用した会社説明会の募集や大学が主催する説明会への積極的な参加、卒業予定者・卒業生を対象とする個別の就職相談などを通じて、採用活動を継続的に実施している旨をアピールしている。

3. 研修メニュー

	入社後1ヵ月	入社後半年	入社3年	入社6～7年	入社10年	入社10年以降
階層別研修	新入社員研修	フォロー研修	入社3年目研修	入社6～7年目研修	入社10年目研修	
目的別研修			特定分野研修		新任管理者研修	
			社内認定吊り具アドバイザー		新任所属長研修	
					マネジメント力強化研修 幹部候補者育成研修 等	
自律学習支援	通信教育サポート					
資格取得補助	玉掛作業技能講習/クレーン運転特別教育/フォークリフト運転技能講習/乙種4類危険物取扱者 等					

新卒内定者には入社前に通信教育も実施（概ね3ヵ月間）

　入社日は基本的に4月1日だが、既卒者や第2新卒者には一律の入社時期を設けておらず、希望に応じて、4月1日より前の入社も可能としている。

◆「仲間の絆」を深める新入社員研修

　同社では、「仲間の絆」を重視する観点から、4月1日より前に早期入社する場合であっても4月1日入社の新入社員と合同で1ヵ月間の集合研修を実施している。研修は大阪本社にて実施しており、研修中は、自宅から通える場合でも全員が同じホテルに宿泊することとしている。通勤時間や休日など仲間と過ごす時間を意図的に増やすことで「仲間の絆が深まった」と非常に評判が良いという。また、研修中の宿泊費や通勤費、ホテルでの朝・夕食の費用に加えて、公的資格の取得（玉掛け、クレーン操作等）や外部講座への参加なども原則会社負担として積極的に支援している。

◆新卒者の通年採用の継続実施と経験者採用の拡大

　同社は、通年採用を通じて多様な学生と出会い、概ね計画どおりに新卒者を採用できている。新卒者の中でもとりわけ内定式（10月1日）以降に出会う学生について「自身のキャリアや働き方をより具体的に考えている場合が多く、入社前からキャリアプランを協議できる」と評価しており、今後も新卒者の通年採用を継続していく意向である。

　また同社は、人手不足の要員確保を主な目的として経験者採用を実施している。従前は「中途採用」と呼んでいたが、経団連が「『中途』という文言がネガティブな印象を与えるため、今後は経験者採用との表記で統一する」と発信したことを受け、採用活動において呼称を改めた。同社は、今後の事業拡大を図っていく上で、さらなる人員の必要性を実感しているという。特に、年度によって採用実績にばらつきが生じていることから、今後はより安定的に人材を採用・確保できるよう経験者採用の拡充も含めて、採用方法の多様化を図っていくこととしている。

2 副業・兼業人材の受入れ－宮腰精機

企業事例15

1. AI機能を搭載した新型機

2. プロジェクトチームでの打合せの様子

3. 募集から契約締結までの流れ

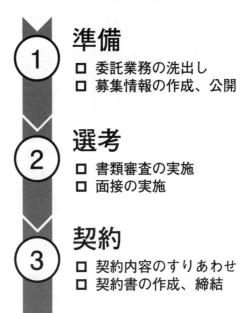

準備 ①
- ☐ 委託業務の洗出し
- ☐ 募集情報の作成、公開

選考 ②
- ☐ 書類審査の実施
- ☐ 面接の実施

契約 ③
- ☐ 契約内容のすりあわせ
- ☐ 契約書の作成、締結

　秋田県大仙市で印刷機械等の設計開発から製造まで手がける宮腰精機株式会社（従業員数200名、2023年9月時点）は、副業・兼業人材の受入れにより、既存のアナログ印刷機にAI機能を搭載した新製品の開発に成功した。同社の主力製品であるアナログ印刷機の市場は、海外メーカーの参入によって価格競争に陥っており、安価な製品との差別化のため、高い付加価値を有する製品の開発が急務となっていた。印刷機へのAI機能搭載に着目したものの、同社にはAI機能を開発するノウハウがなかった。そこで、秋田県プロフェッショナル人材戦略拠点に相談し、AI機能を開発できる専門人材を兼業で受け入れることとした。

◆開発から完成までの道のり

　開発にあたり、兼業者と、各部門の部門長をメンバーとするプロジェクトチームを組織した。兼業者には、そのリーダーとして、印刷機においてAI化したい機能の検討、AIソフト開発の委託先の選定と開発にあたっての仲介、開発したAIソフトの実機への搭載、稼働状況の確認など、プロジェクトの牽引役を担ってもらった。例えば、AI化したい機能の洗出しにおいて、兼業者が既存機の印刷工程の検証や顧客へのインタビュー調査を社員と一緒に行ったことで、AI化を進める上での具体的な計画をスムーズに立案することができた。また、AIソフト開発の委託先の選定においては、様々な候補があった中で、兼業者の助言によって選定条件を整理した結果、適切な委託先を決定できたという。

　プロジェクトの推進にあたり、兼業者とは、毎朝15分のWeb打合せや、月1回の同社への出社によって密に連絡できる体制を整えた。毎朝のWeb打合せでは、主に前日の実施事項や課題の確認、

4. 開発工程

プロジェクトの推進

検討・準備 → 開発委託 → 実装 → **完成**

- □ AI化したい機能の検討
- □ 既存機の印刷工程の検証
- □ ユーザーインタビューの実施

- □ 開発委託先の条件整理・選定
- □ 仕様の検討
- □ 開発段階での委託先との仲介

- □ 稼働状況の確認
- □ 改善点の洗出し

─── **兼業者は、すべての工程に関与** ───

当日の実施事項のすりあわせを行った。同社への出社は、プロジェクト発足時には、社員との関係構築を主な目的として兼業者の都合の良いタイミングとした。開発が進んだ段階では、1週間程度、秋田に滞在して現場での検証業務などを行ってもらった。なお、兼業者の受入れにあたっては、事前に全社員に対して、受入れの背景やどのような専門性を持つ人材なのかを説明し、理解促進を図った。また、プロジェクト発足前から開発期限を明確にしたことで、兼業者へ委託する業務内容を開発スケジュールに落とし込んで決定することができ、効率的な開発につながった。同社ではそのほか、兼業者から、自身のキャリアに関する講話や開発業務の進め方に関する助言をもらう機会を設けたことで、同社の社員との関係構築だけでなく、社員の能力開発にも効果があったと評価している。

◆契約締結等の手続き

兼業者とのマッチングは、秋田県プロフェッショナル人材戦略拠点が東京都で開催したイベントに同社が参加したことがきっかけとなった。応募のあった3名と面接して1名に絞った。契約書は、同拠点が提供する雛形を活用した。委託する業務内容は「AI機能の開発プロデュース」とし、開発に一定の期間を要することから、契約期間は1年、報酬額は月額25万円とした。報酬額については当初、同社は月額20万円、兼業者は月額30万円を希望していたが、同拠点の仲介により、両者の中間の額（25万円）で決定した。出社に伴う費用は、同社が交通費や宿泊費、兼業者が食事代を負担することとした。同兼業者とは2020年4月の契約締結以降、更新を繰り返し、現在は、2つ目のAI機能の開発を委託している。これまでの成果に鑑み、2023年4月から報酬水準を月額30万円に引き上げている。

◆今後の展望

同社は、開発のみならず、生産管理等においても、副業・兼業人材の活躍の場はあると考えている。特に、他社に劣後する分野で専門性を持つ副業・兼業人材を積極的に受け入れていきたいと意欲を示している。

3

最低賃金

3 ① 地域別最低賃金の動向

1. 2023年度地域別最低賃金額一覧

都道府県	最低賃金時間額(円)	都道府県	最低賃金時間額(円)
北海道	960 (40)	滋賀	967 (40)
青森	898 (45)	京都	1,008 (40)
岩手	893 (39)	大阪	1,064 (41)
宮城	923 (40)	兵庫	1,001 (41)
秋田	897 (44)	奈良	936 (40)
山形	900 (46)	和歌山	929 (40)
福島	900 (42)	鳥取	900 (46)
茨城	953 (42)	島根	904 (47)
栃木	954 (41)	岡山	932 (40)
群馬	935 (40)	広島	970 (40)
埼玉	1,028 (41)	山口	928 (40)
千葉	1,026 (42)	徳島	896 (41)
東京	1,113 (41)	香川	918 (40)
神奈川	1,112 (41)	愛媛	897 (40)
新潟	931 (41)	高知	897 (44)
富山	948 (40)	福岡	941 (41)
石川	933 (42)	佐賀	900 (47)
福井	931 (43)	長崎	898 (45)
山梨	938 (40)	熊本	898 (45)
長野	948 (40)	大分	899 (45)
岐阜	950 (40)	宮崎	897 (44)
静岡	984 (40)	鹿児島	897 (44)
愛知	1,027 (41)	沖縄	896 (43)
三重	973 (40)	全国平均	1,004 (43)

2. 最低賃金引上げに向けた支援事業

(1) 専門家派遣・相談等支援事業
生産性の向上などの経営改善に取り組む中小企業の労働条件管理などの相談について、中小企業庁が実施する支援事業と連携して、ワン・ストップで支援

対象事業主	全ての事業主
支援内容	社会保険労務士などの専門家が、無料で労務管理上の相談に応じ、就業規則の作成方法、賃金規定の見直しや労働関係助成金の活用などを含めたアドバイスを実施

(2) 業務改善助成金（下線部が2023年度内に拡充された内容）
事業場内最低賃金を一定額以上引き上げ、設備投資等を行った場合の費用を助成[1]

助成対象事業場	助成率[2]	引上げ労働者数	引上げ額[3]			
			30円コース	45円コース	60円コース	90円コース
・中小企業事業者であること	①9/10	1人	30万円(60万円)	45万円(80万円)	60万円(110万円)	90万円(170万円)
	②4/5(9/10)	2～3人	50万円(90万円)	70万円(110万円)	90万円(160万円)	150万円(240万円)
・事業場内最低賃金と改定後の地域別最低賃金の差額が50円以内		4～6人	70万円(100万円)	100万円(140万円)	150万円(190万円)	270万円(290万円)
	③3/4(4/5)	7人以上	100万円(120万円)	150万円(160万円)	230万円	450万円
		10人以上[4]	120万円(120万円)	180万円	300万円	600万円

※1 事業場規模50人未満の事業者は、2023年4月1日から12月31日までに実施した賃金引上げについて、事後申請が可能
※2 助成率①は事業場内最低賃金900円未満、②は900円以上950円未満、③は950円以上の場合
　　（ ）は生産性向上要件を満たした場合
※3 （ ）は事業場規模30人未満の事業者を対象とした助成上限額
※4 10人以上の上限額区分は、以下の (a) ～ (c) のいずれかが該当する事業場が対象
　　(a) 事業場内最低賃金950円未満の事業場
　　(b) 売上高や生産量などの事業活動を示す指標の直近3ヵ月間の月平均値が3年前までの同じ月に比べて、15%以上減少している事業者
　　(c) 申請前3ヵ月間のうち任意の1月の利益率（売上高総利益率または売上高営業利益率）が3%ポイント以上低下している事業者

(3) 働き方改革推進支援助成金（団体推進コース）
事業主団体が、傘下企業の労働者の労働条件の改善に向けた取組を実施した場合に助成

対象事業主団体	3事業主以上（共同事業主においては10事業主以上）で構成する事業主団体等　①法律で規定する団体等　②一定の要件を満たす事業主団体　③共同事業主
支給額	以下のいずれか低い方の額　①対象経費の合計額、②総事業費から収入額を控除した額、③上限額500万円

注：1. 2023年度地域別最低賃金額一覧の（ ）内は2022年度からの引上げ額
出典：2. 厚生労働省資料をもとに経団連事務局にて作成

◆2023年度の決定状況

　2023年度の目安審議は、目安を示すランク数を4つから3つに変更後初めて行われた。「全国加重平均1,000円を達成することを含めて、公労使三者構成の最低賃金審議会で、しっかりと議論を行う」との政府方針に配意しつつ、最低賃金決定の3要素（労働者の生計費および賃金、通常の事業の賃金支払能力）を総合的に勘案することを基本としながら、消費者物価の上昇継続に着目し、「労働者の生計費」が重視された結果、Aランク＋41円、Bランク＋40円、Cランク＋39円という引上げ目安が示された。この目安を参考にした地方最低賃金審議会の決定状況は39円～47円の引上げ、全国加重平均1,004円（前年度比＋43円、＋4.5%）となった。全国加重平均が1,000円を超えたことを受けて、政府は、「デフレ完全脱却のための総合経済対策」（2023年11月）において、「2030年代半ばまでに全国加重平均1,500円」という新たな目標を提示している。

◆最低賃金引上げに向けた支援の拡充

　最低賃金に限らず賃金の引上げは、生産性向上によって持続的に増大した付加価値を原資とすることから、生産性向上に資する支援策が重要である。地域別最低賃金は、2016年度以降、コロナ禍の影響に配慮をした2020年度を除き、年々大幅に引き上げられている。労務費・人件費等の価格転嫁が遅れている中小企業への影響は大きく、中小企業が最低賃金引上げに対応するための環境整備が重要となる。厚生労働省は、最低賃金引上げに向け、専門家派遣・相談等支援事業や業務改善助成金、働き方改革推進支援助成金等の各種支援事業を展開しており、2023年8月には業務改善助成金をさらに拡充した。こうした公的支援策も活用し、生産性向上と賃金引上げにつなげていくことが望ましい。

3 ② 特定最低賃金の動向

1. 特定最低賃金の設定状況

	業種	件数
都道府県	食料品・飲料製造業	5
	繊維工業	5
	木材・木製品製造業	1
	パルプ・紙・紙加工品製造業	2
	印刷・同関連産業	1
	塗料製造業	4
	ゴム製品製造業	1
	窯業・土石製品製造業	4
	鉄鋼	20
	非鉄金属製造業	9
	金属製品製造業	4
	一般機械器具製造業	25
	精密機械器具製造業	7
	電気機械器具製造業	45
	輸送用機械器具製造業	33
	新聞・出版業	1
	各種商品小売業	30
	自動車小売業	23
	自動車整備業	1
	道路貨物自動車運送業	1
	木材・木製品・家具・装備品製造業	1
全国	全国非金属鉱業	1
	合計	224

2. 地域別最低賃金と特定最低賃金の全国加重平均の差額の推移

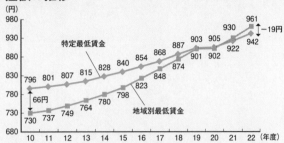

3. 地域別最低賃金未満の特定最低賃金の件数

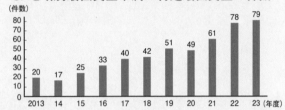

注：1. 2023年末時点。複数の業種にまたがって設定されているものについては、主な業種に計上
3. 各年度末時点。2023年度のみ12月末時点。全国非金属鉱業は除外

◆特定最低賃金の概要と近年の動向

　特定最低賃金は、関係労使の申出に基づき、地域別最低賃金より高い賃金水準が必要と認められる場合に、特定産業の基幹労働者とその使用者を対象に各都道府県で設定する。特定最低賃金は、すべての労働者と使用者に適用される「地域別最低賃金」とは法的に異なり、地方最低賃金審議会において全会一致の議決がなされた場合に新設・改正・廃止される。違反した場合には、最低賃金法における罰則はないが、労働基準法24条の賃金全額払違反の罰則（30万円以下の罰金）が適用される。

　近年、地域別最低賃金の大幅な引上げに伴い、特定最低賃金との差（全国加重平均額）は縮小し、2021年度に初めて逆転した。さらに2022年度はその差が拡大し、−19円となった。個々でみても、地域別最低賃金額を下回る件数は、2015年度から2023年度にかけて大きく増加（2015年度25件→2023年度79件）している上、2023年度79件のうち69件は、複数年にわたって下回っている。地域別最低賃金を上回る金額を設定するはずの特定最低賃金は、その存在意義が揺らいでおり、制度を見直す時期が来ていると言える。

◆企業内最低賃金協定との関係

　連合は「2024春季生活闘争方針」において、「1,200円以上の締結水準による企業内最低賃金の協定化」を賃金要求指標として掲げ、前年の1,150円から水準を引き上げている。企業内最低賃金協定は、労使で合意した場合に「企業ごと」に締結されるものだが、特定最低賃金の新設や金額改正に必要な資料として活用される場合がある。企業内最低賃金の協定化や金額改定により、個別企業を超えて、特定最低賃金に影響する可能性があるということに留意する必要がある。

第 II 部
2024年春季労使交渉・協議における経営側の基本スタンス

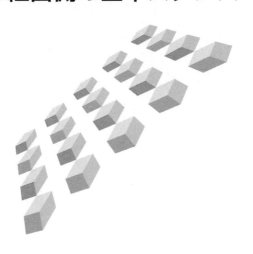

❶世界経済の動向

1. 実質GDP成長率の見通し

(1) OECDの予測

(%)

	2022年 （実績）	2023年	2024年	2025年
世界全体	3.3	2.9	2.7	3.0
米国	1.9	2.4	1.5	1.7
ユーロ圏	3.4	0.6	0.9	1.5
ドイツ	1.9	-0.1	0.6	1.2
フランス	2.5	0.9	0.8	1.2
英国	4.3	0.5	0.7	1.2
日本	0.9	1.7	1.0	1.2
中国	3.0	5.2	4.7	4.2
インド	7.2	6.3	6.1	6.5

(2) アジア開発銀行の予測

(%)

	2022年 （実績）	2023年	2024年
韓国	2.6	1.3	2.2
台湾	2.4	1.2	2.7
東南アジア	5.6	4.3	4.7
インドネシア	5.3	5.0	5.0
タイ	2.6	2.5	3.3

2. 欧米のGDP・物価の推移

(1) 実質GDP成長率（前期比年率）

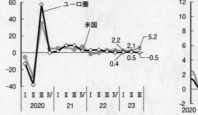

(2) 消費者物価（総合・前年同月比）

3. アジア地域の実質GDP成長率（前年同期比）の推移

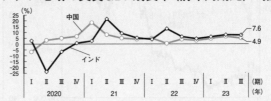

出典：1. OECD「Economic Outlook No.114」（2023年11月）、アジア開発銀行「Asian Development Outlook」（2023年12月）
　　　2. 米国商務省、米国労働省、EU統計局、中国国家統計局、インド統計及び事業実施省

◆世界経済の現状と見通し

　2021年以降、コロナ禍からの急速な回復に伴う供給制約やロシアのウクライナ侵攻などにより、エネルギー・原材料価格を中心に世界的に物価が大きく上昇した。その抑制のため、各国が金融引締めを強力に実施した結果、世界経済の成長は鈍化の兆しがみられる。OECDによると、2023年の世界全体の実質成長率は＋2.9％と、前年（＋3.3％）から低下し、2024年は＋2.7％に減速と予測される。

　国・地域別にみると、米国では、急激な物価上昇への対応として連邦準備制度理事会（FRB）が2022年以降継続的な利上げを実施した結果、実質GDP成長率は2022年前半にマイナスとなった。2023年は再びプラスで底堅く推移し、7－9月期は個人消費が牽引役となり前期比年率＋5.2％を記録した。先行きは金利上昇による内需の下押しにより、景気の減速が見込まれている。

　ユーロ圏でも、欧州中央銀行（ECB）は2022年7月から物価上昇に対して、継続的な利上げを実施している。財政の引き締めもあいまって、2023年7－9月期の実質GDP成長率は前期比年率－0.5％と、前期（＋0.5％）から低下し、3四半期ぶりのマイナス成長となった。先行きもエネルギー価格の高止まりが懸念され、個人消費や設備投資の伸びの鈍化により、景気は減速すると見込まれる。

　中国の実質GDP成長率は、2022年4－6月期に前年同期比＋0.4％と大幅に減速した後、底堅く推移し、2023年7－9月期に同＋4.9％となった。先行きは、不動産市場の低迷を背景とした、個人消費の弱含みなどの下押し圧力が継続する下で4％台後半の成長が見込まれる。

　韓国、台湾、東南アジアは、コロナ禍からの回復がみられるものの、2024年は外需の弱含みにより、成長の鈍化が予測される。一方、インドは実質GDP成長率（前年同期比）で中国を上回る勢いで推移し、2023年7－9月期は内需主導で＋7.6％、2024年以降も6％台の高成長が続くと見込まれる。

❷株価・為替レート、原油価格の動向

1. 株価・為替レートの推移

日経平均株価
（右軸）

対ドル円レート
（左軸）

2. WTI原油先物価格の推移

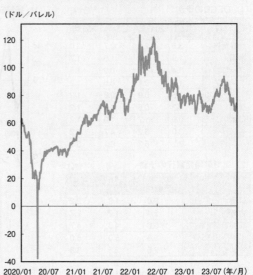

出典：1. 日本経済新聞、日本銀行　　2. 日経NEEDS

◆株価・為替レート

　2023年1月の対ドル円レートは、前年末の日本銀行の金融政策決定会合において、長期金利の変動幅の拡大を決定したことを受けて、1ドル127円台まで円高が進行した。一方、米国連邦準備制度理事会（FRB）がインフレ抑制のため、2023年1月から7月にかけて4度の政策金利の引上げを行ったことで、日米金利格差が拡大し、円安傾向に転じた。その後、米国の追加利上げに対する市場予想や、日銀の金融政策の方針転換に対する憶測を踏まえつつ、円安が一層加速し、11月中旬に150円台を超えた。その後、早期の米国での利下げ観測や、日銀の政策修正観測が高まったことで、一転して円高傾向に転じ、年末は140円台前半で推移した。

　2023年の日経平均株価は約26,000円で始まった後、好調な企業業績などを受けて、5月中旬には3万円台を回復した。さらに、上昇傾向が続き、同年7月初旬に、バブル経済下の1990年3月以来、最高値を更新するに至った。その後、世界経済の減速懸念などを背景に、上値の重い展開が続いたものの、年末にかけて、日銀の金融緩和の維持などを踏まえて、再び上昇し、33,000円前後で推移した。

◆原油価格

　2023年のWTI原油先物価格は約77ドル台でスタートした後、中国をはじめとした世界経済の減速懸念から、低下傾向で推移し、同年6月中旬には約67ドル台となった。しかし、OPECとロシアなど非加盟産油国からなるOPECプラスの生産調整を受けて、9月には90ドル台を突破する局面もみられた。さらに、10月以降中東情勢の緊迫化を受けて、高止まりが続いた。年末にかけて、緩やかな低下傾向に転じ、70ドル台前半で推移した。

❸日本経済の動向

1. 実質GDPの推移と見通し

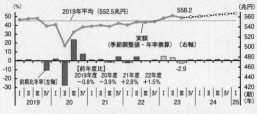

2. 月次指標（季節調整値）の推移
(1) 消費・非製造業活動
(2) 輸出・生産

3. GDP成長率の見通し

（前年度比、%）

		2023年度	2024年度	2025年度
ESPフォーキャスト調査〔民間エコノミスト〕	実質GDP	1.53	0.88	0.90
	寄与度内需	0.4	0.9	―
	外需	1.1	-0.1	―
政府	実質GDP	1.6	1.3	
	名目GDP	5.5	3.0	
日本銀行	実質GDP	2.0	1.0	1.0

注：1. 2023年10-12月期以降は民間エコノミストの予測の平均
出典：1. 内閣府「四半期別GDP速報（2023年7-9月期2次速報）」、日本経済研究センター「ESPフォーキャスト調査」（2023年12月）
　　　2. 日本銀行「実質輸出入の動向」、同「消費活動指数」、経済産業省「鉱工業指数」、同「第3次産業活動指数」
　　　3. 日本経済研究センター「ESPフォーキャスト調査」（2023年11月）、内閣府「令和6年度の経済見通しと経済財政運営の基本的態度」（2023年12月閣議了解）、日本銀行「経済・物価情勢の展望」（2023年10月）

◆景気の現状

　社会経済活動が正常化する中で、日本経済は緩やかに持ち直している。2023年7−9月期の実質GDP成長率は実額ではコロナ前（2019年平均）の水準を超えているものの、前期比年率−2.9%（前期比−0.7%）とマイナス成長となり、内需の回復に弱さがみられる。具体的には、物価高による消費意欲の減退を背景として、個人消費は前期比年率−0.6%と2期連続のマイナスとなった。設備投資も2期連続マイナスの同−1.8%となった。外需も輸入増を背景として、マイナスで寄与している。

　10月以降の月次指標について、個人消費はほぼ横ばいで推移する一方、非製造業の活動水準に一服感がみられる。輸出は、半導体等電子部品などの情報関連で増加の動きがみられるものの、中間財がマイナスに転じ、全体を押し下げている。生産は、電子部品・デバイス工業や自動車工業で増加の動きがみられるものの、全体として一進一退の状況である。

◆先行きの見通し

　先行きも、雇用・所得環境の改善に伴う民間消費の拡大や旺盛なインバウンド需要などにより、引き続き持ち直しが期待される。一方、世界経済の下振れによる輸出の減少のほか、中東地域をはじめとする不安定な国際情勢とそれに伴う原材料・エネルギー価格の高騰などに注視が必要である。

　民間エコノミストの平均的な見通しでは、実質GDP成長率は2023年度が＋1.53%、2024年度が＋0.88%と予測される。2024年度は、個人消費、設備投資が底堅く推移する一方、外需が減速することで、回復のペースは鈍化すると見込まれる。

❹人口減少・少子高齢化の進行

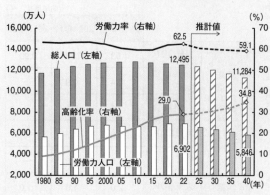

1. 総人口・労働力人口の動向

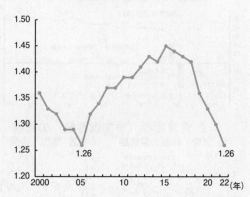

2. 合計特殊出生率の推移

注：1. 総人口と高齢化率は、各年10月1日現在であり、2020年までは「国勢調査」、2022年は「人口推計」による実績値、2025年以降は「日本の将来推計人口（令和5年推計）」の出生中位・死亡中位推計
　　　労働力人口と労働力率は、2022年までは「労働力調査」による実績値、2025年以降は労働政策研究・研修機構による推計値（ベースライン・労働参加漸進シナリオ）
出典：1. 総務省「国勢調査」、同「人口推計」、同「労働力調査」、国立社会保障・人口問題研究所「日本の将来推計人口（令和5年推計）」、労働政策研究・研修機構「労働力需給の推計―労働力需給モデル（2018年度版）による将来推計―」
　　　2. 厚生労働省「人口動態統計」

◆総人口・労働力人口の現状

　わが国の総人口は、2008年の1億2,808万人をピークに減少傾向に転じ、2022年は1億2,495万人となった。少子高齢化が進行し、65歳以上の割合（高齢化率）は29.0％に高まっている。

　合計特殊出生率（1人の女性が一生の間に産む子どもの数に相当）は2005年の1.26を底に、回復傾向にあったが、2016年以降は7年連続で低下し、2022年は過去最低と並ぶ1.26となった。出生数は2022年に77.1万人となり、過去最少を更新し続けている。

　労働力人口（15歳以上の就業者と完全失業者の合計）は、2000年代は減少傾向にあったが、2013年からは女性や高齢者の労働参加の進展などにより増加した。2020年はコロナ禍を背景に減少、2021年に持ち直したものの、2022年は前年比5万人減の6,902万人となった。労働力率（15歳以上人口に占める労働力人口の割合）は2013年から上昇傾向にあり、2022年は前年に比べ0.4ポイント増加し、62.5％となった。コロナ禍からの回復と相まって、わが国は深刻な人手不足に直面している。

◆今後の見通し

　国立社会保障・人口問題研究所の2023年の推計によると、総人口は2040年には1億1,284万人に減少し、高齢化率は34.8％まで上昇する見通しである。また、労働政策研究・研修機構の2019年時点の推計では、経済成長と女性、高齢者等の労働参加が一定程度進む場合でも、労働力人口は2040年には5,846万人に減少すると見込まれる。人手不足に対応していくためには、子育て支援の充実等の取組み推進とともに、多様な人材の労働参加の一層の促進、働き方改革を通じた労働生産性の向上などが喫緊の課題である。

❺ 労働市場の動向

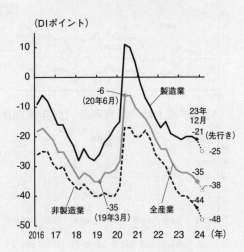

1. 完全失業率・求人倍率の推移

（%）　　　　　　　　　　　　　　（倍）

- 2.24（23年10月）　新規求人倍率（右軸）
- 有効求人倍率（右軸）
- 完全失業率（左軸）
- 1.04（20年9月）
- 1.30（23年10月）
- 3.1（20年10月）
- 2.5（23年10月）

2016　17　18　19　20　21　22　23（年）

2. 雇用人員判断DIの推移

（DIポイント）

- -6（20年6月）　製造業
- 23年12月　-21（先行き）　-25
- 非製造業　-35（19年3月）　全産業　製造業
- -35　-38　-44　-48

2016　17　18　19　20　21　22　23　24（年）

注：1. 数値はいずれも季節調整値
　　2. 雇用人員判断DIは、「過剰」と回答した企業の割合から「不足」と回答した企業の割合を減じた数値
出典：1. 総務省「労働力調査」、厚生労働省「職業安定業務統計」
　　　2. 日本銀行「全国企業短期経済観測調査（短観）」

◆雇用の現状

　社会経済活動の正常化の下で、日本経済が緩やかに持ち直している下で、雇用情勢は改善している。

　完全失業率は2020年10月に3.1％まで上昇したが、その後は緩やかな低下傾向が続き、2023年10月は2.5％となった。2023年10月の就業者数は前年同月に比べ18万人増加した。産業別にみると、サービス消費の持ち直しを受けた「宿泊業、飲食サービス業」（前年同月差＋18万人）のほか、「情報通信業」（＋8万人）、「学術研究、専門・技術サービス業」（＋5万人）などの増加幅が大きい。雇用者数（役員を除く）は前年同月差＋22万人となり、雇用形態別では「正規の職員・従業員」（－3万人）と減少する一方、「非正規の職員・従業員」（＋24万人）は増加している。

　有効求人倍率は2020年9月に1.04倍まで低下した後、緩やかな上昇傾向にあり、2023年10月は1.30倍となった。2023年10月の新規求人倍率は2.24倍となり、ほぼコロナ前の水準にある。新規求人数を産業別にみると、「製造業」（前年同月比－10.6％）で減少となる一方、インバウンド需要の回復などを背景に「宿泊業、飲食サービス業」（＋2.2％）などで増加がみられた。

◆企業における雇用の過不足感

　需要の持ち直しなどを受け、人手不足感が高まっている。日銀短観の雇用人員判断DI（全産業）は2020年6月に－6まで上昇した後、低下し、2023年12月はコロナ前の2019年3月と同水準の－35となった。すべての産業でマイナス（「不足」超）となり、特に「宿泊・飲食サービス」（－75）、「建設」（－57）などで不足感が強い。先行き（2024年3月）も低下が見込まれ、人手不足感がさらに高まると予想されている。

❻企業収益の動向

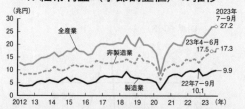

1. 経常利益（季節調整値）の推移

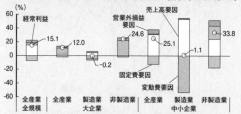

2. 2023年度上期の経常利益（前年同期比）

3. 2023年度の経常利益（前年度比）の見通し

（%）

	全規模	大企業	中小企業
全産業	4.0	4.9	2.3
製造業	2.4	2.4	4.6
繊維	-5.8	-20.4	46.8
木材・木製品	-29.6	10.8	-30.3
紙・パルプ	142.4	115.0	315.1
化学	-14.9	-15.5	-7.5
石油・石炭製品	65.9	72.7	27.3
窯業・土石製品	18.1	11.8	49.3
鉄鋼	-7.5	-7.0	-14.0
非鉄金属	-14.0	-15.4	-15.8
食料品	25.1	24.7	45.0
金属製品	4.2	19.5	-2.9
はん用・生産用・業務用機械	-8.6	-7.3	-17.7
電気機械	-10.0	-11.7	-1.2
輸送用機械	30.9	30.1	58.1
非製造業	5.2	7.6	1.5
建設	-4.6	4.1	-8.5
不動産	5.9	7.6	2.3
物品賃貸	-25.0	-41.1	19.7
卸売	-3.4	-2.9	-4.1
小売	14.8	3.9	21.0
運輸・郵便	-8.9	-15.0	2.5
情報通信	2.4	4.3	-5.3
電気・ガス	黒字化	黒字化	-4.5
対事業所サービス	-2.1	7.4	-2.9
対個人サービス	4.1	30.7	4.5
宿泊・飲食サービス	156.0	49.0	黒字化
鉱業・採石業・砂利採取業	-56.0	-62.7	-8.5

注：1.2.3. 全産業と非製造業は金融業、保険業を除く
　　2. 大企業は資本金10億円以上、中小企業は同1千万円以上1億円未満。変動費は、売上原価と販売費及び一般管理費の合計から固定費（人件費、減価償却費）を除いたもの。経常利益＝（1－変動費率）×売上高－固定費＋営業外損益の関係を用いて、変動費率の経常増減益率への寄与を変動費要因としている
　　3. 大企業は資本金10億円以上、中小企業は同2千万円以上1億円未満
出典：1.2. 財務省「法人企業統計」3. 日本銀行「全国企業短期経済観測調査（短観）」（2023年12月）

◆2023年度上期の収益状況

　財務省「法人企業統計」によると、全産業の経常利益（季節調整値）は2023年7－9月期に過去最高の27.2兆円となり、高水準で推移している。そのうち、製造業は同年4－6月期に、非製造業は2022年7－9月期に過去最高を記録し、足もとに至るまで堅調に推移している。

　上期（4－9月）の経常利益は、人件費等の増加に伴う固定費要因による下押しを一定程度受けつつも、コロナ禍からの経済社会の正常化を背景とした売上高増のプラス寄与が上回り、全体では前年同期比＋15.1％の増益となった。業種別にみると、製造業では、国内外での需要の伸び悩みを背景として、大企業は－0.2％とマイナスとなり、中小企業も原材料のコスト高等によって＋1.1％と小幅な増加にとどまった。非製造業では、国内サービス需要の回復や価格転嫁の一定程度の進捗などにより、大企業は＋24.6％、中小企業は＋33.8％と大幅な増益となった。

◆2023年度通期の見通し

　日銀短観によると、2023年度の全産業の経常利益は＋4.0％となり、規模別にみても大企業で＋4.9％、中小企業で＋2.3％の増益が見込まれる。

　業種別には、製造業全体で＋2.4％、非製造業全体で＋5.2％となり増益見通しに差異がみられる。製造業について、国内外の需要の伸び悩みなどにより、「化学」「電気機械」「鉄鋼」などが減益を見込んでいる。非製造業について、資材高騰などの影響により「建設」「運輸・郵便」が減益となる一方、国内の観光需要の高まりなどを受けて、「宿泊・飲食サービス」「小売」は大幅増益の見込みである。加えて、昨年度は赤字となった「電気・ガス」も燃料価格の一服などにより黒字化が見込まれる。

❼ 物価の動向

1. 輸入物価（円ベース・前年同月比）の推移

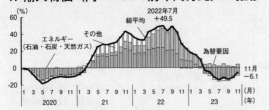

2. 国内企業物価（前年同月比）の推移

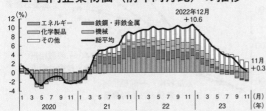

3. 消費者物価（前年同月比）の推移

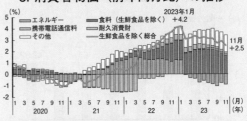

4. 消費者物価上昇率の見通し

（前年度比、前年同期比、%）

		2023年度		2024年度		25年度
ESPフォーキャスト調査（民間エコノミスト）	生鮮食品を除く総合	2.85	10-12月 2.61	2.20	4-6月 2.52	1.67
					7-9月 2.37	
			1-3月 2.52		10-12月 2.02	
					1-3月 1.92	
政府	総合	3.0		2.5		—
日本銀行	生鮮食品を除く総合	2.8		2.8		1.7

注：2.「エネルギー」は石油・石炭製品、電力・都市ガス・水道、「機械」は、はん用機器、生産用機器、業務用機器、電子部品・デバイス、電気機器、情報通信機器、輸送用機器の合計
　　3.「エネルギー」は電気代、都市ガス代、プロパンガス、灯油、ガソリンの合計
出典：1. 2. 日本銀行「企業物価指数」　3. 総務省「消費者物価指数」
　　　4. 日本経済研究センター「ESPフォーキャスト調査」（2023年12月）、内閣府「令和6年度の経済見通しと経済財政運営の基本的態度」（2023年12月閣議了解）、日本銀行「経済・物価情勢の展望」（2023年10月）

◆企業物価の動向

　コロナ禍からの世界的な景気回復による原材料価格の高騰を背景として、わが国の輸入物価（円ベース）は、2021年前半から石油等のエネルギー品目を中心に上昇し始めた。2022年春以降は、ロシアのウクライナ侵攻を受けたエネルギー価格の一段の上昇に加え、円安による押上げ寄与も強まったことから、2022年7月には前年同月比＋49.5%を記録した。足元ではエネルギー価格の上昇や円安が一服したことに伴い、2023年における伸び率は縮小を続け、11月は同−6.1%となっている。

　国内企業物価は、輸入物価の上昇を受けて、2021年前半からエネルギー品目や、鉄鋼・非鉄金属等の原材料を中心に上昇を始めた。2022年12月には総平均の前年同月比が＋10.6%と、1980年12月（＋10.4%）以来、約42年ぶりの上昇率となった。その後、ガソリン料金、電気料金への補助を含む政府の物価高騰対策があいまって、2023年の伸び率は縮小が続き、11月は同＋0.3%となっている。

◆消費者物価の動向

　消費者物価（生鮮食品を除く総合）は2021年秋以降、原材料費の上昇や円安の進行などを背景として、エネルギー、食料品を中心に上昇が続き、2023年1月は前年同月比＋4.2%と、1981年9月（＋4.2%）以来、約41年ぶりの高い伸び率を記録した。その後、政府による物価高騰対策によりエネルギーの消費者物価上昇率に対する寄与度はマイナスに転じたものの、引き続き食料品、耐久消費財などの上昇は続いており、2023年11月は前年同月比＋2.5%となっている。

　先行きについては、輸入物価の伸びの鈍化による下落要因と政府の物価高騰対策の終了による上昇圧力があり、2024年度前半は引き続き2%台にとどまるものの、それ以降は徐々に縮小すると予想される。

❽賃金水準の動向

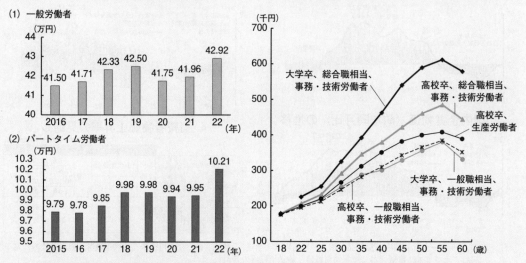

1. 現金給与総額の推移

(1) 一般労働者

(万円)

2016	17	18	19	20	21	22 (年)
41.50	41.71	42.33	42.50	41.75	41.96	42.92

(2) パートタイム労働者

(万円)

2015	16	17	18	19	20	21	22 (年)
9.79	9.78	9.85	9.98	9.98	9.94	9.95	10.21

2. 標準労働者の賃金カーブ（所定内給与）

（千円）

大学卒、総合職相当、事務・技術労働者

高校卒、総合職相当、事務・技術労働者

高校卒、生産労働者

大学卒、一般職相当、事務・技術労働者

高校卒、一般職相当、事務・技術労働者

注：1. 事業所規模5人以上、調査産業計。2020年平均値を基準とした指数を用いて時系列で比較可能となるよう修正した値
　　2. 賃金カーブ（所定内給与）とは、学校卒業後、直ちに企業に入社して継続勤務し、標準的に昇進した者のうち、設定されたモデル条件（年齢のみ、2022年4月1日現在）に該当する者の所定内賃金について集計したもの
出典：1. 厚生労働省「毎月勤労統計調査」
　　　2. 中央労働委員会「令和4年賃金事情等総合調査」

◆現金給与総額

　所定内給与と所定外給与、特別給与（賞与・一時金など）を合わせた「現金給与総額」（事業所規模5人以上、調査産業計）の推移をみると、2023年1－10月平均は前年同期比1.34%増の30.9万円（常用労働者1人当たり月額）となった。

　就業形態別では、「一般労働者」の2023年1－10月平均現金給与総額は、前年同期比1.90%増の40.66万円となった。その内訳は、所定内給与が同1.56%増の32.33万円、所定外給与が同0.80%増の2.64万円、特別給与が同4.47%増の5.69万円となっている。「パートタイム労働者」の平均現金給与総額は、コロナ禍等の影響により2019年以降は横ばいまたは減少傾向にあったものの、労働力需給の逼迫による募集賃金の増額や地域別最低賃金の引上げなどを背景に2022年には再び上昇に転じており、2023年1－10月期は前年同期比2.46%増の10.33万円となっている。

◆年齢別の所定内賃金の状況

　中央労働委員会の調査によると、学歴別の標準労働者の所定内賃金は、大学卒・総合職相当と一般職相当（事務・技術労働者）、高校卒・一般職相当（事務・技術労働者）、高校卒（生産労働者）のいずれの区分においても年齢・勤続年数が上がるにつれて上昇し、55歳でピークを迎えた後、役職定年などの影響によって、横ばいまたは減少となっている。各年齢ポイントにおける具体的な水準を大学卒総合職相当（事務・技術労働者）でみると、22歳22.5万円、25歳25.5万円、30歳32.5万円、35歳39.2万円、40歳46.3万円、45歳54.1万円、50歳59.0万円、55歳61.2万円でピークとなり、60歳では、若干減少して57.9万円となっている。

❾月例賃金の改定状況

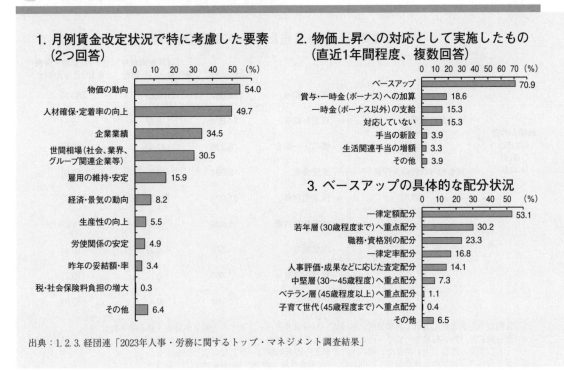

1. 月例賃金改定状況で特に考慮した要素（2つ回答）

要素	(%)
物価の動向	54.0
人材確保・定着率の向上	49.7
企業業績	34.5
世間相場（社会、業界、グループ関連企業等）	30.5
雇用の維持・安定	15.9
経済・景気の動向	8.2
生産性の向上	5.5
労使関係の安定	4.9
昨年の妥結額・率	3.4
税・社会保険料負担の増大	0.3
その他	6.4

2. 物価上昇への対応として実施したもの（直近1年間程度、複数回答）

対応	(%)
ベースアップ	70.9
賞与・一時金（ボーナス）への加算	18.6
一時金（ボーナス以外）の支給	15.3
対応していない	15.3
手当の新設	3.9
生活関連手当の増額	3.3
その他	3.9

3. ベースアップの具体的な配分状況

配分	(%)
一律定額配分	53.1
若年層（30歳程度まで）へ重点配分	30.2
職務・資格別の配分	23.3
一律定率配分	16.8
人事評価・成果などに応じた査定配分	14.1
中堅層（30〜45歳程度）へ重点配分	7.3
ベテラン層（45歳程度以上）へ重点配分	1.1
子育て世代（45歳程度まで）へ重点配分	0.4
その他	6.5

出典：1. 2. 3. 経団連「2023年人事・労務に関するトップ・マネジメント調査結果」

◆**月例賃金改定で特に考慮した要素・改定状況**

　経団連調査によると、2023年の月例賃金改定にあたって、特に考慮した要素（2つ回答）としては、「物価の動向」（54.0%）と回答した企業が最も多く、「人材確保・定着率の向上」（49.7%）がこれに続く。大幅な物価上昇局面となった同年の春季労使交渉においては、「企業業績」（34.5%）など自社の業績よりも、物価上昇への対応や人材の確保・定着を重視して改定している傾向がうかがえる。

　また、同調査において、昇給・ベースアップの区別がある企業（215社）のうち、2023年に昇給・ベースアップとも実施した企業は8割超（82.8%）に上り、多くの企業がベースアップを実施した。さらに、昇給を実施した企業（17.2%）と合算すると、回答企業のすべてで、定期昇給や賃金カーブ維持分の昇給、ベースアップなどの方法によって月例賃金の引上げが行われている結果となった。

◆**物価上昇への対応方法**

　物価上昇への具体的な対応方法（複数回答）をみると、「ベースアップ」と回答した企業が70.9%と大勢を占めている。次いで、「賞与・一時金（ボーナス）への加算」が18.6%、「一時金（ボーナス以外）の支給」が15.3%となっており、一時金の形で支給する企業が約3割に及んでいる。他方、「対応していない」との回答は15.3%であった。

◆**ベースアップの具体的な配分状況**

　2023年にベースアップを実施した企業における具体的な配分状況（複数回答）は、「一律定額配分」（53.1%）が最も多く、次いで、「若年層（30歳程度まで）へ重点配分」（30.2%）、「職務・資格別の配分」（23.3%）、「一律定率配分」（16.8%）の順となっている。全社員一律の配分のみならず、若年層への重点配分を行うなど、各企業が、自社の実情に適した方法でベースアップを実施している。

❿総額人件費管理の徹底

総額人件費（1人1ヵ月当たり）の内訳（推計値）

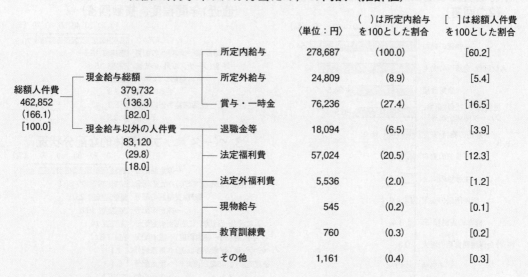

〈単位：円〉　　（　）は所定内給与を100とした割合　　［　］は総額人件費を100とした割合

			金額	（）は所定内給与を100とした割合	［］は総額人件費を100とした割合
総額人件費 462,852 (166.1) [100.0]	現金給与総額 379,732 (136.3) [82.0]	所定内給与	278,687	(100.0)	[60.2]
		所定外給与	24,809	(8.9)	[5.4]
		賞与・一時金	76,236	(27.4)	[16.5]
	現金給与以外の人件費 83,120 (29.8) [18.0]	退職金等	18,094	(6.5)	[3.9]
		法定福利費	57,024	(20.5)	[12.3]
		法定外福利費	5,536	(2.0)	[1.2]
		現物給与	545	(0.2)	[0.1]
		教育訓練費	760	(0.3)	[0.2]
		その他	1,161	(0.4)	[0.3]

注：常用雇用労働者数30人以上の事業所における一般労働者とパートタイム労働者が対象（調査産業計）
　　所定内給与、所定外給与、賞与・一時金は「毎月勤労統計調査」、それ以外の項目は「就労条件総合調査」の構成比をもとに推計。四捨五入の関係で、積み上げた値とその合計値は一致しないことがある
出典：厚生労働省「毎月勤労統計調査」（2022年）、「就労条件総合調査」（2021年）

◆総額人件費管理の重要性

　総額人件費とは、企業が社員を雇用するために負担している費用の総和を指すものである。具体的には、所定内給与や所定外給与、賞与・一時金などの「現金給与」、法定福利費（社会保険料など）や法定外福利費、退職金等、現物給与、教育訓練費などの「現金給与以外の人件費」から構成される。

　所定内給与は、所定外給与や賞与・一時金、退職金などの支給額を決めるベースとする企業が多く、社会保険料の算定基礎（報酬月額）にも用いられることから、所定内給与の引上げに伴って様々な項目へと波及し、総額人件費全体が増大する可能性があることに留意が必要となる。厚生労働省の統計調査をもとに推計すると、事業所規模30人以上では、所定内給与を100とした場合、総額人件費は166.1となる。事業所規模1,000人以上で同様に推計すると、183.2に増大する。労務構成（年齢構成）によっては、定期昇給など制度昇給の実施によっても、総額人件費が変動する場合がありえる。自社の労務構成の変化を踏まえた管理が重要となる。

　「現金給与以外の人件費」の中で最も大きな割合を占める法定福利費は、健康保険料率や介護保険料率の上昇、短時間労働者に対する厚生年金・健康保険の適用拡大などにより、企業分の負担額は増加傾向にある（77頁参照）。自社の収益状況を踏まえつつ、適切に総額人件費を管理する必要がある。

⑪社会保険料の動向

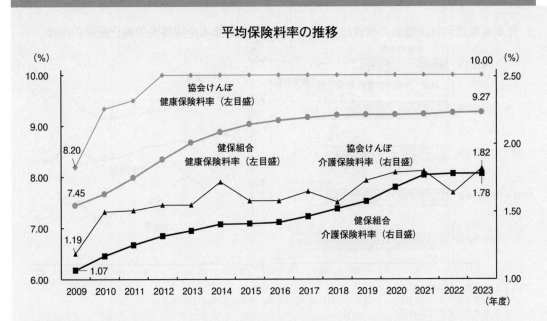

平均保険料率の推移

注：健保組合については、2021年度以前は決算、2022年度は決算見込、2023年度は予算早期集計の数値
出典：健康保険組合連合会「令和5年度（2023年度）健保組合予算編成状況について」、同「健康保険組合の令和4年度決算見込と今後の財政見通しについて」、全国健康保険協会ホームページ「保険料率の変遷」

◆健保組合を中心に増加傾向が続く社会保険料負担

　厚生年金保険料率は2017年9月以降、18.3％で固定されている一方、健康保険料率と介護保険料率は、大企業の健康保険組合を中心に緩やかな上昇傾向にあり、企業の総額人件費を増大させるとともに、社員の可処分所得の増加を抑制している。

　健保組合の健康保険料率上昇の背景には、後期高齢者支援金に対する総報酬割の拡大などによる高齢者医療への拠出金の増加の影響が大きい。2023年度の健保組合の平均保険料率は9.27％となっている。厳しい財政状況の健保組合は多く存在し、全体の40.4％の組合が引き続き赤字である（2022年度）。また、全国健康保険協会（協会けんぽ）の平均保険料率（10％）以上の健保組合は、全体の22.6％を占める（2022年度）。さらに、2023年5月公布の健康保険法改正により、前期高齢者納付金についても被用者保険者間で一部報酬調整が導入される（2024年度）こととなった。これにより、今後、加入者の報酬水準の高い健保組合の保険料率のさらなる上昇が見込まれる。

　介護保険においても、介護納付金の総報酬割が2017年度から段階的に導入され（2020年度に全面総報酬割に移行）、保険料率の上昇ペースが加速した。2023年度の平均介護保険料率は1.78％となっている。

　このほか、短時間労働者に対する厚生年金・健康保険の適用拡大については、企業規模の要件が2022年10月に従業員数「501人以上」から「101人以上」になり、2024年10月には「51人以上」へさらに引き下げる予定となっている。政府は、2025年の年金制度改正において、勤労者皆保険の実現に向けて、企業規模要件の撤廃や個人事業所の非適用業種の解消等を検討している。

⑫付加価値の分配

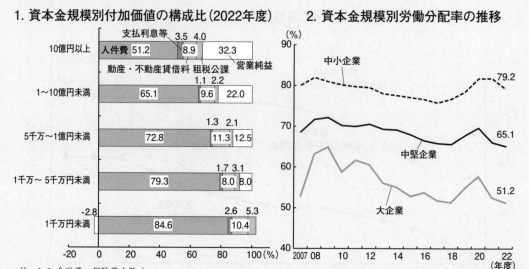

1. 資本金規模別付加価値の構成比（2022年度）

2. 資本金規模別労働分配率の推移

注：1. 2. 金融業、保険業を除く
　　2. 大企業は資本金10億円以上、中堅企業は同1～10億円未満、中小企業は同1億円未満
出典：1. 2. 財務省「法人企業統計」

◆**企業の生み出す付加価値とその構成**

　付加価値とは、企業が生産した製品やサービスの売上高から、原材料費や仕入原価、外注加工費などの外部購入費用を差し引いたものである。人件費のほか、支払利息などの金融費用や動産・不動産賃借料、租税公課、営業純益から構成される。

　企業の資本金規模別に付加価値の構成比をみると、すべての資本金規模において人件費が最も高い。付加価値に占める人件費の割合である労働分配率は、資本金規模が小さくなるにつれて上昇する傾向にある。2022年度の労働分配率は、資本金10億円以上の大企業で51.2％であるのに対し、同1千万円未満の小規模企業では営業純益が赤字となる中、84.6％に達している。

　労働分配率は景気と逆相関の動きを示す。2013年度から2018年度にかけ、景気回復が続く中で低下傾向にあったが、米中貿易摩擦や新型コロナウイルス感染症拡大などによる収益環境の悪化を受け、2019年度と2020年度は上昇した。2022年度にかけて、大企業（資本金10億円以上）と中堅企業（同1億円以上10億円未満）においては収益が持ち直したことから、労働分配率は低下した一方、厳しい収益状況が続く中小企業（同1億円未満）では、高止まりしている。

◆**労働生産性等の状況**

　1人当たり付加価値額（労働生産性）（79、80頁）は、2010年度以降、大企業を中心に増加傾向にあった。2010年代終わりから2020年度にかけては、米中貿易摩擦や感染症拡大の影響により減少したものの、2022年度にかけて持ち直している。

　中小企業における労働生産性は、資本装備率（1人当たり固定資産）の低さなどを背景に、大企業を下回り、製造業、非製造業とも大企業の約3割の水準である。この結果、中小企業の1人当たり人件費も大企業に比べて低く、製造業では5割弱、非製造業では6割弱の水準となっている。

3. 資本金規模別の経営指標の比較（製造業）

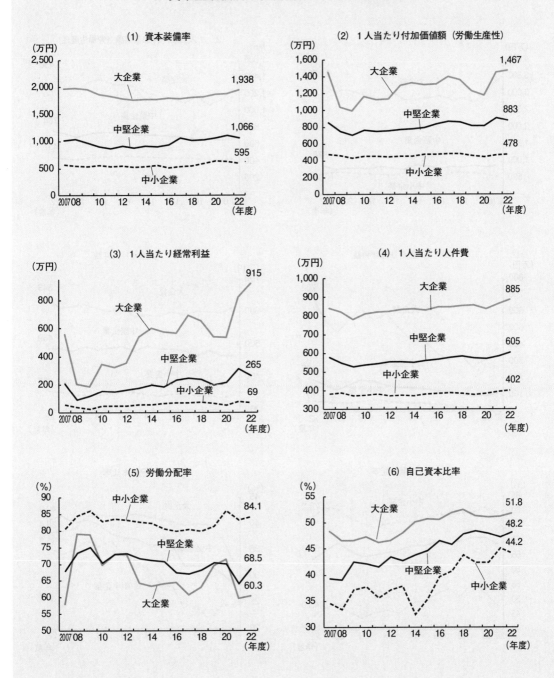

(1) 資本装備率

（万円）

大企業　1,938
中堅企業　1,066
中小企業　595

(2) 1人当たり付加価値額（労働生産性）

（万円）

大企業　1,467
中堅企業　883
中小企業　478

(3) 1人当たり経常利益

（万円）

大企業　915
中堅企業　265
中小企業　69

(4) 1人当たり人件費

（万円）

大企業　885
中堅企業　605
中小企業　402

(5) 労働分配率

（%）

中小企業　84.1
中堅企業　68.5
大企業　60.3

(6) 自己資本比率

（%）

大企業　51.8
中堅企業　48.2
中小企業　44.2

注：3. 1人当たりの数値には、役員数、役員賞与を含む
　　大企業は資本金10億円以上、中堅企業は同1〜10億円未満、中小企業は同1億円未満
　　（1）資本装備率＝有形固定資産（建設仮勘定を除く。期首・期末平均）／（従業員数＋役員数）
出典：財務省「法人企業統計」

4. 資本金規模別の経営指標の比較（非製造業（金融業、保険業を除く））

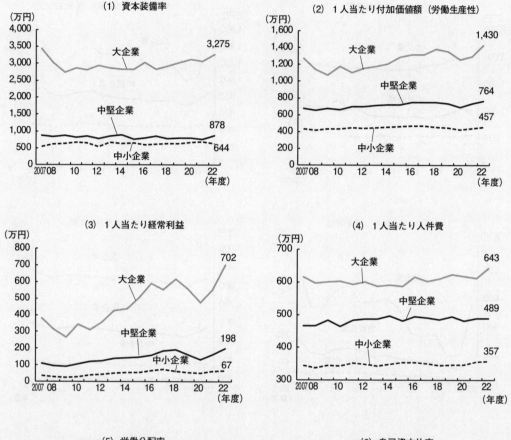

注：4. 1人当たりの数値には、役員数、役員賞与を含む
　　　大企業は資本金10億円以上、中堅企業は同1～10億円未満、中小企業は同1億円未満
　　　（1）資本装備率＝有形固定資産（建設仮勘定を除く。期首・期末平均）／（従業員数＋役員数）
出典：財務省「法人企業統計」

1. 連合・主要産別労組の賃金引上げの主な要求方針（2023年）

	月例賃金	一時金
連合	◇すべての労働組合における要求内容 ・最も基本的な労働条件である月例賃金にこだわり、所定内賃金で生活できる水準を確保するとともに、「働きの価値に見合った水準」への引上げを目指す ・各産業の「底上げ」「底支え」「格差是正」の取組み強化を促す観点とすべての働く人の生活を持続的に維持・向上させる転換点とするマクロの観点から、賃上げ分を3％程度、定昇相当分（賃金カーブ維持相当分）を含む賃上げを5％程度とする ◇中小組合における要求内容 ・賃金カーブ維持相当分を確保した上で、自組合の賃金と社会横断的水準を確保するための指標を比較し、その水準の到達に必要な額を加えた総額で賃上げを求める ・賃金実態が把握できないなどの事情がある場合は、連合加盟組合平均賃金水準との格差を解消するために必要な額を加えて、総額13,500円以上（賃金カーブ維持分4,500円＋賃上げ目標金額9,000円）を目安に賃上げを求める	◇年収確保の観点も含め水準の向上・確保を図る
金属労協	◇定期昇給など賃金構造維持分を確保した上で、6,000円以上の賃上げに取り組むことを基本としつつ、各産別の置かれている状況を踏まえて、具体的な要求水準を決定 ◇日本の基幹産業にふさわしい賃金水準確立の観点から、35歳相当・技能職について、目標・到達・最低基準を設定し、それぞれの水準への到達を目指す	◇年間5ヵ月分以上を基本 ◇最低獲得水準年間4ヵ月分以上
自動車総連	◇各単組の自ら取り組むべき賃金水準の実現に向けて「個別ポイント賃金の取組み」と「平均賃金の取組み」を併せ持った「絶対額を重視した取組み」を進める。	◇年間5ヵ月を基準 ◇最低でも昨年獲得実績以上
電機連合	◇賃金体系の維持を図ったうえで、賃金水準の改善（水準改善額7,000円以上）を要求	◇平均で年間5ヵ月分を中心 ◇「産別ミニマム基準」として、年間4ヵ月分を確保
基幹労連	◇2年サイクルにおける「個別改善年度」（2年目）として、「年間一時金」と「格差是正」を主要な取組みとする ◇賃金改善に取り組む組合は、要求額は3,500円以上を基本とする	◇「金額」要求方式：120万円ないし130万円＋成果反映要素40万円 ◇「金額＋月数」要求方式：40万円＋4ヵ月 ◇「月数」要求方式：5ヵ月を基本
JAM	◇賃金構造維持分を確保した上で、月例賃金水準の引上げを中心に、9,000円を基準とし「人への投資」を要求 ◇平均賃上げ要求基準は、JAMの賃金構造維持分平均4,500円に9,000円を加え、13,500円以上	◇年間5ヵ月（半期2.5ヵ月）を基準 ◇最低到達基準は年間4ヵ月（半期2.0ヵ月）

出典：経団連事務局にて作成

◆労働組合の要求方針

　連合は、「2023春季生活闘争方針」において、デフレマインドを断ち切り、ステージを変えることを基本スタンスに掲げ、「働くことを軸とする安心社会」に向けた格差是正と分配構造の転換に取り組む姿勢を強調した。その上で、「賃上げ」「働き方の改善」「政策・制度実現の取組み」を柱とする総合生活改善闘争の枠組みの下、産業状況の違いを理解し合いながら、中期的視点を持って「人への投資」と月例賃金の改善に全力を尽くす方針を打ち出した。

　具体的要求としては、最も基本的な労働条件である月例賃金にこだわり、所定内賃金で生活できる水準を確保するとともに、「働きの価値に見合った水準」への引上げの必要性を示した。その上で「底上げ」については、賃上げ分3％程度、定期昇給相当分（賃金カーブ維持相当分）を含め5％程度の賃上げを目指すとした。「底支え」については、企業内のすべての労働者を対象に「時給1,150円以上」の企業内最低賃金協定の締結を掲げた。「格差是正」については、企業規模間と雇用形態間のそれぞれで目標水準と最低到達水準を設定し、その到達を目指すとした。

　中小組合（組合員数300人未満）に対しては、賃金カーブ維持相当分を確保した上で、自組合の賃金と社会横断的水準を確保するための様々な指標を比較し、その水準の到達に必要な額を加えた総額での引上げを求めた。賃金実態が把握できないなどの事情がある場合は、「賃金カーブ維持分（4,500円）を確保した上で、9,000円を賃上げ目標とし、13,500円以上」を目安とする要求方針を示した。

　金属産業の主要5産別組合で構成する金属労協は、「賃金構造維持分を確保した上で、6,000円以上の賃金引上げ」の要求水準を掲げつつ、各産別の置かれている状況を踏まえて、具体的な基準

2. 2023年労使交渉の労使の基本方針（要約）

連合 「2023春季生活闘争方針」	経団連 「2023年版経労委報告」
○経済・社会の原動力となる「人への投資」をより一層積極的に行い、日本全体の生産性を引き上げ、成長と分配の好循環を持続的・安定的に回していくことが必要	○エネルギーや原材料価格の急激な上昇、急速に進行する円安に直面している中、足元の物価上昇を契機として、デフレマインドを払拭し、賃金と物価が適切に上昇する「賃金と物価の好循環」を形成することが重要
○最も基本的な労働条件であり、社会的な水準を考慮して決めるべき性格のものである月例賃金にこだわり、所定内賃金で生活できる水準を確保するとともに、「働きの価値に見合った水準」をめざす	○中期的な観点から、「人への投資」を通じて賃金引上げの機運をさらに醸成し、そのモメンタムの維持・強化を図り、「構造的な賃金引上げ」「分厚い中間層の形成」につなげることが望まれる
○各産業の「底上げ」「底支え」「格差是正」の取り組み強化を促す観点とすべての働く人の生活を持続的に維持・向上させる転換点とするマクロの観点から、賃上げ分を3%程度、定期相当分（賃金カーブ維持相当分）を含む賃上げを5%程度とする	○各企業が自社の実情に適した対応を行う「賃金決定の大原則」を堅持した上で、様々な考慮要素のうち「物価動向」を特に重視しながら、企業の社会的な責務として、賃金引上げのモメンタムの維持・強化に向けた積極的な対応を呼びかけ
○中小組合は賃金カーブ維持相当分を確保した上で、自組合の賃金と社会横断的水準を確保するための指標を比較し、その水準の到達に必要な額を加えた総額で賃金引上げを要求、賃金実態が把握できないなどの場合は、総額13,500円以上を目安に引上げを求める	○「総合的な処遇改善」については、多様な働き手の成長と活躍を支援するため、エンゲージメント向上を軸とした「働きがい」と「働きやすさ」に資する諸施策の導入・拡大が重要であり、特に、イノベーション創出による生産性向上と付加価値の最大化の観点からは、働き手の能力開発・スキルアップ支援等の人材育成施策の拡充が不可欠

3. 月例賃金引上げ額の推移（大手企業）

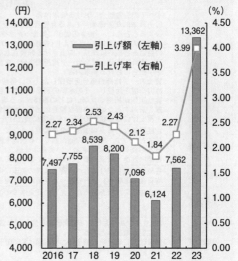

注：3. 定期昇給（賃金体系維持分）やベースアップ等を含む
出典：2. 経団連事務局にて作成
　　　3. 経団連「春季労使交渉・大手企業業種別妥結結果（最終集計）」

を決定するとした。それを踏まえ、自動車総連は「個別ポイント賃金の取り組み」と「平均賃金の取り組み」を併せ持った「絶対額を重視した取り組み」の推進を掲げた。電機連合は賃金体系の維持を図った上で「水準改善額7,000円以上」を設定した。

◆経団連の基本スタンス

　経団連は、2023年版「経営労働政策特別委員会報告」（経労委報告）において、各企業が自社の実情に適した対応を行う「賃金決定の大原則」に則って検討する方針を堅持するとした上で、様々な考慮要素のうち「物価動向」を特に重視しながら、企業の社会的な責務として、賃金引上げのモメンタムの維持・強化に向けた積極的な対応が求められるとの基本認識を示した。

　「賃金引上げ」については、月例賃金（基本給）、諸手当、賞与・一時金（ボーナス）を柱として、多様な選択肢の中から自社の実情に適した方法を前向きに検討するよう求めた。このうち、月例賃金は、近年に経験のない物価上昇を考慮し、ベースアップの目的・役割を再確認しながら、前向きに検討することが望まれるとした上で、一律配分だけでなく、物価上昇の影響を強く受けている可能性の高い若年社員などへの重点配分、評価に基づく査定配分などを重視すべきであることを強調した。

　「総合的な処遇改善」については、多様な働き手の成長と活躍を支援するため、エンゲージメント向上を軸とした、「働きがい」と「働きやすさ」に資する諸施策の導入・拡大が重要であり、労使協調による取組みを通じて、自社に適した制度の構築・実行に結び付けることが望まれるとした。

◆2023年春季労使交渉の妥結結果

　経団連の集計では、大手企業の月例賃金の平均引上げ額（全産業計）は13,362円（前年比3.99%）、中小企業で8,012円（同＋3.00%）と、いずれも約30年振りとなる高い水準を記録した。

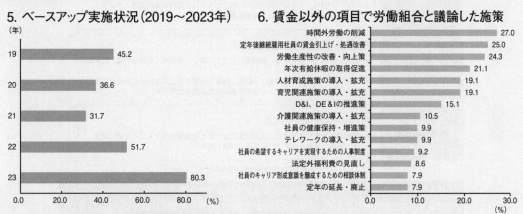

4. 賞与・一時金 大手企業妥結結果の推移（全産業計）

		19年		20年		21年		22年		23年	
		総平均	増減率	総平均	増減率	総平均	増減率	総平均	増減率	総平均	増減率
		円	%	円	%	円	%	円	%	円	%
夏季		921,107	△3.44	901,147	△2.17	826,647	△8.27	899,163	8.77	903,397	0.47
年末		951,411	1.77	865,621	△9.02	820,955	△5.16	894,179	8.92	906,413	1.37

5. ベースアップ実施状況（2019～2023年）

（年）

19	45.2
20	36.6
21	31.7
22	51.7
23	80.3

（横軸 0.0～80.0 %）

6. 賃金以外の項目で労働組合と議論した施策

時間外労働の削減	27.0
定年後継続雇用社員の賃金引上げ・処遇改善	25.0
労働生産性の改善・向上策	24.3
年次有給休暇の取得促進	21.1
人材育成施策の導入・拡充	19.1
育児関連施策の導入・拡充	19.1
D&I、DE＆Iの推進策	15.1
介護関連施策の導入・拡充	10.5
社員の健康保持・増進策	9.9
テレワークの導入・拡充	9.9
社員の希望するキャリアを実現するための人事制度	9.2
法定外福利費の見直し	8.6
社員のキャリア形成意識を醸成するための相談体制	7.9
定年の延長・廃止	7.9

（横軸 0.0～30.0 %）

出典：4. 経団連「賞与・一時金 大手企業業種別妥結結果（最終集計）」
　　　5.6. 経団連「2023年人事・労務に関するトップ・マネジメント調査結果」

賞与・一時金（ボーナス）について、経団連が集計した大手企業の2023年の平均妥結額（全産業計）は、夏季90万3,397円（前年比＋0.47％）、年末90万6,413円（同1.37％）となった。夏季は3年ぶり、冬季は4年ぶりの90万円台となり、増減率はいずれも2年連続でプラスとなった。

◆2023年春季労使交渉・協議の特徴

月例賃金について、ベースアップの実施状況に関する推移をみると、ベースアップを実施した企業は、コロナ禍の影響等により2020～21年は4割を下回った。その後、2022年は回復に転じて51.7％となり、2023年に80.3％と著しく増加した。

また、総合的な処遇改善として労働組合と議論した賃金以外の項目は、時間外労働の削減が最も多かった。このほか、労働生産性の改善・向上策、年次有給休暇の取得促進、育児・介護関連支援策、DE＆Iの推進策、社員の健康増進策等も議論されており、多様な働き手の「働きやすさ」を高める施策の導入・拡充に向けた議論が活発に行われた。

加えて、定年後継続雇用社員の賃金引上げ・処遇改善や、自己啓発・能力開発支援などの人材育成施策の導入・拡充、社員のキャリア形成に資する人事制度・相談体制の導入など「働きがい」を高める取組みについても多くの企業で議論が行われた。

2023年の春季労使交渉・協議は、約30年ぶりの物価上昇という特別な状況の下で行われた。多くの企業労使が、「賃金決定の大原則」に則った検討の際、「物価動向」を特に重視しながら、「人への投資」として、「賃金引上げ」と「総合的な処遇改善・人材育成」の積極的な検討を行った結果、賃金引上げのモメンタムが確実に維持・強化され、「転換の年・起点の年」になったといえる。

第Ⅱ部　2024年春季労使交渉・協議における経営側の基本スタンス

⑭ 連合「2024春季生活闘争方針」の主な内容

1. 連合「2024春季生活闘争方針」意義と基本スタンス

2024春季生活闘争スローガン「みんなで賃上げ。ステージを変えよう！」

未来づくり春闘	**経済も賃金も物価も安定的に上昇する経済社会へとステージ転換を図る正念場** ➤ 最大のカギは、社会全体で問題意識を共有し、持続的な賃上げを実現 ➤ 勤労者世帯の傷んだ労働条件の回復を図り、生活向上につながる賃上げを実現 ➤ 「人への投資」をより一層積極的に行うとともに、国内投資の促進とサプライチェーン全体を視野に入れた産業基盤強化
働くことを軸とする安心社会	**格差是正と分配構造の転換に取り組む** ➤ 分厚い中間層の復活と働く貧困層の解消を目指し、規模間、雇用形態間、男女間の格差是正を推進 ➤ ①賃上げ、②働き方の改善、③政策・制度の実現を柱とする総合生活改善闘争の枠組みの下、「人への投資」と月例賃金の改善に全力を尽くす
みんなの春闘	**集団的労使関係を広げていく** ➤ 建設的な労使交渉を通じ、成果の公正な分配と労働条件向上を広く社会に波及 ➤ 国・地域・産業レベルでの政労使の対話を重ねる

- 傷んだ労働条件の回復を図り、生活向上につながる賃上げを実現
- 日本全体の生産性を引き上げ、成長と分配の好循環を持続的・安定的に回していく

出典：連合「2024春季生活闘争方針」をもとに経団連事務局にて作成

◆ 「2024春季生活闘争」の意義と基本スタンス

　連合は、2024春季生活闘争を「経済も賃金も物価も安定的に上昇する経済社会へとステージ転換を図る正念場」とし、その最大のカギは、社会全体で問題意識を共有し、持続的な賃上げを実現することにあると主張している。さらに、「人への投資」をより一層積極的に行うとともに、国内投資の促進とサプライチェーン全体を視野に入れた産業基盤強化などにより、日本全体の生産性を引き上げ、成長と分配の好循環を持続的・安定的に回していくことが必要との考えを示している。

　「働くことを軸とする安心社会」実現にあたっては、格差是正と分配構造の転換を掲げた上で、①賃上げ、②働き方の改善、③政策・制度の取組みを柱とする枠組みの下、中期的視点を持って「人への投資」と月例賃金の改善に全力を尽くすとしている。また、「みんなの春闘」として、建設的な労使交渉を通じ、成果の公正な分配を図り、労働条件の向上を広く社会に波及させていく意向を示している。2024春季生活闘争に向けた基盤整備では、サプライチェーン全体で生み出した付加価値の適正配分、働き方も含めた「取引の適正化」に取り組むことを冒頭に掲げている。

◆ 月例賃金に関する要求内容

　具体的な賃金要求指標としては、経済社会のステージ転換を着実に進めるべく、すべての働く人の生活を持続的に向上させるマクロの観点と各産業の「底上げ」「底支え」「格差是正」の取組み強化を促す観点から、「前年を上回る賃上げを目指す」との方針を打ち出している。その上で、「賃上げ分を3％以上、定期昇給相当分（賃金カーブ維持相当分）を含め5％以上の賃上げ」を目安として示している。「格差是正」については、企業規模間と雇用形態間のそれぞれの目標水準と最低到達

2. 賃金に関する具体的な要求内容

月例賃金に関する要求内容

【すべての労働組合における要求内容】
- ○「底上げ」「底支え」「格差是正」の取組みをより強力に推し進める
- ○経済社会のステージ転換を着実に進めるべく、すべての働く人の生活を持続的に向上させるマクロの観点と各産業の「底上げ」「底支え」「格差是正」の取り組み強化を促す観点から、前年を上回る賃上げをめざす
- ○賃上げ分3%以上、定昇相当分（賃金カーブ維持相当分）を含め5%以上の賃上げを目安とする
- ○格差是正に向けて、企業規模間、雇用形態間における目標水準と最低到達水準への到達を目指す
- ○企業内のすべての労働者を対象に、生活を賄う観点と初職に就く際の観点を重視し、「時給1,200円以上」の水準で企業内最低賃金の協定化に取り組む

【中小組合における要求内容】
- ○賃金カーブ維持相当分を確保した上で、自組合の賃金と社会横断的水準を確保するための指標を比較し、その水準の到達に必要な額を加えた総額で賃金引上げを求める
- ○賃金実態が把握できないなどの事情がある場合は、連合加盟組合平均賃金水準との格差を解消するために必要な額を加えて、総額15,000円以上（賃金カーブ維持分4,500円＋格差是正含む賃上げ分10,500円）を目安に賃上げを求める

一時金に関する要求内容

- ○月例賃金の引上げにこだわりつつ、年収確保の観点も含め水準の向上・確保を図る
- ○有期・短時間・契約等で働く労働者についても、均等待遇・均衡待遇の観点から対応を図る

出典：連合「2024春季生活闘争方針」をもとに経団連事務局にて作成

水準を前年から5,000～8,250円引き上げている。「底支え」については、企業内最低賃金協定の締結水準を前年から50円引き上げて、「時給1,200円以上」としている。

　中小組合（組合員数300人未満）の取組みでは、賃金カーブ維持相当分を確保した上で、自組合の賃金と社会横断的水準を確保するための様々な指標を比較し、その水準の到達に必要な額を加えた総額で賃金引上げを要求するとしている。賃金実態が把握できないなどの事情がある場合は、「賃金カーブ維持分4,500円」に「格差是正含む賃上げ分10,500円」を合算した「15,000円以上」（連合加盟組合平均賃金水準である月額約30万円の5%相当）を目安としている（前年13,500円以上）。

◆一時金に関する要求内容

　一時金については、月例賃金の引上げにこだわりつつ、年収確保の観点も含めた水準の向上・確保を図るとしている。有期雇用等労働者についても、均等・均衡待遇の観点からの対応を掲げている。

◆「すべての労働者の立場にたった働き方」の改善、ジェンダー平等・多様性の推進

　働き方の改善については、構造的に生産年齢人口が減少の一途をたどる中、国全体の生産性を高め、「人材の確保・定着」と「人材育成」につなげていくために職場の基盤整備が重要であるとしている。その上で、豊かな生活時間とあるべき労働時間の確保、すべての労働者の雇用安定、均等・均衡待遇の実現、人材育成と教育訓練の充実など、改善に向けた総体的な検討と協議を呼びかけている。

　ジェンダー平等・多様性の推進については、格差の是正やハラスメント対策、差別禁止に取り組むとともに、ジェンダー・バイアス（無意識を含む性差別的な偏見）や、固定的な性別役割分担意識を払拭し、すべての労働者が仕事と生活の両立支援制度を利用できる環境整備に取り組むとしている。

⑮ 2024年春季労使交渉の主要産業別労働組合の動向

1. 主要産業別労働組合の主な要求方針

組合名		取組み事項
金属労協 （JCM）	月例賃金	・定期昇給などの賃金構造維持分を確保した上で、すべての組合で10,000円以上の賃上げに取り組む ・具体的な要求基準については、各産別の置かれている状況を踏まえて決定する ・わが国の基幹産業にふさわしい賃金水準の確立の観点から、35歳相当・技能職水準の個別賃金について、「到達基準が製造業を上回る組合が製造業を上位水準に向けてめざすべき水準（364,000円以上）」、「全組合が到達すべき水準（334,000円以上）」、「全組合が最低確保すべき水準（267,000円程度）」への到達を目指す ・企業内最低賃金協定は、高卒初任給準拠を基本として月額177,000円（時間額1,100円）を「最低到達目標」と位置付け、未到達組合は早期実現に取り組む ・JCミニマム（35歳）は月額220,000円（下回っている場合は必要な是正を図り、これ以下をなくそう取り組む）
	一時金	・年間5ヵ月分以上を基本とし、最低獲得水準年間4ヵ月分以上を確保
	有期雇用等労働者	・採用・受入れの労使協議を徹底、組織化の取組みをさらに強化 ・賃金・労働諸条件の引上げに取り組む基盤整備として、非正規労働者の実態・課題の掌握に努める ・正社員への転換促進、職務経歴や職務遂行能力を踏まえた適切な処遇
	その他	・「良質な雇用」の確立に向けた働き方の見直し（①労働時間の短縮、②仕事と家庭の両立支援の充実、③新たな働き方への対応） ・60歳以降の雇用の安定と処遇改善、退職金・企業年金 ・男女共同参画推進をはじめとするダイバーシティへの対応強化 ・安全衛生体制の強化、労働災害の根絶と労災付加補償の引上げ ・バリューチェーンにおける「付加価値の適正循環」構築
自動車総連	月例賃金	・全ての組合で物価上昇や実質賃金の低下から組合員の生活を守ること、目指すべき賃金水準を早期に実現させることを強く意識し、自ら取り組むべき賃金水準を要求
	一時金	・年間5ヵ月の基準にこだわって取り組む ・取組みにあたっては、季別回答ではなく年間協定にこだわる
	有期雇用等労働者	・物価上昇下での実質賃金確保や、産業・企業の魅力向上の観点から、正社員に見合った賃上げや労働諸条件の改善を求める ・一般組合員との関連性を強く意識し、自ら取り組むべき賃金水準を設定 ・同一価値労働同一賃金に基づき、無期転換やコンプライアンス、組織化に向けた取組みをすすめる

出典：各産別の中央委員会などで決定された、または検討されている方針等をもとに経団連事務局にて作成

◆月例賃金に関する取組み

　金属労協は、組合員の生活を守るため実質賃金の低下を早期に改善し、生産性向上に見合った適正配分によって、労働分配率や主要先進国で最も低い賃金水準を改善させ、日本の基幹産業にふさわしい賃金水準の実現をめざすとの方針を示している。その上で、①定期昇給など賃金構造維持分を確保した上で、すべての組合で10,000円以上の賃上げに取り組むこと、②具体的な要求基準については、各産別の置かれている状況を踏まえて決定することとしている。さらに、賃金の底上げ・格差是正に向けて、目指す個別賃金水準として、目標基準、到達基準、最低基準を設定している。

　自動車総連は、すべての組合で、物価上昇や実質賃金の低下から組合員の生活を守ること、目指すべき賃金水準を早期に実現することを強く意識し、自ら取り組むべき賃金水準を要求するとしている。電機連合は、賃金体系の維持（個別賃金水準の確保）を図った上で、水準改善額13,000円以上を掲げている。基幹労連は、2年分の要求を行う総合改善年度に該当するが、環境変化が激しいことなどを理由に、2024年度のみの要求として12,000円以上を設定している。中小組合が多数を占めるJAMは、賃金構造維持分を確保した上で、所定内賃金の引上げを中心に、12,000円を基準（平均賃上げ要求基準は16,500円以上）に要求するとしている。UAゼンセンは、ミニマム水準未達または水準不明の組合においては、賃金体系維持分に加え4%基準（賃金体系が維持されていない組合は、賃金体系維持分を含め14,500円または6%基準）とした上で、人への投資や人材不足への対応等に向けて積極的な上積み要求に取り組むとしている。到達水準未達の組合は、実質賃金の向上と格差是正の必要性から、部門ごとに要求基準を設定することとし、到達水準以上の組合は、実質賃金の向上を目指す要求趣旨を踏まえ、目標水準に向けて要求基準を設定するとしている。

2. 主要産業別労働組合の主な要求方針

組合名		取組み事項
電機連合	月例賃金	・賃金体系の維持を図ったうえで、賃金水準の改善（水準改善額13,000円以上）を要求
	一時金	・平均で年間5ヵ月分を中心とし、「産別ミニマム基準」は年間4ヵ月分を確保
	有期雇用等労働者	・「直接雇用」は、産業別最低賃金（18歳見合い）の適用を図り、開発・設計職基幹労働者の水準改善に見合った改善をめざす。また、この水準を上回る水準を確保し、正規労働者と均等・均衡のとれた処遇を確立する ・「間接雇用」は、雇用の安定や処遇の改善、技術・技能の向上などに十分に配慮し、特定（産業別）最低賃金の適用、社会保険の加入について確認するなど、労働者の権利保護に努める
基幹労連	月例賃金	・2年サイクルにおける「総合改善年度」（1年目）として、「賃金」を含む労働条件全般の改善に取り組むとしつつ、賃金改善要求としては、2024年度のみの要求とする ・要求額は12,000円以上とする
	一時金	・「金額」要求方式⇒成果反映要素をふまえ160万円を基本とし、厳しい状況でも生活考慮要素120～130万を確保 ・「金額＋月数」要求方式⇒40万円＋4ヵ月を基本 ・「月数」要求方式⇒5ヵ月を基本
JAM	月例賃金	・賃金構造維持分を確保した上で、所定内賃金の引上げを中心に、12,000円を基準とし「人への投資」を要求 ※平均賃上げ要求基準は、JAMの賃金構造維持分平均4,500円に12,000円を加え、16,500円以上
	一時金	・年間5ヵ月または半期2.5ヵ月を基準とし、最低到達基準は年間4ヵ月または半期2ヵ月
UAゼンセン	月例賃金 正社員	・ミニマム水準未達、賃金水準不明の組合は、賃金体系維持分に加え、4％基準で賃金を引上げ。賃金体系が維持されていない組合は、賃金体系維持分を含め14,500円または6％基準で賃金を引上げ。人への投資、人材不足への対応、産業間・規模間格差是正に向け、積極的に上積み要求に取り組む ・到達水準未達の組合は、実質賃金の向上と格差是正の必要性を踏まえ、部門ごとに各部会・業種のおかれた環境に応じた要求基準を設定 ・到達水準以上の組合は、実質賃金の向上をめざすとの要求趣旨を踏まえながら、目標水準に向け部門ごとに要求基準を設定
	短時間	・制度昇給分に加え、時間額を4％基準で引上げ。制度昇給分が明確でない場合は、制度昇給分を含めた要求総率として6％基準、総額として時間あたり70円を目安に引上げ ・雇用形態間の不合理な格差の是正に向けて、正社員（フルタイム）組合員以上の要求を行う
	一時金 正社員	・年間5ヵ月を基準（平均月数の85％以上を最低保障月数とし、年間4ヵ月以下の場合は90％以上）
	短時間	・短時間労働者は年間2ヵ月以上（正社員と同視すべき場合は、正社員と同じ要求）

出典：各産別の中央委員会などで決定された、または検討されている方針等をもとに経団連事務局にて作成

◆**一時金に関する取組み**

　金属労協の「年間5ヵ月分以上（最低獲得水準4ヵ月分以上）を基本」とする方針を踏まえ、自動車総連は年間5ヵ月の基準、電機連合は年間5ヵ月分を中心（産別ミニマム基準は年間4ヵ月分）とする要求を掲げている。基幹労連は「金額（160万円を基本とし、厳しい状況でも120～130万円を確保）」「金額＋月数（40万円＋4ヵ月）」「月数（5ヵ月）」など要求方式ごとの基本水準を設定している。JAMは年間5ヵ月または半期2.5ヵ月（最低到達は年間4ヵ月または半期2ヵ月）、UAゼンセンは正社員で年間5ヵ月、短時間労働者で年間2ヵ月以上をそれぞれ基準としている。

◆**有期雇用等労働者に関する取組み**

　金属労協は、労使交渉・協議の基盤整備として、非正規雇用での採用・受入れに関する協議の徹底、組織化の強化、正社員への転換促進、賃金・労働諸条件の引上げなどを挙げている。

　自動車総連は、正社員に見合った賃上げや労働諸条件の改善を求め、一般組合員との関連性を強く意識し、自ら取り組むべき賃金水準を設定して要求するほか、無期転換や組織化等に取り組むとしている。電機連合は、「同一価値労働同一賃金」の観点から、均等・均衡処遇の実現を目指し、直接雇用と間接雇用に区分して賃金などの処遇改善を図る方針を掲げている。有期雇用等労働者が多いUAゼンセンは、雇用形態間の不合理な待遇差の是正に向けて、制度昇給分に加えて時間額を4％基準で引き上げる要求目標（制度昇給分が明確でない場合は要求総率6％基準、総額70円を目安）を設定している。雇用形態間の格差是正が必要な場合は、正社員以上の要求を行うとしている。また、一時金は年間2ヵ月以上とし、正社員と同視すべき場合は同じ要求を掲げることとしている。

第Ⅱ部　2024年春季労使交渉・協議における経営側の基本スタンス

16 2024年春季労使交渉・協議における経営側の基本スタンス

2024年春季労使交渉・協議における経営側の基本スタンス①

1.「構造的な賃金引上げ」の実現（基本方針）

・物価上昇が続く中、「社会性の視座」に立って賃金引上げのモメンタムを維持・強化し、「構造的な賃金引上げ」の実現に貢献していくことが、経団連・企業の社会的な責務である。物価動向への対応は、「急激な上昇局面（短期）」と「安定的・持続的な上昇局面（中期）」の両面から、自社の実情に合わせて賃金引上げを検討していくことが考えられる。

〈急激な物価上昇局面（短期）〉
・今年の春季労使交渉・協議は、短期的な「コストプッシュ型」による高い物価上昇局面で行われることから、社内外の様々な考慮要素を総合的に勘案しながら、適切な総額人件費管理の下で自社の支払能力を踏まえて対応する「賃金決定の大原則」に則った検討の際、特に物価動向について企業労使で真摯な議論を重ねて結論を得る必要。
・物価動向との比較検討にあたっては、企業全体の賃金増加分（賃金総額の上昇率）だけではなく、働き手個々人における実際の賃金引上げ状況を表している「賃金引上げ率（制度昇給＋ベースアップ）」を用いるなど、多面的な見方も必要である。

〈安定的・持続的な物価上昇局面（中期）〉
・中期的な検討では、イノベーション創出と設備投資を通じた持続的な生産性の改善・向上等による収益の拡大を原資に賃金引上げを実施し、個人消費が喚起・拡大され、適度な物価上昇が続き、収益がさらに拡大する好循環を回すことで、「構造的な賃金引上げ」を実現し、「成長と分配の好循環」につなげていくことが求められる。
・企業は、自社の労働生産性の改善・向上を図ることで賃金引上げの原資を確保した上で、物価動向に留意しつつ、賃金決定の大原則に則り、成長の果実を、「人への投資」促進の両輪と位置付けている賃金引上げと総合的な処遇改善・人材育成として適切に反映するとの考え方に基づいた対応が必要。
・「デマンドプル型」の適度な物価上昇を前提に、為替の水準（円安状態）、労働力需給の状況（需給逼迫）、実質GDP成長率の推移（安定上昇）なども勘案しながら、中期的に物価上昇に負けない賃金引上げを継続することが考えられる。

経団連は2024年版「経営労働政策特別委員会報告」（経労委報告）において、2024年春季労使交渉・協議にあたっての経営側の基本スタンスを、以下のとおり示している。

(1)「構造的な賃金引上げ」の実現（基本方針）

物価上昇が続く中、「社会性の視座」に立って賃金引上げのモメンタムを維持・強化し、「構造的な賃金引上げ」の実現に貢献していくことが、経団連・企業の社会的な責務である。物価動向への対応は、短期と中期の両面から、自社の実情に合わせて賃金引上げを検討することが考えられる。

今年の春季労使交渉・協議は、短期的な「コストプッシュ型」の物価上昇局面で行われることから、「賃金決定の大原則」に則った検討の際、特に物価動向を重視し、自社に適した対応について企業労使で真摯な議論を重ねて結論を得る必要がある。

一方、中期的な検討では、持続的な生産性の改善・向上等による収益の拡大を原資に賃金引上げを実施し、個人消費が喚起・拡大され、適度な物価上昇が続き、収益がさらに拡大する好循環を回すことで、「構造的な賃金引上げ」を実現し、「成長と分配の好循環」につなげていくことが求められる。企業においては、自社の労働生産性の改善・向上を図ることで賃金引上げの原資を確保した上で、賃金決定の大原則に則り、成長の果実を、「人への投資」促進の両輪と位置付けている賃金引上げと総合的な処遇改善・人材育成として適切に反映するとの考え方に基づいた対応が必要となる。適度な物価上昇を前提に、中期的に物価上昇に負けない賃金引上げを継続することが考えられる。

(2) 自社に適した賃金引上げ方法の検討

月例賃金（基本給）、初任給、諸手当、賞与・一時金（ボーナス）を柱として、労使で真摯に議論を重ね、多様な方法・選択肢の中から適切な結論を見出すことが大切である。このうち、月例賃金の引上げにあたっては、物価上昇が続いていることに鑑み、ベースアップ実施を有力な選択肢として検討することが望まれる。

(3) 中小企業における構造的な賃金引上げ

生産性の改善・向上に自律的・自発的に取り組んでいる中小企業に対するサポートを軸に据え、サプライチェーン全体での価格転嫁等に資する施策を推進し、社会全体で環境整備に取り組むことが極

2024年春季労使交渉・協議における経営側の基本スタンス②

2. 自社に適した賃金引上げ方法の検討

- ・月例賃金（基本給）、初任給、諸手当、賞与・一時金（ボーナス）を柱として、労使で真摯に議論を重ね、多様な方法・選択肢の中から適切な結論を見出すことが大切。
- ・月例賃金の引上げにあたっては、物価上昇が続いていることに鑑み、ベースアップ実施を有力な選択肢として検討することが望まれる。

3. 中小企業における構造的な賃金引上げ

- ・生産性の改善・向上に自律的・自発的に取り組む中小企業へのサポートを軸に据え、サプライチェーン全体での価格転嫁等に資する施策を推進し、社会全体で環境整備に取り組むことが極めて重要。
- ・中小企業において、自社の製品・サービスに対する実際の取引・販売価格が、市場での適正価格を下回っている場合には、その乖離を解消して適正な利益を得ることも必要。
- ・経団連は引き続き「パートナーシップ構築宣言」に参画する企業の拡大と実効性の確保を強力に働きかけていく。全国の企業経営者に参画を広く促し、社会的規範にすることが望まれる。

4. 有期雇用等社員の賃金引上げ・処遇改善

- ・有期雇用等社員のエンゲージメント向上とともに、賃金引上げ・処遇改善や正社員登用等に取り組む必要。
- ・同一労働同一賃金法制を踏まえて自社の各制度の現状を確認し必要に応じて見直すとともに、能力開発・スキルアップ支援を正社員同様に推進することや、意欲と能力のある有期雇用等社員を積極的に正社員に登用すること、専門能力を有する有期雇用等社員に対して、職務の内容や難易度等を総合勘案し、高い賃金水準を設定することなどが選択肢。

+

5. 総合的な処遇改善・人材育成による「人への投資」促進

- ・「働きがい」「働きやすさ」「担当業務との関連度合い」「対象とする社員」の観点からの検討も一考に値する。
- ①「働きがい」向上と人材育成の観点からは、社員の主体的なキャリア形成と能力開発の支援が鍵。
- ②「働きやすさ」向上の観点からは、ワーク・ライフ・バランスや心身の健康確保に向けた諸施策の推進、柔軟な働き方・職場環境の整備などが考えられる。
- ③「担当業務との関連度合い」の観点からは、現在の担当業務と関連度の高い知識の習得、能力開発・スキルアップのためのリカレント教育の実施等が重要。さらに、現在の担当業務との関連度が低くても、他の業務遂行に必要な資格の取得など、今後のキャリアを見据えた支援策を検討する観点も重要。
- ④「対象とする社員」の観点からは、例えば「能力の発揮度合い」では、選抜型研修の実施、社内公募制・FA制度の導入などが考えられる。

めて重要である。中小企業において自社の製品・サービスに対する実際の取引・販売価格が、市場での適正価格を下回っている場合には、その乖離を解消して適正な利益を得ることも必要である。経団連は引き続き「パートナーシップ構築宣言」に参画する企業の拡大と実効性の確保を強力に働きかけていく。全国の企業経営者に参画を広く促し、社会的規範にすることが望まれる。

(4) 有期雇用等社員の賃金引上げ・処遇改善

　有期雇用等社員のエンゲージメント向上とともに、賃金引上げ・処遇改善や正社員登用等に取り組む必要がある。具体的には、同一労働同一賃金法制を踏まえて自社の各制度の現状を確認し必要に応じて見直すとともに、能力開発・スキルアップ支援を正社員同様に推進することや、意欲と能力のある有期雇用等社員を積極的に正社員に登用すること、専門能力を有する有期雇用等社員に対して職務の内容や難易度等を総合勘案し、高い賃金水準を設定することなどが選択肢となる。

(5) 総合的な処遇改善・人材育成による「人への投資」促進

　総合的な処遇改善・人材育成に向けて、「働きがい」「働きやすさ」「担当業務との関連度合い」「対象とする社員」の観点からの検討も一考に値する。

　①「働きがい」向上と人材育成の観点からは、社員の主体的なキャリア形成と能力開発の支援が鍵となる。②「働きやすさ」向上の観点からは、ワーク・ライフ・バランスや心身の健康確保に向けた諸施策の推進、柔軟な働き方・職場環境の整備等が挙げられる。③「担当業務との関連度合い」の観点からは、現在の担当業務と関連度の高い知識の習得、能力開発・スキルアップのためのリカレント教育の実施等が重要になる。さらに、現在の担当業務との関連度が低くても、他の業務遂行に必要な資格の取得など、今後のキャリアを見据えた支援策を検討する観点も重要である。④「対象とする社員」の観点からは、例えば「能力の発揮度合い」では、選抜型研修の実施、社内公募制・FA制度の導入などが考えられる。

統計資料

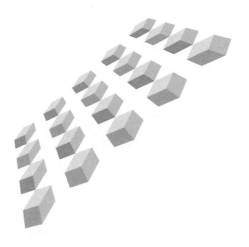

統計資料　目次

8　労働組合の組織状況・労働争議

9　社会保障制度の概況

❶ 経済動向

第1表　主要経済・労働関連指標

(1)　主要経済関連指標

年度	① 国内総生産 名目 億円	① 名目 前年度比 %	① 実質 億円	① 実質 前年度比 %	② 雇用者報酬（名目）億円	② 前年度比 %	③ 家計消費支出 円	③ 前年度比 %	③ 平均消費性向 %	④ 設備投資 億円	④ 前年度比 %
2013	5,126,775	2.7	5,320,723	2.7	2,537,051	0.9	322,027	1.6	75.5	369,290	6.6
14	5,234,228	2.1	5,301,953	△0.4	2,584,352	1.9	315,342	△2.1	74.2	398,228	7.8
15	5,407,408	3.3	5,394,135	1.7	2,620,035	1.4	313,760	△0.5	73.6	426,365	7.1
16	5,448,299	0.8	5,434,791	0.8	2,682,513	2.4	309,401	△1.4	72.1	429,380	0.7
17	5,557,125	2.0	5,531,735	1.8	2,737,104	2.0	313,017	1.2	71.7	454,475	5.8
18	5,565,705	0.2	5,545,338	0.2	2,824,240	3.2	318,283	1.7	69.2	491,277	8.1
19	5,568,454	0.0	5,501,608	△0.8	2,879,947	2.0	320,573	0.7	66.9	440,394	△10.4
20	5,390,091	△3.2	5,287,977	△3.9	2,835,496	△1.5	304,508	△5.0	61.3	418,314	△5.0
21	5,536,423	2.7	5,436,493	2.8	2,895,659	2.1	311,207	2.2	62.8	456,613	9.2
22	5,664,897	2.3	5,518,139	1.5	2,963,818	2.4	322,841	3.7	64.3	476,559	4.4

注：1）△印はマイナスを示す
　　2）①は2015年基準（2008SNA）、⑦⑧は2015年基準、⑨は2020年基準
　　3）③は2人以上の世帯のうち勤労者世帯、④は金融業、保険業を除く
　　4）⑪⑫は日次データの平均値
　　5）⑫は東京市場インターバンク直物中心相場

(2)　主要労働関連指標

年度	① 労働力人口 万人	① 労働力人口比率 %	② 就業者数 万人	③ 雇用者数 万人	④ 正規雇用労働者数 万人	④ 非正規雇用労働者数 万人	⑤ 完全失業者数 万人	⑤ 完全失業率 %	⑥ 有効求人倍率 倍	⑥ 新規求人倍率 倍
2013	6,595	59.4	6,338	5,579	3,288	1,935	256	3.9	0.97	1.53
14	6,616	59.6	6,381	5,627	3,300	1,970	233	3.5	1.11	1.69
15	6,633	59.7	6,414	5,686	3,333	1,993	218	3.3	1.23	1.86
16	6,688	60.2	6,486	5,771	3,386	2,026	203	3.0	1.39	2.08
17	6,764	60.8	6,580	5,861	3,445	2,066	184	2.7	1.54	2.29
18	6,868	61.8	6,701	5,975	3,502	2,138	167	2.4	1.62	2.42
19	6,923	62.3	6,760	6,046	3,530	2,171	162	2.3	1.55	2.35
20	6,901	62.1	6,702	5,998	3,567	2,076	199	2.9	1.10	1.90
21	6,897	62.3	6,706	6,013	3,584	2,077	191	2.8	1.16	2.08
22	6,906	62.6	6,728	6,048	3,588	2,111	178	2.6	1.31	2.30

注：1）△印はマイナスを示す
　　2）①労働力人口比率＝労働力人口／15歳以上人口×100％
　　　　⑦労働生産性＝国内総生産／就業者数
　　　　⑧労働分配率＝雇用者報酬／国民所得（要素費用表示）×100％
　　3）①労働力人口比率の算出に用いる年度別の15歳以上人口は、月別データを用いて算出。④は四半期別データを用いて算出
　　4）④正規雇用労働者：勤め先での呼称が「正規の職員・従業員」である者
　　　　非正規雇用労働者：勤め先での呼称が「パート」「アルバイト」「労働者派遣事業所の派遣社員」「契約社員」「嘱託」「その他」である者
　　5）⑥新規学卒者を除きパートタイムを含む
　　6）⑨⑩⑪⑫の調査対象は、事業所規模5人以上（調査産業計、就業形態計）
　　7）⑨⑪⑫は各指数（現金給与総額指数、総実労働時間指数、所定外労働時間指数）に基準数値（2020年平均値）を乗じて時系列接続が可能となるように修正した値。⑩は2020年基準

⑤ 国際収支		⑥ 新設住宅着工戸数		⑦ 鉱工業生産指数		⑧ 第3次産業活動指数（総合）		⑨ 消費者物価指数（生鮮食品を除く総合）		⑩ 新発10年国債流通利回り（期末）	⑪ 日経平均株価	⑫ 円相場（対米ドル）
経常収支	貿易・サービス収支		前年度比		前年度比		前年度比		前年度比			
億円	億円	戸	%		%		%		%	%	円	円
23,929	△144,785	987,254	10.6	101.1	2.6	100.8	1.2	95.8	0.8	0.640	14,406.76	100.16
87,031	△94,116	880,470	△10.8	100.5	△0.6	99.2	△1.6	98.5	2.8	0.400	16,253.25	109.75
182,957	△10,141	920,537	4.6	99.8	△0.7	100.3	1.1	98.5	0.0	△0.050	18,855.40	120.13
216,771	44,084	974,137	5.8	100.6	0.8	100.5	0.2	98.2	△0.2	0.065	17,518.52	108.33
223,995	40,397	946,396	△2.8	103.5	2.9	101.9	1.4	98.9	0.7	0.045	20,960.67	110.81
193,837	△6,514	952,936	0.7	103.8	0.3	103.0	1.1	99.7	0.8	△0.095	21,995.01	110.90
186,712	△13,548	883,687	△7.3	99.9	△3.8	102.3	△0.7	100.3	0.6	0.005	21,890.25	108.65
169,459	2,571	812,164	△8.1	90.3	△9.6	95.3	△6.8	99.9	△0.4	0.120	24,459.20	106.09
200,956	△64,314	865,909	6.6	95.5	5.8	97.5	2.3	99.9	0.1	0.210	28,389.64	112.38
94,294	△233,892	860,828	△0.6	95.3	△0.2	99.6	2.2	103.0	3.1	0.320	27,290.29	135.43

出典：①②内閣府「国民経済計算」、③総務省「家計調査」、④財務省「法人企業統計」
　　　⑤財務省・日本銀行「国際収支状況」、⑥国土交通省「建築着工統計調査」
　　　⑦経済産業省「鉱工業指数」、⑧経済産業省「第3次産業活動指数」、⑨総務省「消費者物価指数」
　　　⑩日本相互証券、⑪日本経済新聞、⑫日本銀行

⑦ 労働生産性		⑧ 労働分配率	⑨ 現金給与総額		⑩ 実質賃金指数		⑪ 1人平均月間総実労働時間		⑫ 1人平均月間所定外労働時間	
名目	実質			前年度比		前年度比		前年度比		前年度比
千円	千円	%	円	%		%	時間	%	時間	%
8,089	8,395	68.1	313,629	0.0	104.6	△1.1	145.6	△0.3	10.9	4.8
8,203	8,309	68.6	315,539	0.5	101.6	△2.9	145.2	△0.2	11.1	2.2
8,431	8,410	66.7	316,176	0.2	101.5	△0.1	144.6	△0.5	10.9	△1.6
8,400	8,379	68.4	317,768	0.5	102.0	0.5	143.2	△0.8	10.9	△0.5
8,445	8,407	68.3	319,997	0.7	101.8	△0.2	142.9	△0.2	10.9	0.4
8,306	8,275	70.1	322,863	0.9	101.8	0.0	141.4	△1.0	10.8	△1.7
8,237	8,138	71.6	322,863	0.0	101.2	△0.6	138.7	△1.9	10.5	△2.5
8,043	7,890	75.4	318,087	△1.5	100.1	△1.1	134.6	△3.0	9.0	△13.9
8,256	8,107	73.2	320,315	0.7	100.6	0.5	135.9	1.0	9.8	8.2
8,420	8,202	72.5	326,365	1.9	98.8	△1.8	136.5	0.4	10.2	3.9

出典：①②③④⑤総務省「労働力調査」、⑥厚生労働省「職業安定業務統計」
　　　⑦内閣府「国民経済計算」、総務省「労働力調査」、⑧内閣府「国民経済計算」
　　　⑨⑩⑪⑫厚生労働省「毎月勤労統計調査」

第2表 民間企業、国家公務員の賃金引上げ状況の推移

	民 間 企 業					
	経 団 連 調 査					
	大 企 業			中 小 企 業		
年度	基準内賃金	引上げ額	引上げ率	基準内賃金	引上げ額	引上げ率
	円	円	%	円	円	%
2011	315,606	5,842	1.85 (1.78)	259,496	4,262	1.64 (1.52)
12	317,304	5,752	1.81 (1.72)	250,106	3,880	1.55 (1.50)
13	318,659	5,830	1.83 (1.76)	250,788	4,085	1.63 (1.59)
14	323,262	7,370	2.28 (2.02)	251,108	4,416	1.76 (1.75)
15	326,242	8,235	2.52 (2.24)	251,907	4,702	1.87 (1.79)
16	329,956	7,497	2.27 (2.07)	254,733	4,651	1.83 (1.75)
17	331,872	7,755	2.34 (2.11)	252,907	4,586	1.81 (1.80)
18	338,056	8,539	2.53 (2.27)	254,649	4,804	1.89 (1.84)
19	337,793	8,200	2.43 (2.15)	255,042	4,815	1.89 (1.85)
20	335,400	7,096	2.12 (2.04)	257,399	4,371	1.70 (1.67)
21	332,806	6,124	1.84 (1.86)	259,902	4,376	1.68 (1.65)
22	333,407	7,562	2.27 (2.26)	261,846	5,036	1.92 (1.88)
23	335,288	13,362	3.99 (3.88)	267,349	8,012	3.00 (2.94)

注：1）民間企業について、（ ）内は単純平均による数値であり、それ以外の数値は加重平均によるものである
　　2）国家公務員の平均給与月額は官民の比較を行っている月額（俸給、地域手当等、俸給の特別調整額、扶養手当、住居手当 、その他諸手当の合計）であり、行政職（一）のみを対象
　　3）2012、13年度の国家公務員の平均給与月額は、「給与改定・臨時特例法」による給与減額支給措置後の金額
　　4）民間企業は引上げ額、率に定昇分を含む

民 間 企 業			国 家 公 務 員（行 政 職）		
厚 生 労 働 省 調 査			平均給与月　額	増減額	増減率
大 企 業					
基準内賃金	引上げ額	引上げ率			
円	円	%	円	円	%
303,453	5,555	1.83	397,723	2,057	0.52
303,238	5,400	1.78	372,906	△24,817	△6.24
304,330	5,478	1.80	376,257	3,351	0.90
306,469	6,711	2.19	408,472	32,215	8.56
309,431	7,367	2.38	408,996	524	0.13
310,671	6,639	2.14	410,984	1,988	0.49
311,022	6,570	2.11	410,719	△265	△0.06
311,183	7,033	2.26	410,940	221	0.05
311,255	6,790	2.18	411,123	183	0.04
315,051	6,286	2.00	408,868	△2,255	△0.55
314,357	5,854	1.86	407,153	△1,715	△0.42
313,728	6,898	2.20	405,049	△2,104	△0.52
312,640	11,245	3.60	404,015	△1,034	△0.26

5）民間企業の調査対象は、経団連の大手企業調査は原則として東証一部上場・従業員500人以上、中小企業調査は従業員500人未満、厚生労働省の大企業調査は原則として資本金10億円以上かつ従業員1,000人以上の労働組合のある企業

6）経団連調査の詳細は第3表を参照

出典：民間企業－経団連「春季労使交渉・大手企業業種別妥結結果」「春季労使交渉・中小企業業種別妥結結果」
　　　厚生労働省「民間主要企業春季賃上げ要求・妥結状況」
　　　国家公務員－人事院「人事院勧告参考資料」

第3表　民間企業における賃金引上げ妥結結果の推移（業種別・加重平均）

（1）　大企業

業　　種		2020年				2021年		
	社数	基準内賃金	妥結額	引上げ率	社数	基準内賃金	妥結額
	社	円	円	％	社	円	円
非　鉄　・　金　属	9	316,183	5,865	1.85	10	313,895	5,739
食　　　　　　品	8	323,290	6,073	1.88	6	327,834	5,642
繊　　　　　　維	16	316,801	7,522	2.37	15	318,704	6,390
紙　・　パ　ル　プ	6	303,608	5,821	1.92	6	304,832	4,849
印　　　　　　刷	1	—	—	—	1	—	—
化学［硫安含む］	24	333,758	7,009	2.10	23	327,157	6,062
［化　　学］	[20]	[336,751]	[7,050]	[2.09]	[18]	[330,424]	[5,818]
［硫　　安］	[4]	[319,192]	[6,809]	[2.13]	[5]	[318,098]	[6,738]
ゴ　　　　　　ム	3	286,590	5,520	1.93	3	285,545	4,880
鉄　　　　　　鋼	9	295,947	3,835	1.30	9	295,577	3,742
機　械　金　属	5	310,091	6,725	2.17	4	312,080	6,239
電　　　　　　機	9	336,283	6,326	1.88	11	334,983	5,827
自　　動　　車	18	334,789	7,610	2.27	16	338,837	6,937
造　　　　　　船	8	309,801	6,794	2.19	14	323,157	5,620
建　　　　　　設	8	497,237（従）	13,013	2.62	7	474,438（従）	11,550
商　　　　　　業	2	395,916	9,035	2.28	2	392,512	8,269
私　　鉄　［JR］	2	326,582（従）	6,830	2.09	2	323,052（従）	3,416
通　　　　　　運	1	—	—	—	1	—	—
ホ　　テ　　ル	1	—	—	—	0	—	—
平　　　　　　均	130	335,400	7,096	2.12	130	332,806	6,124
製　造　業　平　均	116	327,601	6,842	2.09	118	328,841	6,153
非　製　造　業　平　均	14	375,309	8,397	2.24	12	355,632	5,959

注：1）2023年の調査対象は、原則として東証一部上場、従業員500人以上、主要21業種大手241社、2022年は21業種254社、2021年は21業種252社、2020年は21業種251社
　　2）平均欄の（　）内は1社当たりの単純平均
　　3）（従）＝従業員平均（一部組合員平均を含む）
　　4）集計社数が2社に満たない場合など数字を伏せた業種があるが、平均には含まれる
　　5）妥結額は、定期昇給（賃金体系維持分）等を含む
出典：経団連「春季労使交渉・大手企業業種別妥結結果」

引上げ率	2022年			引上げ率	2023年			引上げ率
	社数	基準内賃金	妥結額		社数	基準内賃金	妥結額	
%	社	円	円	%	社	円	円	%
1.83	11	313,541	6,608	2.11	10	316,028	12,726	4.03
1.72	5	328,017	6,219	1.90	9	344,635	13,573	3.94
2.00	15	320,002	8,315	2.60	12	325,851	14,911	4.58
1.59	5	303,307	5,455	1.80	6	306,228	8,783	2.87
1.98	1	—	—	2.10	3	308,366	12,371	4.01
1.85	30	335,175	8,317	2.48	29	335,895	14,961	4.45
[1.76]	[24]	[337,885]	[7,966]	[2.36]	[24]	[335,765]	[14,679]	[4.37]
[2.12]	[6]	[327,652]	[9,294]	[2.84]	[5]	[336,306]	[15,854]	[4.71]
1.71	3	285,495	6,592	2.31	5	287,304	8,305	2.89
1.27	9	301,343	8,973	2.98	9	306,712	8,550	2.79
2.00	5	315,211	8,084	2.56	6	319,678	16,077	5.03
1.74	11	335,683 （従）	7,195	2.14	11	337,516 （従）	11,541	3.42
2.05	13	330,777	7,656	2.31	13	333,247	13,383	4.02
1.74	14	329,641	6,110	1.85	12	335,543 （従）	18,990	5.66
2.43	7	500,154 （従）	14,871	2.97	5	518,645 （従）	23,389	4.51
2.11	3	399,897 （従）	6,466	1.62	3	396,120 （従）	12,974	3.28
1.06	2	323,741 （従）	6,301	1.95	2	326,368 （従）	11,718	3.59
1.32	1	—	—	1.28	1	263,873	10,550	4.00
—	0	—	—	—	0	—	—	—
1.84	130	333,407	7,562	2.27	136	335,288	13,362	3.99
1.87	118	326,216	7,451	2.28	125	328,802	13,121	3.99
1.68	12	366,931	8,076	2.20	11	367,986	14,579	3.96

(2) 中小企業

業　　種		2020年				2021年		
		社数	基準内賃金	妥結額	引上げ率	社数	基準内賃金	妥結額
		社	円	円	%	社	円	円
製造業	鉄鋼・非鉄金属	17	263,198	4,441	1.69	16	268,870	4,868
	機械金属	87	259,004	4,961	1.92	89	265,984	4,764
	電気機器	12	262,003	5,630	2.15	7	239,508	4,512
	輸送用機器	15	258,405	4,228	1.64	11	253,771	4,428
	化　学	23	262,227	4,520	1.72	19	268,068	4,837
	紙・パルプ	11	247,206	4,370	1.77	9	236,162	4,348
	窯業	8	276,449	4,294	1.55	11	274,107	4,189
	繊維	16	227,039	3,314	1.46	17	222,098	3,263
	印刷・出版	10	292,368	4,913	1.68	6	301,773	5,157
	食品	20	249,196	4,441	1.78	18	246,740	4,763
	その他製造業	18	277,012	4,628	1.67	33	276,102	4,451
製造業平均		237	260,223	4,716	1.81	236	264,410	4,633
非製造業	商業	40	255,869	4,093	1.60	39	254,632	3,942
	金融業	3	268,277	4,511	1.68	4	256,238	5,208
	運輸・通信業	41	235,978	3,119	1.32	36	246,736	3,372
	土木・建設業	20	273,668	4,524	1.65	16	259,104	4,762
	ガス・電気業	15	275,358	3,622	1.32	11	278,961	4,303
	その他非製造業	26	253,602	4,236	1.67	28	246,682	4,469
非製造業平均		145	253,088	3,844	1.52	134	252,781	3,971
全産業平均		382	257,399	4,371	1.70	370	259,902	4,376
規模別	100人未満	118	248,000	4,234	1.71	122	251,456	4,162
	100〜300人未満	184	256,086	4,150	1.62	170	258,763	4,267
	300人以上	80	260,641	4,622	1.77	78	262,883	4,529

注：1）調査対象は、原則として従業員数500人未満、17業種754社
　　2）妥結額は、定期昇給（賃金体系維持分）等を含む
出典：経団連「春季労使交渉・中小企業妥結結果」

	2022年				2023年			
引上げ率	社数	基準内賃金	妥結額	引上げ率	社数	基準内賃金	妥結額	引上げ率
%	社	円	円	%	社	円	円	%
1.81	14	266,782	5,481	2.05	18	267,541	9,023	3.37
1.79	84	264,420	5,486	2.07	80	268,626	8,841	3.29
1.88	9	275,612	5,983	2.17	11	277,060	8,168	2.95
1.74	13	258,277	5,468	2.12	12	261,498	7,533	2.88
1.80	21	268,340	5,515	2.06	23	269,781	7,232	2.68
1.84	10	262,508	4,602	1.75	10	254,121	8,476	3.34
1.53	10	279,791	4,540	1.62	9	285,974	6,640	2.32
1.47	15	239,343	3,990	1.67	15	237,135	6,870	2.90
1.71	8	299,905	5,703	1.90	8	313,078	8,023	2.56
1.93	17	258,138	4,560	1.77	15	260,443	8,440	3.24
1.61	38	275,897	5,229	1.90	28	289,216	10,701	3.70
1.75	239	269,930	5,312	1.99	229	271,075	8,659	3.19
1.55	40	252,906	4,898	1.94	45	265,279	7,919	2.99
2.03	4	226,265	3,453	1.53	6	240,879	6,561	2.72
1.37	38	250,364	3,741	1.49	33	258,809	5,857	2.26
1.84	17	255,260	6,295	2.47	14	266,488	9,108	3.42
1.54	9	286,073	4,556	1.59	10	284,169	6,806	2.40
1.81	30	254,951	4,969	1.95	30	253,998	6,077	2.39
1.57	138	253,262	4,571	1.80	138	261,080	6,924	2.65
1.68	377	261,846	5,036	1.92	367	267,349	8,012	3.00
1.66	123	249,927	4,497	1.80	120	251,599	7,582	3.01
1.65	176	261,099	5,059	1.94	168	263,261	7,576	2.88
1.72	78	265,360	5,135	1.94	79	274,832	8,535	3.11

❷ 労働力事情

第4表　労働力状態

（単位：万人）

年	総人口	15歳以上人口	うち65歳以上人口	労働力人口						完全失業者	完全失業率
				総数	就業者数						
					総数	自営業主	家族従業者	雇用者			
2011	12,783	11,117	2,967	6,596	6,293	568	188	5,512		302	4.6 %
12	12,759	11,110	3,055	6,565	6,280	560	180	5,513		285	4.3
13	12,741	11,107	3,168	6,593	6,326	555	174	5,567		265	4.0
14	12,724	11,109	3,278	6,609	6,371	559	168	5,613		236	3.6
15	12,710	11,110	3,370	6,625	6,402	546	162	5,663		222	3.4
16	12,693	11,115	3,443	6,678	6,470	530	154	5,755		208	3.1
17	12,671	11,118	3,498	6,732	6,542	529	151	5,830		190	2.8
18	12,644	11,116	3,540	6,849	6,682	535	151	5,954		167	2.4
19	12,617	11,112	3,570	6,912	6,750	532	144	6,028		162	2.4
20	12,615	11,108	3,597	6,902	6,710	527	140	6,005		192	2.8
21	12,550	11,087	3,618	6,907	6,713	523	139	6,016		195	2.8
22	12,495	11,038	3,625	6,902	6,723	514	133	6,041		179	2.6
2023年1月	12,475	11,022	3,623	6,854	6,689	498	121	6,034		164	2.4
2	12,463	11,012	3,621	6,840	6,667	500	122	6,012		174	2.6
3	12,457	11,012	3,619	6,892	6,699	495	130	6,036		193	2.8
4	12,455	11,018	3,621	6,930	6,741	518	135	6,057		190	2.6
5	12,448	11,022	3,622	6,932	6,745	521	131	6,063		188	2.6
6	12,451	11,028	3,622	6,964	6,785	512	135	6,109		179	2.5
7	12,456	11,029	3,623	6,955	6,772	520	135	6,085		183	2.7
8	12,454	11,023	3,623	6,960	6,773	530	126	6,088		186	2.7
9	12,445	11,015	3,622	6,969	6,787	514	121	6,124		182	2.6
10	12,434	11,015	3,623	6,947	6,771	523	131	6,089		175	2.5

注：1）総人口については、「人口推計」の数値による。2023年7月〜10月は概算値
　　2）2011年の総人口以外の数値は、補完的に推計した値
出典：総務省統計局「人口推計」、「労働力調査」

第5表　産業別雇用者数

（単位：万人）

	総数	建設業	製造業	情報通信業	運輸・郵便業	卸売・小売業	金融・保険業	不動産・物品賃貸業	学術研究等	飲食サービス業等	生活関連サービス等	教育学習支援業	医療・福祉	公務	その他
2015年	5663	410	988	201	323	966	150	107	166	325	176	278	754	231	518
16	5755	403	1000	200	327	977	160	111	171	334	180	283	779	231	529
17	5830	408	1008	204	329	990	165	112	176	338	181	289	787	230	539
18	5954	411	1017	211	331	996	162	116	186	361	185	297	805	233	550
19	6028	410	1021	219	337	989	164	116	187	365	189	310	818	243	559
20	6005	404	1009	229	337	988	164	124	190	340	181	315	837	249	556
21	6016	396	1007	244	339	996	165	125	200	319	169	321	859	250	558
22	6041	396	1006	258	337	973	157	124	199	330	169	323	876	251	564

注：「その他」は、「鉱業，採石業，砂利採取業」「電気・ガス・熱供給・水道業」「複合サービス業」「サービス業（他に分類されないもの）」「農業，林業」および「漁業」からなる
出典：総務省「労働力調査」

第6表　年齢階級別雇用者数

(単位：万人)

		総計		15～24歳	(%)	25～34歳	(%)	35～44歳	(%)	45～54歳	(%)	55～64歳	(%)	65歳以上	(%)
男女計	2015年	5,653	(100.0)	472	(8.3)	1084	(19.2)	1393	(24.6)	1271	(22.5)	973	(17.2)	459	(8.1)
	16	5,748	(100.0)	495	(8.6)	1081	(18.8)	1377	(24.0)	1319	(22.9)	974	(16.9)	501	(8.7)
	17	5,824	(100.0)	503	(8.6)	1080	(18.5)	1359	(23.3)	1364	(23.4)	989	(17.0)	530	(9.1)
	18	5,948	(100.0)	542	(9.1)	1079	(18.1)	1340	(22.5)	1407	(23.7)	1006	(16.9)	575	(9.7)
	19	6,024	(100.0)	558	(9.3)	1074	(17.8)	1306	(21.7)	1449	(24.1)	1026	(17.0)	610	(10.1)
	20	6,000	(100.0)	543	(9.1)	1067	(17.8)	1266	(21.1)	1466	(24.4)	1040	(17.3)	618	(10.3)
	21	6,007	(100.0)	537	(8.9)	1068	(17.8)	1240	(20.6)	1490	(24.8)	1043	(17.4)	628	(10.5)
	22	6,032	(100.0)	531	(8.8)	1062	(17.6)	1219	(20.2)	1507	(25.0)	1075	(17.8)	639	(10.6)
男性	2015年	3,172	(100.0)	237	(7.5)	607	(19.1)	791	(24.9)	698	(22.0)	562	(17.7)	279	(8.8)
	16	3,205	(100.0)	248	(7.7)	601	(18.8)	779	(24.3)	720	(22.5)	556	(17.3)	300	(9.4)
	17	3,228	(100.0)	252	(7.8)	596	(18.5)	763	(23.6)	740	(22.9)	561	(17.4)	315	(9.8)
	18	3,267	(100.0)	269	(8.2)	591	(18.1)	743	(22.7)	760	(23.3)	565	(17.3)	337	(10.3)
	19	3,290	(100.0)	276	(8.4)	585	(17.8)	719	(21.9)	778	(23.6)	571	(17.4)	359	(10.9)
	20	3,278	(100.0)	269	(8.2)	579	(17.7)	700	(21.4)	789	(24.1)	578	(17.6)	362	(11.0)
	21	3,269	(100.0)	265	(8.1)	576	(17.6)	684	(20.9)	802	(24.5)	579	(17.7)	363	(11.1)
	22	3,268	(100.0)	261	(8.0)	571	(17.5)	668	(20.4)	808	(24.7)	593	(18.1)	369	(11.3)
女性	2015年	2,482	(100.0)	236	(9.5)	478	(19.3)	602	(24.3)	573	(23.1)	411	(16.6)	181	(7.3)
	16	2,543	(100.0)	247	(9.7)	480	(18.9)	598	(23.5)	599	(23.6)	418	(16.4)	201	(7.9)
	17	2,596	(100.0)	251	(9.7)	483	(18.6)	595	(22.9)	624	(24.0)	428	(16.5)	215	(8.3)
	18	2,682	(100.0)	273	(10.2)	487	(18.2)	598	(22.3)	646	(24.1)	441	(16.4)	237	(8.8)
	19	2,735	(100.0)	283	(10.3)	489	(17.9)	587	(21.5)	671	(24.5)	455	(16.6)	251	(9.2)
	20	2,722	(100.0)	273	(10.0)	487	(17.9)	566	(20.8)	677	(24.9)	462	(17.0)	256	(9.4)
	21	2,737	(100.0)	272	(9.9)	492	(18.0)	556	(20.3)	688	(25.1)	465	(17.0)	265	(9.7)
	22	2,764	(100.0)	270	(9.8)	492	(17.8)	551	(19.9)	699	(25.3)	482	(17.4)	270	(9.8)

注：（ ）内は、男女計・男女別それぞれの雇用者総数に占める割合
出典：総務省「労働力調査」

第7表　職業別雇用者数

(単位：万人)

年 (平均)	総　数	専門的・技術的職業従事者	管理的職業従事者	事務従事者	販売従事者	保安職業、サービス職業従事者	農林漁業従事者	生産工程従事者	輸送・機械運転、建設・採掘従事者	運搬・清掃・包装等従事者
2015	5,663	952	143	1,228	780	804	57	794	435	412
16	5,755	979	143	1,250	784	825	57	798	434	423
17	5,830	1,004	140	1,266	792	832	61	806	438	427
18	5,954	1,026	130	1,285	801	874	60	830	432	435
19	6,028	1,067	124	1,296	798	882	63	827	434	448
20	6,005	1,106	125	1,329	790	861	62	795	428	441
21	6,016	1,147	126	1,357	785	832	59	790	416	448
22	6,041	1,161	121	1,371	764	842	59	797	416	449

注：職業は「日本標準職業分類」に基づく
出典：総務省「労働力調査」

第8表　職業別有効求人倍率

（単位：倍）

年	職業計	管理的職業	専門的・技術的職業	事務的職業	販売の職業	サービスの職業	保安の職業	農林漁業の職業	生産工程の職業	輸送・機械運転の職業	建設・採掘の職業	運搬・清掃・包装等の職業	介護関係職種
2014	0.97	0.89	1.64	0.31	1.27	2.06	4.67	1.05	0.99	1.62	2.84	0.56	2.22
15	1.08	1.13	1.77	0.35	1.47	2.45	5.01	1.16	1.10	1.73	2.91	0.61	2.59
16	1.22	1.35	1.92	0.39	1.76	2.89	5.96	1.28	1.27	1.93	3.22	0.69	3.02
17	1.35	1.55	2.05	0.44	2.01	3.21	7.23	1.45	1.59	2.26	3.92	0.76	3.50
18	1.45	1.52	2.16	0.49	2.28	3.49	7.85	1.57	1.83	2.51	4.72	0.80	3.90
19	1.45	1.63	2.18	0.50	2.30	3.59	7.77	1.56	1.74	2.63	5.23	0.77	4.20
20	1.08	1.32	1.83	0.39	1.74	2.69	6.48	1.34	1.23	1.96	4.99	0.65	3.99

注：1）パートタイムを含む常用労働者
　　2）職業は「厚生労働省職業分類」に基づく
　　3）「介護関係職種」は「福祉施設指導専門員」「その他の社会福祉の専門的職業」「家政婦（夫）、家事手伝」「介護サービスの職業」の合計
出典：厚生労働省「職業安定業務統計」

第9表　雇用形態別役員を除く雇用者数

（単位：実数は万人、割合は%）

	役員を除く雇用者数	正規の職員・従業員		非正規の職員・従業員		パート・アルバイト		労働者派遣事業所からの派遣社員		契約社員		嘱託・その他	
2016年	5,397	3,372	(62.5)	2,025	(37.5)	1,404	(26.0)	133	(2.5)	287	(5.3)	200	(3.7)
17	5,474	3,434	(62.7)	2,040	(37.3)	1,416	(25.9)	134	(2.4)	292	(5.3)	198	(3.6)
18	5,617	3,492	(62.2)	2,126	(37.8)	1,494	(26.6)	137	(2.4)	295	(5.3)	200	(3.6)
19	5,688	3,515	(61.8)	2,173	(38.2)	1,523	(26.8)	142	(2.5)	295	(5.2)	212	(3.7)
20	5,655	3,556	(62.9)	2,100	(37.1)	1,479	(26.2)	139	(2.5)	279	(4.9)	202	(3.6)
21	5,662	3,587	(63.4)	2,075	(36.6)	1,463	(25.8)	141	(2.5)	277	(4.9)	195	(3.4)
22	5,689	3,588	(63.1)	2,101	(36.9)	1,474	(25.9)	149	(2.6)	283	(5.0)	195	(3.4)
2023年1〜3月	5,680	3,568	(62.8)	2,112	(37.2)	1,466	(25.8)	154	(2.7)	291	(5.1)	201	(3.5)
4〜6月	5,733	3,643	(63.5)	2,090	(36.5)	1,456	(25.4)	155	(2.7)	282	(4.9)	197	(3.4)
7〜9月	5,750	3,617	(62.9)	2,133	(37.1)	1,518	(26.4)	150	(2.6)	273	(4.7)	191	(3.3)

注：（　）内は、役員を除く雇用者数に占める割合
出典：総務省「労働力調査」

第10表　地域別の失業率・有効求人倍率

年	全国 完全失業率	全国 有効求人倍率	北海道 完全失業率	北海道 有効求人倍率	東北 完全失業率	東北 有効求人倍率	南関東 完全失業率	南関東 有効求人倍率	北関東・甲信 完全失業率	北関東・甲信 有効求人倍率	北陸 完全失業率	北陸 有効求人倍率
	%	倍	%	倍	%	倍	%	倍	%	倍	%	倍
2016	3.1	1.36	3.6	1.04	3.1	1.31	3.2	1.46	2.9	1.29	2.7	1.50
17	2.8	1.50	3.3	1.11	2.8	1.44	2.9	1.57	2.5	1.48	2.5	1.70
18	2.4	1.61	2.9	1.18	2.5	1.53	2.5	1.63	2.2	1.59	2.0	1.86
19	2.4	1.60	2.6	1.24	2.5	1.48	2.3	1.61	2.3	1.56	1.9	1.81
20	2.8	1.18	3.0	1.03	2.8	1.18	3.0	1.16	2.4	1.19	2.2	1.34
21	2.8	1.13	3.0	1.00	2.8	1.25	3.0	1.00	2.7	1.24	2.2	1.40
22	2.6	1.28	3.2	1.13	2.7	1.38	2.7	1.18	2.5	1.41	2.2	1.62

年	東海 完全失業率	東海 有効求人倍率	近畿 完全失業率	近畿 有効求人倍率	中国 完全失業率	中国 有効求人倍率	四国 完全失業率	四国 有効求人倍率	九州 完全失業率	九州 有効求人倍率	沖縄 完全失業率	沖縄 有効求人倍率
	%	倍	%	倍	%	倍	%	倍	%	倍	%	倍
2016	2.5	1.53	3.5	1.27	2.8	1.56	3.2	1.38	3.2	1.22	4.4	0.97
17	2.4	1.71	3.0	1.44	2.5	1.71	3.1	1.47	3.1	1.39	3.8	1.11
18	1.8	1.85	2.8	1.59	2.4	1.87	2.2	1.55	2.6	1.49	3.4	1.17
19	1.9	1.81	2.6	1.61	2.4	1.90	2.3	1.58	2.7	1.47	2.7	1.19
20	2.3	1.18	3.0	1.18	2.5	1.43	2.6	1.26	2.9	1.14	3.3	0.81
21	2.4	1.19	3.1	1.06	2.4	1.36	2.6	1.24	2.8	1.15	3.7	0.73
22	2.1	1.39	2.9	1.16	2.2	1.55	2.5	1.37	2.8	1.27	3.2	0.89

出典：厚生労働省「職業安定業務統計」、総務省「労働力調査」

第11表　主要国の失業率の推移

(単位：％)

	日　本	アメリカ	イギリス	ドイツ	フランス	韓　国
2018年	2.4	3.9	4.1	3.2	9.0	3.8
19	2.4	3.7	3.8	3.0	8.4	3.8
20	2.8	8.1	4.6	3.7	8.0	4.0
21	2.8	5.3	4.5	3.7	7.9	3.7
22	2.6	3.6	3.7	3.1	7.3	2.9
2023年1月	2.4	3.4	3.7	3.0		2.9
2	2.6	3.6	3.8	2.9	6.9	2.6
3	2.8	3.5	3.9	2.9		2.7
4	2.6	3.4	3.8	2.9		2.6
5	2.6	3.7	4.0	2.9	7.0	2.5
6	2.5	3.6	4.2	3.0		2.6
7	2.7	3.5	4.2	3.0		2.8
8	2.7	3.8	4.2	3.0	7.2	2.4
9	2.6	3.8	4.2	3.1		2.6
10	2.5	3.9	4.2	3.1	―	2.5

注：1）主要国の失業率は、各国にて毎月実施する労働力調査の結果。ただし、フランスは四半期ごとの公表
　　2）労働力人口の範囲は、日本、イギリス、ドイツ、フランスは全労働力人口。アメリカ、韓国は軍人を除く労働力人口
　　3）イギリスは、当月を含む前3ヵ月の平均値。フランスは、海外領土を除く本土の失業率
出典：日本－総務省統計局「労働力調査」
　　　アメリカ－U.S. Bureau of Labor Statistics
　　　イギリス－Office for National Statistics
　　　ドイツ－Federal Statistical Office of Germany
　　　フランス－National Institute of Statistics and Economic Studies
　　　韓国－Korean Statistical Information Service

第12表　雇用調整実施事業所割合の推移

（単位：%）

		雇用調整を実施した又は予定がある	雇用調整の方法（複数回答）									実施していないまたは予定がない
			残業規制	休日の振替、夏季休暇等の休日・休暇の増加	臨時、パートタイム労働者の再契約停止・解雇	新規学卒者の採用の抑制・停止	中途採用の削減・停止	配置転換	出向	一時休業（一時帰休）	希望退職者の募集・解雇	
2016年	1〜3	26	11	8	1	1	1	12	6	1	2	74
	4〜6	28	10	9	1	1	1	14	7	1	1	72
	7〜9	27	10	10	1	1	1	12	6	1	1	73
	10〜12	25	10	8	1	1	1	12	6	1	1	75
17年	1〜3	27	12	8	1	1	1	13	6	0	1	73
	4〜6	30	12	10	1	1	1	15	7	0	1	70
	7〜9	29	12	12	1	1	1	14	7	0	1	71
	10〜12	32	15	12	1	1	1	15	7	0	1	68
18年	1〜3	29	13	9	2	1	1	15	7	0	1	71
	4〜6	30	14	11	1	1	1	15	7	0	0	70
	7〜9	30	13	13	1	1	1	15	7	0	1	70
	10〜12	26	12	9	1	1	1	12	6	0	0	74
19年	1〜3	34	18	11	1	1	1	16	6	1	1	66
	4〜6	36	18	16	1	1	2	17	8	1	1	64
	7〜9	35	19	15	1	1	2	15	7	1	1	65
	10〜12	31	17	12	1	1	1	12	5	0	0	69
20年	1〜3	37	20	13	2	2	4	15	6	4	1	63
	4〜6	49	23	17	3	3	8	16	6	17	1	51
	7〜9	44	22	13	2	3	7	16	6	12	1	56
	10〜12	34	16	10	2	3	6	12	5	8	1	66
21年	1〜3	33	13	8	1	3	4	13	5	8	2	67
	4〜6	32	13	8	1	4	4	13	5	7	1	68
	7〜9	29	11	8	1	2	3	10	5	6	1	71
	10〜12	27	10	7	1	2	3	10	5	5	1	73
22年	1〜3	28	11	7	1	2	2	11	5	5	1	72
	4〜6	28	11	7	1	2	2	13	6	4	0	72
	7〜9	26	10	7	1	2	1	11	5	3	1	74
	10〜12	25	10	7	1	2	1	11	5	2	0	75
23年	1〜3	25	11	7	1	1	1	11	5	1	1	75
	4〜6	25	9	7	1	1	2	12	6	1	1	75
	7〜9	24	9	8	1	1	1	11	5	1	0	76
	10〜12	20	8	5	0	1	1	10	4	1	0	80

注：1）調査産業計。常用労働者数30人以上の事業所が調査対象
　　2）数値は、集計事業所数を100とした割合
　　3）2023年10〜12月は実施予定の数値
出典：厚生労働省「労働経済動向調査」

第13表　産業別欠員率

（単位：%）

	調査産業計	建設業	製造業	情報通信業	運輸・郵便業	卸売・小売業	金融・保険業	不動産・物品賃貸業	学術研究等	宿泊・飲食サービス業等	生活関連サービス業等	医療・福祉	サービス業
2021年2月	2.3	2.6	1.2	1.0	3.5	1.7	0.3	1.3	1.8	3.1	2.7	2.9	4.6
5	2.4	2.5	1.3	1.6	4.1	1.9	0.5	1.3	1.4	4.3	2.4	2.6	4.0
8	2.2	2.2	1.5	1.6	4.1	1.5	0.3	1.2	1.5	2.8	2.3	2.6	3.6
11	2.3	2.5	1.8	1.7	3.5	1.7	0.5	1.0	1.4	3.5	2.7	2.6	3.6
22年2月	2.8	2.6	2.0	1.8	4.5	2.0	0.5	1.4	1.7	4.3	2.9	2.8	4.9
5	2.9	2.9	2.0	2.1	4.2	2.0	0.5	1.4	1.9	4.6	3.0	2.9	5.2
8	2.9	2.6	2.0	1.7	4.8	2.2	0.3	1.8	1.7	5.3	3.8	2.8	4.7
11	3.1	2.4	2.4	2.0	4.4	2.1	0.3	1.8	2.1	6.3	3.4	3.0	5.6
23年2月	3.2	2.9	2.2	1.9	5.2	2.5	0.7	1.8	2.0	4.6	3.5	3.3	5.5
5	3.3	3.3	2.2	1.8	5.0	2.6	0.7	2.0	1.9	6.0	3.6	3.0	6.1
8	3.1	2.5	2.0	2.2	4.6	2.3	0.6	2.0	1.9	5.3	3.6	3.2	5.5
11	3.2	3.3	2.0	2.2	5.8	2.1	0.7	2.0	1.9	5.8	3.7	3.2	5.7

注：1）欠員率＝未充足求人数／常用労働者数×100%
　　2）常用労働者数30人以上を雇用する事業所が調査対象
　　3）未充足求人がない事業所も含めて集計
出典：厚生労働省「労働経済動向調査」

❸ 企業経営の動き

第14表　決算実績の推移

(1)　大企業

年度	対象会社数	売上高 (前年度比)	経常利益 (前年度比)	売上高営 業利益率	売上高経 常利益率	総資本 回転率	総資本経 常利益率
	社	%	%	%	%	回	%
2011	5,274	△0.84	△7.53	3.7	4.5	0.75	3.3
12	5,205	△0.51	8.29	3.8	4.9	0.74	3.6
13	5,156	4.58	34.07	5.0	6.2	0.75	4.6
14	5,132	0.99	7.47	5.2	6.6	0.73	4.8
15	5,074	△3.19	7.52	5.9	7.4	0.69	5.1
16	5,098	△1.82	5.46	5.8	7.9	0.65	5.1
17	5,067	5.86	9.11	6.3	8.1	0.66	5.4
18	5,026	3.72	4.19	6.4	8.2	0.65	5.3
19	5,014	△4.34	△13.55	5.5	7.4	0.60	4.5
20	4,959	△9.21	△11.10	5.0	7.2	0.53	3.8
21	4,807	6.12	33.62	6.4	9.1	0.53	4.8
22	4,738	10.35	15.80	6.3	9.6	0.55	5.3

(2)　中堅企業

年度	対象会社数	売上高 (前年度比)	経常利益 (前年度比)	売上高営 業利益率	売上高経 常利益率	総資本 回転率	総資本経 常利益率
	社	%	%	%	%	回	%
2011	26,644	3.49	4.71	3.1	3.2	1.39	4.4
12	26,059	△2.81	3.67	3.2	3.4	1.34	4.5
13	25,480	△0.17	8.67	3.4	3.7	1.32	4.9
14	25,235	9.78	13.64	3.5	3.8	1.27	4.9
15	24,862	1.29	4.00	3.6	3.9	1.30	5.1
16	24,912	5.47	11.92	3.8	4.2	1.32	5.5
17	24,891	6.74	16.35	4.0	4.5	1.31	5.9
18	24,961	3.80	5.05	4.1	4.6	1.30	6.0
19	25,322	△2.55	△15.60	3.5	4.0	1.28	5.1
20	25,703	△8.76	△9.61	3.3	3.9	1.14	4.5
21	25,885	6.64	34.52	4.2	5.0	1.09	5.4
22	25,894	6.19	7.63	4.3	5.0	1.09	5.5

(3)　中小企業

年度	対象会社数	売上高 (前年度比)	経常利益 (前年度比)	売上高営 業利益率	売上高経 常利益率	総資本 回転率	総資本経 常利益率
	社	%	%	%	%	回	%
2011	2,719,933	△1.32	29.74	2.0	2.3	1.07	2.4
12	2,708,546	0.47	6.69	2.0	2.4	1.16	2.8
13	2,710,645	1.73	11.25	2.1	2.6	1.07	2.8
14	2,719,252	1.73	7.29	2.4	2.8	1.10	3.1
15	2,736,032	△0.25	2.47	2.4	2.9	1.07	3.1
16	2,745,974	3.22	18.78	2.7	3.3	1.06	3.5
17	2,763,849	5.97	13.44	2.9	3.5	1.08	3.8
18	2,785,724	△5.96	△9.20	2.8	3.4	1.02	3.5
19	2,804,040	△3.11	△17.30	2.2	2.9	1.01	2.9
20	2,815,485	△6.70	△15.64	1.2	2.6	0.93	2.4
21	2,859,364	6.23	32.61	1.2	3.3	0.91	3.0
22	2,910,983	9.13	12.06	1.9	3.4	0.97	3.3

注：1）大企業は資本金10億円以上、中堅企業は資本金1億円以上10億円未満、中小企業は資本金1億円未満
　　2）調査対象は、金融業、保険業を除く全産業
　　3）△印はマイナス
出典：財務省「法人企業統計」

109

第15表　経営指標の規模別比較

⑴　1企業当たりの収益率

①製造業

| 年度 | 資本金10億円以上 | | | | | | 資本金1億円 | | |
	売上高前年度比	経常利益前年度比	売上高経常利益率	総資本経常利益率	売上高人件費比率	総資本回転率	売上高前年度比	経常利益前年度比	売上高経常利益率
	%	%	%	%	%	回	%	%	%
2011	1.0	△5.5	4.3	3.7	10.9	0.86	2.5	△4.8	3.7
12	△1.2	9.9	4.7	4.0	11.1	0.85	2.0	12.7	4.1
13	5.4	51.2	6.8	5.9	10.5	0.87	1.3	11.0	4.5
14	2.9	11.9	7.4	6.3	10.3	0.85	4.7	13.7	4.9
15	△2.1	△2.6	7.3	5.9	10.6	0.83	8.1	△3.1	4.4
16	△3.3	△2.0	7.4	5.7	11.2	0.76	3.6	31.3	5.5
17	6.5	26.8	8.8	6.8	10.8	0.77	2.1	3.3	5.6
18	4.2	△3.8	8.2	6.2	10.7	0.76	4.1	△2.6	5.2
19	△2.3	△15.6	7.1	5.1	11.3	0.72	△5.7	△18.3	4.5
20	△7.4	△0.1	7.6	4.9	12.0	0.64	△1.2	8.8	5.0
21	13.3	57.5	10.6	7.1	11.1	0.67	15.9	49.0	6.4
22	11.8	11.9	10.6	7.5	10.2	0.71	2.8	△13.4	5.4

②非製造業

| 年度 | 資本金10億円以上 | | | | | | 資本金1億円 | | |
	売上高前年度比	経常利益前年度比	売上高経常利益率	総資本経常利益率	売上高人件費比率	総資本回転率	売上高前年度比	経常利益前年度比	売上高経常利益率
	%	%	%	%	%	回	%	%	%
2011	0.1	△6.8	4.6	3.1	8.8	0.68	5.9	11.5	3.0
12	2.4	9.6	4.9	3.3	8.3	0.67	△1.5	3.3	3.1
13	5.7	24.4	5.8	3.9	8.0	0.68	2.4	11.1	3.4
14	0.4	4.8	6.1	4.0	8.2	0.66	12.9	15.1	3.5
15	△2.0	18.9	7.4	4.6	8.6	0.62	1.2	9.4	3.8
16	△1.5	9.9	8.2	4.9	8.5	0.59	5.8	4.3	3.7
17	6.5	△0.7	7.7	4.6	8.3	0.60	8.3	22.9	4.2
18	4.9	12.0	8.2	4.8	8.1	0.59	3.3	7.8	4.4
19	△5.3	△11.8	7.6	4.1	8.6	0.54	△3.5	△16.2	3.8
20	△8.7	△16.4	7.0	3.3	9.1	0.47	△12.6	△17.5	3.6
21	6.8	22.9	8.0	3.7	8.9	0.46	2.8	27.1	4.4
22	12.1	23.0	8.8	4.2	8.1	0.48	7.3	18.3	4.9

注：1）売上高経常利益率＝ $\dfrac{経常利益}{売上高} \times 100\%$ 　　総資本経常利益率＝ $\dfrac{経常利益}{総資本（前期末・当期末平均）} \times 100\%$

　　　　売上高人件費比率＝ $\dfrac{人件費（役員給与・賞与＋従業員給与・賞与＋福利厚生費）}{売上高} \times 100\%$

　　　　総資本回転率＝ $\dfrac{売上高}{総資本（前期末・当期末平均）}$

　　2）非製造業は金融・保険業を除く

　　3）△印はマイナス

出典：財務省「法人企業統計」、以下各表同じ

以上10億円未満			資本金1億円未満					
総資本経常利益率	売上高人件費比率	総資本回転率	売上高前年度比	経常利益前年度比	売上高経常利益率	総資本経常利益率	売上高人件費比率	総資本回転率
%	%	回	%	%	%	%	%	回
4.8	13.7	1.29	0.5	△2.6	2.5	2.7	21.0	1.10
5.0	13.9	1.22	△3.7	△0.0	2.6	2.7	20.9	1.06
5.4	14.1	1.20	△0.1	20.3	3.1	3.3	21.2	1.06
5.7	13.8	1.17	5.5	0.7	3.0	3.2	20.2	1.07
5.2	13.5	1.20	△0.1	19.4	3.6	3.6	20.5	1.02
6.6	13.5	1.19	6.8	11.1	3.7	4.1	20.3	1.10
6.2	13.2	1.11	0.6	4.4	3.8	4.0	21.1	1.05
5.9	13.0	1.13	0.6	5.1	4.0	4.1	20.4	1.03
5.1	13.3	1.12	△2.5	△17.8	3.4	3.4	19.7	1.00
5.2	13.3	1.04	△9.9	△22.4	2.9	2.6	21.0	0.90
7.0	12.1	1.08	7.8	53.5	4.1	3.6	20.6	0.88
5.8	12.4	1.07	11.4	△7.2	3.4	3.3	20.0	0.97

以上10億円未満			資本金1億円未満					
総資本経常利益率	売上高人件費比率	総資本回転率	売上高前年度比	経常利益前年度比	売上高経常利益率	総資本経常利益率	売上高人件費比率	総資本回転率
%	%	回	%	%	%	%	%	回
4.3	12.0	1.42	△1.2	42.5	2.2	2.4	19.2	1.06
4.4	12.3	1.39	2.0	9.0	2.4	2.8	18.8	1.18
4.7	11.7	1.37	2.1	9.3	2.5	2.7	17.6	1.07
4.5	12.1	1.31	0.7	8.6	2.7	3.1	17.5	1.11
5.0	12.4	1.34	△0.9	△1.8	2.7	2.9	17.7	1.08
5.1	11.7	1.37	2.2	20.5	3.2	3.4	17.7	1.06
5.8	11.1	1.39	6.4	14.8	3.5	3.8	16.8	1.09
6.0	11.1	1.37	△7.9	△12.8	3.3	3.3	18.2	1.01
5.1	11.5	1.33	△3.8	△17.7	2.8	2.8	17.7	1.01
4.2	13.0	1.17	△6.4	△14.2	2.6	2.4	18.0	0.94
4.9	13.3	1.09	4.2	26.2	3.1	2.8	18.4	0.91
5.4	12.1	1.10	6.6	14.6	3.3	3.2	18.0	0.97

(2) 従業員1人当たりの経営指標

①製造業

| 年度 | 資本金10億円以上 | | | | | | | 資本金1億円 | | |
	従業員1人当たり売上高	従業員1人当たり経常利益	従業員1人当たり付加価値額	従業員1人当たり人件費	労働装備率	設備投資効率	付加価値率	従業員1人当たり売上高	従業員1人当たり経常利益	従業員1人当たり付加価値額
	万円	万円	万円	万円	万円	%	%	万円	万円	万円
2011	7,580	323	1,134	813	1,845	61.5	15.0	4,054	151	763
12	7,492	355	1,140	816	1,789	63.7	15.2	4,071	167	774
13	7,969	541	1,305	825	1,766	73.9	16.4	4,010	180	787
14	8,162	602	1,330	829	1,786	74.5	16.3	4,077	199	791
15	7,862	577	1,307	824	1,782	73.3	16.6	4,236	186	808
16	7,620	567	1,320	838	1,802	73.2	17.3	4,258	236	854
17	7,883	697	1,403	838	1,791	78.4	17.8	4,469	251	879
18	8,022	656	1,367	846	1,812	75.4	17.0	4,564	239	872
19	7,641	539	1,238	848	1,821	68.0	16.2	4,372	199	828
20	7,030	535	1,180	828	1,871	63.0	16.8	4,360	218	827
21	7,807	826	1,460	856	1,882	77.6	18.7	4,915	317	931
22	8,693	920	1,476	877	1,949	75.7	17.0	4,955	269	898

②非製造業

| 年度 | 資本金10億円以上 | | | | | | | 資本金1億円 | | |
	従業員1人当たり売上高	従業員1人当たり経常利益	従業員1人当たり付加価値額	従業員1人当たり人件費	労働装備率	設備投資効率	付加価値率	従業員1人当たり売上高	従業員1人当たり経常利益	従業員1人当たり付加価値額
	万円	万円	万円	万円	万円	%	%	万円	万円	万円
2011	6,776	313	1,111	587	2,834	39.2	16.4	4,119	123	715
12	7,251	358	1,160	594	2,961	39.2	16.0	4,035	127	712
13	7,351	427	1,181	581	2,885	40.9	16.1	4,233	144	727
14	7,243	439	1,212	584	2,854	42.5	16.7	4,177	145	736
15	6,898	508	1,296	580	2,848	45.5	18.8	3,948	148	731
16	7,240	595	1,327	608	3,043	43.6	18.3	4,303	160	761
17	7,278	557	1,325	596	2,840	46.7	18.2	4,502	189	762
18	7,593	621	1,394	602	2,937	47.4	18.4	4,429	194	761
19	7,327	558	1,363	616	3,052	44.6	18.6	4,347	165	748
20	6,865	479	1,267	610	3,149	40.2	18.5	3,748	135	702
21	6,934	556	1,305	605	3,092	42.2	18.8	3,743	166	745
22	8,018	706	1,438	633	3,294	43.7	17.9	4,100	201	775

注：従業員1人当たり人件費＝（従業員給与＋従業員賞与＋福利厚生費）／従業員数
　　労働装備率＝有形固定資産（建設仮勘定を除く、期首・期末平均）／従業員数
　　設備投資効率＝付加価値額／有形固定資産（建設仮勘定を除く、期首・期末平均）×100％
　　付加価値率＝付加価値額／売上高×100％

以上10億円未満				資本金1億円未満						
従業員1人当たり人件費	労働装備率	設備投資効率	付加価値率	従業員1人当たり売上高	従業員1人当たり経常利益	従業員1人当たり付加価値額	従業員1人当たり人件費	労働装備率	設備投資効率	付加価値率
万円	万円	%	%	万円	万円	万円	万円	万円	%	%
534	889	85.9	18.8	2,088	52	524	358	623	84.1	25.1
544	928	83.3	19.0	2,056	53	516	352	629	82.1	25.1
543	891	88.3	19.6	2,044	64	524	352	608	86.2	25.7
541	929	85.1	19.4	2,147	64	525	353	621	84.6	24.5
552	921	87.7	19.1	2,154	77	549	362	645	85.1	25.5
557	950	90.0	20.1	2,165	80	549	362	592	92.8	25.4
568	1,081	81.3	19.7	2,116	81	556	369	616	90.2	26.3
572	1,035	84.2	19.1	2,165	87	554	365	631	87.8	25.6
562	1,048	78.9	18.9	2,205	74	535	357	676	79.2	24.3
558	1,080	76.6	19.0	2,130	62	520	366	733	70.9	24.4
575	1,122	82.9	18.9	2,188	90	542	373	720	75.4	24.8
594	1,083	82.9	18.1	2,298	79	546	379	680	80.3	23.7

以上10億円未満				資本金1億円未満						
従業員1人当たり人件費	労働装備率	設備投資効率	付加価値率	従業員1人当たり売上高	従業員1人当たり経常利益	従業員1人当たり付加価値額	従業員1人当たり人件費	労働装備率	設備投資効率	付加価値率
万円	万円	%	%	万円	万円	万円	万円	万円	%	%
473	866	82.5	17.4	2,197	49	534	333	776	68.9	24.3
475	802	88.8	17.6	2,211	53	529	328	662	80.0	23.9
477	874	83.3	17.2	2,336	59	535	322	813	65.8	22.9
486	901	81.7	17.6	2,392	66	546	329	775	70.5	22.8
472	776	94.2	18.5	2,407	66	558	337	787	70.9	23.2
485	814	93.5	17.7	2,399	77	558	334	728	76.6	23.3
481	874	87.2	16.9	2,509	87	563	332	738	76.3	22.4
476	799	95.2	17.2	2,266	74	543	326	760	71.4	24.0
484	807	92.7	17.2	2,350	66	534	324	777	68.8	22.7
471	820	85.6	18.7	2,329	60	520	327	816	63.7	22.3
480	784	94.9	19.9	2,323	72	524	336	835	62.8	22.6
478	890	87.0	18.9	2,361	79	542	335	764	71.0	23.0

統計資料

(3) 付加価値構成
①製造業

年度	資本金10億円以上						資本金１億円以上10億円			
	人件費	支払利息・割引料	動産・不動産・賃借料	租税公課	営業純益	付加価値額計	人件費	支払利息・割引料	動産・不動産・賃借料	租税公課
2011	72.8	2.7	4.7	2.7	17.0	100.0	72.9	1.6	6.4	2.0
12	72.7	2.3	4.2	2.9	17.9	100.0	73.1	1.5	5.6	2.0
13	64.2	2.1	3.5	2.3	27.9	100.0	71.7	1.5	5.1	3.2
14	63.4	1.8	3.8	2.4	28.7	100.0	71.1	1.3	5.2	2.2
15	64.0	1.7	3.6	2.5	28.1	100.0	70.8	1.3	6.3	2.2
16	64.5	1.3	3.4	4.8	25.9	100.0	67.5	1.1	5.1	2.2
17	60.7	1.2	3.2	2.7	32.1	100.0	67.0	1.3	4.3	2.4
18	62.9	1.9	3.7	2.8	28.8	100.0	68.1	1.1	5.1	2.3
19	69.5	1.5	4.1	3.1	21.9	100.0	70.5	1.0	6.0	2.3
20	71.2	1.5	3.9	3.3	20.1	100.0	70.1	1.2	5.3	2.5
21	59.5	1.3	3.8	2.8	32.6	100.0	64.0	1.0	4.9	2.3
22	60.3	1.6	3.6	2.8	31.7	100.0	68.5	1.1	4.9	2.2

②非製造業

年度	資本金10億円以上						資本金１億円以上10億円			
	人件費	支払利息・割引料	動産・不動産・賃借料	租税公課	営業純益	付加価値額計	人件費	支払利息・割引料	動産・不動産・賃借料	租税公課
2011	53.7	4.4	15.4	5.3	21.2	100.0	68.9	1.9	12.2	2.1
12	52.1	4.4	15.3	5.3	23.0	100.0	69.6	1.8	11.6	1.9
13	50.1	7.5	14.0	4.9	23.5	100.0	68.4	1.5	11.1	2.0
14	49.0	3.7	13.6	5.2	28.5	100.0	68.4	1.4	11.1	2.2
15	45.6	3.3	13.8	5.9	31.4	100.0	67.0	1.2	12.2	1.8
16	46.6	3.5	12.7	4.9	32.2	100.0	66.1	1.1	11.7	2.8
17	45.8	3.4	13.2	4.7	32.8	100.0	65.3	0.9	10.9	2.2
18	44.0	3.6	12.6	4.5	35.3	100.0	64.7	0.8	10.5	2.0
19	46.1	3.1	12.9	5.4	32.5	100.0	66.9	0.8	11.1	2.3
20	49.0	4.2	13.1	5.3	28.4	100.0	69.5	1.1	11.8	2.3
21	47.2	4.8	13.4	5.1	29.4	100.0	66.7	1.1	11.9	2.3
22	45.0	4.9	12.6	4.8	32.7	100.0	64.0	1.1	11.1	2.2

（単位：％）

未満		資本金１億円未満					
営業純益	付加価値額 計	人件費	支払利息・割引料	動産・不動産・賃借料	租税公課	営業純益	付加価値額 計
17.1	100.0	83.6	2.5	5.8	2.7	5.4	100.0
17.8	100.0	83.1	2.5	5.6	2.7	6.0	100.0
18.5	100.0	82.7	2.4	5.4	2.8	6.6	100.0
20.2	100.0	82.3	2.3	5.0	2.8	7.5	100.0
19.3	100.0	80.6	2.1	4.7	3.0	9.7	100.0
24.1	100.0	79.9	1.9	4.4	3.0	10.7	100.0
24.9	100.0	80.4	1.6	4.9	2.7	10.4	100.0
23.4	100.0	79.8	1.9	4.7	2.6	10.9	100.0
20.2	100.0	81.4	1.5	5.2	2.7	9.2	100.0
20.8	100.0	86.0	1.6	5.7	3.1	3.5	100.0
27.8	100.0	83.2	1.5	5.1	2.9	7.3	100.0
23.3	100.0	84.1	1.9	5.3	3.1	5.6	100.0

未満		資本金１億円未満					
営業純益	付加価値額 計	人件費	支払利息・割引料	動産・不動産・賃借料	租税公課	営業純益	付加価値額 計
14.9	100.0	78.8	3.9	9.7	3.3	4.3	100.0
15.1	100.0	78.7	2.8	9.8	3.2	5.5	100.0
17.0	100.0	76.9	2.8	10.7	3.2	6.3	100.0
16.9	100.0	76.5	2.3	9.6	3.3	8.3	100.0
17.8	100.0	76.3	2.4	10.2	3.6	7.5	100.0
18.4	100.0	75.9	2.1	9.8	3.3	8.8	100.0
20.7	100.0	74.7	2.0	9.3	3.3	10.7	100.0
21.9	100.0	76.0	1.9	8.9	3.9	9.3	100.0
18.9	100.0	77.8	1.9	9.0	3.6	7.6	100.0
15.4	100.0	80.8	2.0	10.1	3.8	3.3	100.0
17.9	100.0	81.4	2.2	10.6	3.4	2.4	100.0
21.6	100.0	78.2	1.8	10.1	3.5	6.4	100.0

(4) 資本構成

①製造業

| 年度 | 資本金10億円以上 | | | | | | 資本金１億円以上10億円 | | |
| | 負債 | | | 自己資本 | | | 負債 | | |
	流動負債	固定負債	小計	資本金	準備金等	小計	流動負債	固定負債	小計
2011	35.3	18.4	53.7	10.3	36.0	46.3	42.3	16.1	58.4
12	34.8	18.6	53.5	10.2	36.3	46.5	40.0	16.4	56.5
13	33.7	18.2	51.9	9.7	38.4	48.1	41.1	16.2	57.3
14	32.3	17.5	49.9	9.3	40.9	50.1	39.0	17.2	56.2
15	32.5	16.8	49.3	9.4	41.4	50.7	40.2	15.1	55.4
16	31.9	17.5	49.4	9.0	41.7	50.7	39.1	14.4	55.4
17	31.6	16.5	48.0	8.7	43.2	52.0	38.5	15.7	54.2
18	31.2	16.4	47.6	9.0	43.5	52.4	39.1	13.1	52.2
19	30.7	18.0	48.7	8.8	42.5	51.3	37.3	14.4	51.6
20	30.1	18.9	49.0	8.2	42.8	51.0	37.3	14.8	52.1
21	31.1	17.7	48.8	7.7	43.5	51.2	38.0	14.8	52.8
22	31.0	17.2	48.2	7.3	44.5	51.8	37.7	14.0	51.7

②非製造業

| 年度 | 資本金10億円以上 | | | | | | 資本金１億円以上10億円 | | |
| | 負債 | | | 自己資本 | | | 負債 | | |
	流動負債	固定負債	小計	資本金	準備金等	小計	流動負債	固定負債	小計
2011	28.1	32.0	60.1	10.4	29.5	39.9	44.9	23.1	68.0
12	28.1	31.3	59.3	10.3	30.4	40.7	42.6	21.6	64.2
13	27.6	31.4	59.0	9.9	31.0	41.0	41.7	22.3	64.1
14	27.2	31.2	58.4	9.7	31.9	41.6	42.4	21.5	63.9
15	27.0	31.0	58.0	9.5	32.5	42.0	42.3	20.5	62.8
16	26.2	32.0	58.2	9.0	32.8	41.8	41.3	21.2	62.6
17	26.1	32.1	58.3	8.4	33.3	41.7	40.9	21.1	61.9
18	25.9	32.2	58.1	8.3	33.6	41.9	39.3	20.8	60.0
19	25.4	33.0	58.4	8.1	33.4	41.6	39.2	19.9	59.1
20	25.9	34.9	60.8	7.7	31.5	39.2	37.3	22.5	59.7
21	26.8	34.5	61.3	7.4	31.3	38.7	37.5	20.9	58.4
22	26.6	35.0	61.6	7.1	31.3	38.4	37.2	21.9	59.1

第16表　企業倒産の状況

| 年 | 倒産件数 | 前年比 | 負債総額 | 前年比 | １件当たり平均負債額 | 前年比 |
	件	%	百万円	%	百万円	%
2011	12,734	△4.4	3,592,920	△49.8	282	△47.5
12	12,124	△4.8	3,834,563	6.7	316	12.1
13	10,855	△10.5	2,782,347	△27.4	256	△19.0
14	9,731	△10.4	1,874,065	△32.6	193	△24.9
15	8,812	△9.4	2,112,382	12.7	240	24.5
16	8,446	△4.2	2,006,119	△5.0	238	△0.9
17	8,405	△0.5	3,167,637	57.9	377	58.7
18	8,235	△2.0	1,485,469	△53.1	180	△52.1
19	8,383	1.8	1,423,238	△4.2	170	△5.9
20	7,773	△7.3	1,220,046	△14.3	157	△7.5
21	6,030	△22.4	1,150,703	△ 5.7	191	21.6
22	6,428	6.6	2,331,443	102.6	363	90.1

注：1）調査対象は、負債総額1,000万円以上の企業倒産
　　2）△印はマイナス
出典：東京商工リサーチホームページ「倒産件数・負債額推移」

(総資本＝100%、単位：%)

未満			資本金1億円未満					
自己資本			負債			自己資本		
資本金	準備金等	小計	流動負債	固定負債	小計	資本金	準備金等	小計
4.1	37.5	41.6	34.9	29.4	64.3	3.9	31.8	35.7
3.8	39.8	43.5	32.0	30.7	62.8	3.9	33.3	37.2
3.6	39.1	42.7	32.1	30.0	62.1	4.0	34.0	37.9
3.4	40.4	43.8	33.9	33.7	67.6	3.7	28.7	32.4
3.2	41.4	44.6	31.4	33.2	64.6	3.6	31.8	35.4
3.0	43.6	46.6	32.0	28.3	60.3	3.6	36.1	39.7
2.7	43.1	45.8	30.8	28.4	59.3	3.4	37.3	40.7
2.5	45.2	47.8	29.7	26.6	56.2	3.3	40.5	43.8
2.6	45.8	48.4	29.8	27.8	57.6	3.4	39.1	42.4
2.4	45.5	47.9	28.0	29.6	57.6	3.3	39.0	42.4
2.1	45.1	47.2	26.1	28.8	54.9	3.0	42.1	45.1
2.0	46.3	48.3	27.0	28.8	55.8	3.0	41.3	44.2

(単位：%)

未満			資本金1億円未満					
自己資本			負債			自己資本		
資本金	準備金等	小計	流動負債	固定負債	小計	資本金	準備金等	小計
3.9	28.1	32.0	33.6	42.8	76.5	4.2	19.3	23.5
3.8	32.0	35.8	36.7	35.2	71.9	4.6	23.5	28.1
3.5	32.4	35.9	34.6	37.0	71.6	4.0	24.4	28.4
3.1	33.1	36.1	34.6	34.2	68.8	4.1	27.1	31.2
3.1	34.1	37.2	33.1	33.9	67.0	4.0	29.0	33.0
2.9	34.5	37.4	31.1	35.1	66.2	4.0	29.8	33.8
2.7	35.4	38.1	31.7	31.5	63.2	3.6	33.2	36.8
2.5	37.5	40.0	29.8	34.5	64.3	3.6	32.1	35.7
2.4	38.4	40.9	30.0	33.1	63.2	3.6	33.2	36.8
2.4	37.9	40.3	28.9	36.0	64.9	3.6	31.5	35.1
2.1	39.5	41.6	27.1	38.8	65.9	3.3	30.8	34.1
1.9	39.0	40.9	28.5	36.0	64.5	3.2	32.3	35.5

第17表　企業倒産の原因別動向

年	不況型倒産		放漫経営		他社倒産の余波 (連鎖倒産)		過小資本		不況型倒産の内訳					
									既往のシワ寄せ (赤字累積)		販売不振		売掛金等 回収難	
		構成比		構成比		構成比		構成比		構成比		構成比		構成比
	件	％	件	％	件	％	件	％	件	％	件	％	件	％
2011	10,498	82.4	522	4.1	709	5.6	662	5.2	1,079	8.5	9,363	73.5	56	0.4
12	9,943	82.0	566	4.7	712	5.9	563	4.6	1,321	10.9	8,574	70.7	48	0.4
13	8,890	81.9	508	4.7	612	5.6	526	4.8	1,372	12.6	7,468	68.8	50	0.5
14	7,922	81.4	484	5.0	555	5.7	438	4.5	1,174	12.1	6,708	68.9	40	0.4
15	7,149	81.1	376	4.3	553	6.3	397	4.5	1,136	12.9	5,959	67.6	54	0.6
16	6,870	81.3	423	5.0	398	4.7	448	5.3	1,082	12.8	5,759	68.2	29	0.3
17	6,888	81.9	422	5.0	447	5.3	390	4.6	1,044	12.4	5,813	69.2	31	0.4
18	6,793	82.5	409	5.0	374	4.5	342	4.2	967	11.7	5,799	70.4	27	0.3
19	6,961	83.0	434	5.2	370	4.4	337	4.0	844	10.1	6,079	72.5	38	0.5
20	6,526	84.0	390	5.0	361	4.6	205	2.6	771	9.9	5,729	73.7	26	0.3
21	5,095	84.5	284	4.7	299	5.0	101	1.7	674	11.2	4,403	73.0	18	0.3
22	5,302	82.5	285	4.4	401	6.2	124	1.9	757	11.8	4,525	70.4	20	0.3

注：1）調査対象は、負債総額1,000万円以上の企業倒産
　　2）構成比は、倒産件数全体に占める割合
出典：東京商工リサーチホームページ「倒産件数・負債額推移」

第18表　労働分配率の推移

（単位：％）

年度	(1)財務省「法人企業統計」				(2)内閣府「国民経済計算」	
	規模計	大企業	中堅企業	中小企業	①	②
2011	72.7	61.6	70.0	79.7	70.5	80.9
12	72.3	60.5	70.5	79.5	70.2	79.1
13	69.5	56.0	69.3	78.0	68.1	76.0
14	68.8	55.0	69.1	77.6	68.6	75.1
15	67.5	52.8	68.0	77.1	66.7	72.2
16	67.6	53.7	66.5	76.6	68.4	73.6
17	66.2	51.7	65.8	75.8	68.3	73.2
18	66.3	51.3	65.6	76.7	70.1	74.0
19	68.6	54.9	67.8	78.4	71.6	76.9
20	71.5	57.6	69.6	81.7	75.4	79.8
21	68.9	52.4	66.0	81.7	73.2	76.5
22	67.5	51.2	65.1	79.2	72.5	75.5

注：1）(1)労働分配率＝人件費／付加価値×100％
　　　　付加価値＝人件費＋支払利息等＋動産・不動産賃借料＋租税公課＋営業純益
　　　　人件費＝役員給与＋役員賞与＋従業員給与＋従業員賞与＋福利厚生費
　　　(2)①労働分配率＝雇用者報酬／国民所得×100％
　　　　②労働分配率＝雇用者報酬／（雇用者報酬＋民間法人企業所得）×100％
　　　　国民所得は要素費用表示
　　2）(1)大企業は資本金10億円以上、中堅企業は資本金1億円以上10億円未満、中小企業は資本金1億円未満
　　　　調査対象は、金融・保険業を除く全産業

＜参考＞産業別労働分配率の推移

（単位：％）

年度	製造業	非製造業	建設業	情報通信業	運輸・郵便業	卸売・小売業	サービス業
2016	70.4	66.5	70.8	60.4	68.5	69.0	72.7
17	68.5	65.4	72.7	58.7	65.0	68.4	71.2
18	69.5	65.2	72.9	61.2	64.6	68.7	69.0
19	73.7	66.9	72.8	61.0	67.0	70.4	71.9
20	75.8	70.0	72.8	62.3	86.2	70.7	76.6
21	67.3	69.4	73.9	63.1	77.3	68.9	77.2
22	69.0	66.9	73.3	59.7	69.6	68.0	71.2

注：労働分配率＝人件費／付加価値×100％
出典：財務省「法人企業統計」

第19表　主要国の労働分配率の推移（国民経済計算ベース）

（単位：％）

年	日　　本	アメリカ	イギリス	ドイツ	フランス
2011	70.7	66.8	67.3	66.9	72.4
12	70.1	65.9	67.8	68.8	73.7
13	68.5	66.1	68.6	69.2	74.1
14	68.9	65.9	67.1	69.1	73.9
15	66.9	66.8	67.8	69.4	72.8
16	68.0	67.5	68.1	69.2	73.4
17	67.8	67.5	66.6	69.3	73.9
18	69.9	67.4	67.4	69.8	73.9
19	71.5	67.9	66.6	70.7	73.0
20	74.7	68.1	69.0	72.1	76.5
21	73.7	67.5	66.6	69.2	74.0
22	73.3	－	66.7	70.0	77.0

注：1）各国の国民経済計算の基準が異なるため、数値の算出基準が同じでない場合がある
　　2）雇用者報酬／国民所得（要素費用表示）として算出
出典：日本－内閣府「国民経済計算」
　　　日本以外－OECD Database

第20表　産業別労働生産性の推移

（単位：万円）

年度	全産業	製造業	非製造業	建設業	情報通信業	運輸・郵便業	卸売・小売業	サービス業
2011	668	751	642	686	991	604	625	507
12	666	752	640	714	1,069	616	618	499
13	690	809	654	727	1,029	631	605	508
14	705	818	671	758	1,041	665	612	518
15	725	829	694	804	1,152	685	640	521
16	727	832	695	873	1,136	662	644	527
17	739	865	702	858	1,205	692	640	527
18	730	859	694	828	1,098	716	636	530
19	715	812	687	850	1,053	725	642	498
20	688	797	658	830	1,060	557	634	474
21	722	912	670	823	1,014	611	648	489
22	738	902	694	872	1,068	677	663	521

注：1）労働生産性＝付加価値額／従業員数
　　2）全産業と非製造業は「金融業、保険業」を除く
出典：財務省「法人企業統計」

第21表　主要国の時間当たり労働生産性の推移

（単位：購買力平価換算USドル）

年	日　本	アメリカ	イギリス	ド　イ　ツ	フランス
2016	45.5	70.0	59.1	68.4	68.3
17	46.1	71.9	61.8	71.4	71.0
18	46.8	74.5	62.8	73.9	73.3
19	47.5	76.7	65.2	76.8	78.7
20	48.3	80.4	69.2	79.2	82.2
21	49.4	85.0	69.5	81.5	80.9
22	52.3	89.8	73.3	87.2	83.9
上昇率 （2015～19年）	0.6%	0.9%	0.6%	1.0%	0.8%

注：1）日本生産性本部が、OECD.Statと各国統計局等のデータに基づいて作成
　　2）上昇率は、時間当たり実質労働生産性の上昇率
出典：日本生産性本部「労働生産性の国際比較」

④ 物価・生計費の動き

第22表　物価指数の動き（全国）

					消　費　者　物　価　指　数					
	総合	前年(同月)比(%)	生鮮食品を除く総合	前年(同月)比(%)	生鮮食品及びエネルギーを除く総合	前年(同月)比(%)	食料（酒類を除く）及びエネルギーを除く総合	前年(同月)比(%)		
2009年	95.5	△1.4	96.4	△1.3	97.4	△0.4	99.4	△0.7		
10	94.8	△0.7	95.4	△1.0	96.1	△1.3	98.2	△1.2		
11	94.5	△0.3	95.2	△0.3	95.3	△0.8	97.2	△1.0		
12	94.5	0.0	95.1	△0.1	94.9	△0.4	96.7	△0.6		
13	94.9	0.4	95.5	0.4	94.8	△0.2	96.5	△0.2		
14	97.5	2.7	98.0	2.6	96.9	2.2	98.3	1.8		
15	98.2	0.8	98.5	0.5	98.2	1.4	99.3	1.0		
16	98.1	△0.1	98.2	△0.3	98.8	0.6	99.6	0.3		
17	98.6	0.5	98.7	0.5	98.9	0.1	99.6	△0.1		
18	99.5	1.0	99.5	0.9	99.2	0.4	99.7	0.1		
19	100.0	0.5	100.2	0.6	99.8	0.6	100.1	0.4		
20	100.0	0.0	100.0	△0.2	100.0	0.2	100.0	△0.1		
21	99.8	△0.2	99.8	△0.2	99.5	△0.5	99.2	△0.8		
22	102.3	2.5	102.1	2.3	100.5	1.1	99.4	0.1		
2023年1月	104.7	4.3	104.3	4.2	102.2	3.2	100.2	1.9		
2	104.0	3.3	103.6	3.1	102.6	3.5	100.5	2.1		
3	104.4	3.2	104.1	3.1	103.2	3.8	101.0	2.3		
4	105.1	3.5	104.8	3.4	104.0	4.1	101.5	2.5		
5	105.1	3.2	104.8	3.2	104.3	4.3	101.9	2.6		
6	105.2	3.3	105.0	3.3	104.4	4.2	101.7	2.6		
7	105.7	3.3	105.4	3.1	104.9	4.3	102.2	2.7		
8	105.9	3.2	105.7	3.1	105.2	4.3	102.5	2.7		
9	106.2	3.0	105.7	2.8	105.4	4.2	102.5	2.6		
10	107.1	3.3	106.4	2.9	105.8	4.0	102.9	2.7		
11	106.9	2.8	106.4	2.5	105.9	3.8	102.9	2.7		

注： 1） 消費者物価指数、国内企業物価指数は2020年基準、企業向けサービス価格指数は2015年基準、GDPデフレーターは2015年基準（2008SNA）
　　 2） 2023年のGDPデフレーターは四半期の値、2023年7－9月期2次速報による
　　 3） 2023年11月の国内企業物価指数と企業向けサービス価格指数は速報値
　　 4） △印はマイナス
出典：総務省統計局「消費者物価指数」、日本銀行調査統計局「企業物価指数」「企業向けサービス価格指数」、内閣府「国民経済計算」

持家の帰属家賃を除く総合	前年(同月)比(%)	国内企業物価指数	前年(同月)比(%)	企業向けサービス価格指数	前年(同月)比(%)	GDPデフレーター	前年(同月)比(%)
94.3	△1.5	97.2	△5.2	98.8	△1.6	100.9	△0.6
93.5	△0.8	97.1	△0.1	97.3	△1.4	99.0	△1.9
93.2	△0.3	98.5	1.5	96.7	△0.7	97.4	△1.6
93.3	0.0	97.7	△0.9	96.4	△0.3	96.6	△0.8
93.7	0.5	98.9	1.3	96.4	0.0	96.3	△0.4
96.8	3.3	102.0	3.1	98.9	2.6	97.9	1.7
97.8	1.0	99.7	△2.3	100.0	1.1	100.0	2.1
97.7	△0.1	96.2	△3.5	100.2	0.2	100.4	0.4
98.3	0.6	98.4	2.3	101.0	0.8	100.3	△0.1
99.5	1.2	101.0	2.6	102.2	1.2	100.3	0.0
100.0	0.6	101.2	0.2	103.3	1.1	101.0	0.6
100.0	0.0	100.0	△1.2	104.2	0.9	101.9	0.9
99.7	△0.3	104.6	4.6	105.1	0.9	101.7	△0.2
102.7	3.0	114.9	9.8	107.0	1.8	102.1	0.3
105.5	5.1	119.9	9.5	107.5	1.7		
104.7	3.9	119.6	8.3	107.0	1.9	103.0	2.3
105.2	3.8	119.7	7.4	108.5	1.8		
106.0	4.1	120.1	5.8	108.8	1.8		
106.0	3.8	119.3	5.1	108.8	1.8	106.7	3.8
106.1	3.9	119.2	4.1	108.6	1.5		
106.7	3.9	119.5	3.6	109.2	1.7		
107.0	3.7	119.8	3.4	109.4	2.1	105.1	5.3
107.3	3.6	119.6	2.2	109.4	2.0		
108.4	3.9	119.3	0.9	110.0	2.3		
108.1	3.3	119.5	0.3	110.2	2.3		

第23表　世帯人員別標準生計費（全国）の推移

（単位：円）

世帯人員 年	1人	2人	3人	4人	5人
2005	129,650	166,270	201,420	236,570	271,690
06	97,900	169,820	202,660	235,510	268,350
07	98,270	192,780	211,770	230,760	249,750
08	99,730	181,890	208,090	234,280	260,480
09	126,250	159,060	194,740	230,450	266,160
10	123,360	191,130	210,360	229,600	248,830
11	117,390	169,340	196,930	224,520	252,090
12	117,540	175,850	201,950	228,050	254,160
13	120,800	168,720	195,220	221,680	248,150
14	121,200	179,580	199,600	219,630	239,660
15	114,720	158,890	187,120	215,350	243,580
16	115,530	170,520	196,470	222,440	248,420
17	116,560	178,940	199,260	219,620	239,940
18	116,930	150,690	186,520	222,350	258,160
19	120,190	137,290	176,770	216,230	255,720
20	110,610	153,040	176,230	199,420	222,640
21	114,720	192,350	205,820	219,300	232,790
22	114,480	178,930	196,090	213,240	230,390
23	120,910	125,080	170,620	216,170	261,700

注：総務省「家計調査」等に基づき、人事院が、各年4月の標準生計費を算定
出典：人事院「人事院勧告 参考資料」

5 人件費の動き

第24表 年齢階級別所定内給与額の推移（全産業、製造業）

全産業

（単位：千円）

	2017年	2018年	2019年		2020年	2021年	2022年
年　齢　計	304.3	306.2	307.7	(306.0)	307.7	307.4	311.8
～19歳	175.5	177.8	179.0	(179.5)	179.6	182.5	184.2
20～24	206.7	209.7	210.9	(211.3)	212.0	213.1	218.5
25～29	238.9	240.3	243.9	(243.6)	244.6	246.2	251.2
30～34	272.2	273.5	275.9	(275.3)	274.4	275.8	281.0
35～39	301.1	301.7	305.3	(304.5)	305.2	305.0	312.5
40～44	327.4	327.4	329.6	(328.4)	329.8	328.0	333.7
45～49	352.3	352.4	350.3	(348.6)	347.4	344.3	349.2
50～54	372.5	373.8	373.5	(369.5)	368.0	366.2	364.7
55～59	363.7	370.3	367.1	(363.7)	368.6	365.5	370.0
60～64	274.5	278.4	283.0	(281.3)	289.3	292.8	295.6
65～69	250.2	245.3	249.0	(247.5)	257.4	259.8	257.6
70～	258.9	243.3	237.6	(234.3)	247.9	243.3	238.1

製造業

	2017年	2018年	2019年		2020年	2021年	2022年
年　齢　計	294.5	296.5	295.2	(293.6)	298.3	294.9	301.5
～19歳	176.4	179.0	179.7	(179.6)	178.5	182.0	184.1
20～24	197.9	198.3	198.2	(197.8)	197.8	199.0	203.4
25～29	229.0	229.8	230.3	(229.5)	228.8	229.9	233.8
30～34	261.1	260.4	259.6	(258.6)	258.4	260.3	261.1
35～39	288.6	289.6	290.7	(289.1)	292.5	289.4	295.3
40～44	314.1	314.3	313.1	(311.0)	316.6	311.3	322.8
45～49	344.6	341.6	339.1	(336.7)	340.4	332.4	340.8
50～54	366.1	368.4	366.1	(362.3)	369.0	359.8	360.3
55～59	362.5	372.9	365.6	(362.0)	373.8	361.9	369.9
60～64	243.8	253.5	253.1	(252.2)	263.8	265.7	275.4
65～69	220.5	220.8	224.8	(225.7)	225.6	226.9	230.0
70～	219.0	208.0	220.0	(220.0)	220.5	221.1	216.0

注：1）所定内給与額とは、きまって支給する現金給与額のうち、超過労働給与額（時間外勤務手当、深夜勤務手当、休日出勤手当、宿日直手当、交替手当の額）を差し引いたもの
　　2）全産業、製造業ともに民営のみの数値
　　3）調査対象は、10人以上の常用労働者を雇用する民営事業所
　　4）2019年以前と2020年以降では推計方法が異なる
　　　　2019年の（　）内の数値は、2020年以降と同じ推計方法で集計した2019年の数値
出典：厚生労働省「賃金構造基本統計調査」

第25表　産業別賃金水準（一般労働者）の推移

	調査産業計	鉱業、採石業、砂利採取業	建設業	製		造			
				化学	鉄鋼	非鉄金属	金属製品	電子部品	電気機器
現金給与総額＝きまって支給する給与＋特別に支払われた給与									
2015年	447,814	426,763	474,929	446,741	529,358	461,218	452,073	389,015	466,314	475,057
16	452,322	433,180	491,480	449,327	531,727	460,786	461,935	394,604	465,639	472,011
17	454,330	441,764	499,914	452,904	516,636	466,094	461,478	403,954	478,003	477,520
18	459,433	512,131	510,102	457,388	543,779	485,639	476,860	412,419	488,369	484,856
19	460,930	526,815	531,595	458,568	541,584	472,809	465,488	409,169	473,296	486,572
20	451,346	515,669	525,422	440,513	516,987	473,333	422,840	377,171	462,478	462,836
21	454,208	538,057	520,734	449,667	529,790	455,172	442,763	381,548	477,904	477,664
22	465,247	558,109	540,724	457,306	537,882	507,802	454,639	405,089	481,809	475,026
きまって支給する給与									
2015年	354,080	333,142	382,094	346,221	390,692	351,942	357,802	311,130	358,711	362,757
16	355,488	337,642	385,923	347,413	388,760	355,896	359,627	314,782	363,538	359,336
17	356,676	343,333	388,699	349,064	379,536	366,705	363,729	320,385	369,342	360,556
18	358,732	388,561	386,156	351,412	396,575	368,352	365,189	321,153	374,401	367,317
19	360,685	395,807	399,691	352,856	406,971	358,482	353,975	319,999	364,809	370,806
20	356,157	387,732	398,105	343,182	391,052	361,018	334,968	304,083	359,367	358,015
21	359,639	403,662	400,484	350,339	399,704	362,896	349,641	308,312	363,467	362,230
22	365,537	414,504	408,142	351,788	400,782	377,382	348,390	318,876	361,195	358,054
所定内給与									
2015年	321,628	304,241	346,662	304,634	356,817	298,801	312,677	275,878	317,013	321,848
16	323,119	307,978	349,280	305,603	354,167	300,881	313,293	278,877	319,795	319,121
17	324,454	312,122	353,297	306,461	345,108	306,126	313,829	282,181	323,454	320,947
18	326,530	353,231	347,952	308,733	360,611	307,060	318,076	279,077	330,869	326,606
19	328,292	360,148	358,727	312,538	370,933	303,443	305,758	278,028	325,128	324,556
20	327,880	352,566	358,874	310,251	357,895	319,339	295,322	275,779	320,427	328,396
21	329,488	364,508	360,941	312,929	360,414	313,125	302,752	278,192	319,450	327,719
22	333,956	379,417	368,663	313,540	362,657	325,202	304,620	287,047	318,067	324,004

注：1）「現金給与総額」とは、労働の対償として使用者が労働者に通貨で支払うもので、所得税、社会保険料、組合費、購買代金などを差し引く前の総額

　　2）「きまって支給する給与」とは、労働協約、就業規則などによってあらかじめ定められている支給条件、算定方法によって支給される給与で、いわゆる基本給、家族手当、超過労働給与を含む

　　3）「所定内給与」とは、きまって支給する給与のうち超過労働給与以外のもの。「超過労働給与」とは、所定の労働時間を超える労働に対して支給される給与や、休日労働、深夜労働に対して支給される給与。時間外手当、早朝出勤手当、休日出勤手当、深夜手当などが該当する

　　4）「特別に支払われた給与」とは、労働協約、就業規則などによらず、一時的または突発的理由に基づき労働者に現実に支払われた給与または労働協約、就業規則などによりあらかじめ支給条件、算定方法が定められている給与で以下に該当するもの

　　①夏冬の賞与、期末手当などの一時金②支給事由の発生が不定期のもの③３ヵ月を超える期間で算定される手当など④いわゆるベースアップの差額追給分

(単位：円)

業		電気・ガス・熱供給・水道業	情報通信業	運輸業、郵便業	卸売業、小売業	金融業、保険業	不動産業、物品賃貸業	宿泊業、飲食サービス業	サービス業
輸送用機器	情報通信機器								
497,082	554,198	585,152	541,599	419,357	466,795	586,098	474,589	334,064	428,645
503,672	538,189	596,137	547,359	424,630	471,718	573,226	488,592	341,346	435,105
506,902	542,258	597,172	543,237	420,630	475,133	580,146	491,281	338,485	433,875
516,186	545,866	609,458	551,793	435,773	503,338	584,347	490,780	325,530	440,454
526,776	542,706	620,208	546,837	442,330	487,532	586,587	479,074	331,724	444,776
500,251	519,564	619,480	535,235	409,078	485,864	588,510	480,850	306,825	437,984
510,330	531,605	623,094	532,214	403,612	491,271	571,203	497,939	303,380	436,472
523,556	535,666	606,730	551,386	432,868	499,719	574,643	531,520	333,419	445,863
375,013	414,314	478,656	415,563	344,674	362,049	431,937	371,940	287,417	340,777
379,165	408,271	482,417	413,629	346,737	362,148	428,467	379,592	291,242	342,774
383,070	403,479	475,377	412,367	343,972	366,160	430,707	376,151	290,403	342,182
389,151	406,216	474,325	416,606	353,632	378,678	437,981	376,740	281,555	347,970
392,151	404,427	481,117	415,888	355,295	374,745	437,089	365,320	285,536	352,534
380,471	391,598	475,042	409,143	338,207	375,146	434,323	375,001	276,526	349,911
392,412	393,279	479,227	407,958	338,154	377,819	424,057	385,198	274,814	351,043
394,414	392,661	477,238	416,967	355,233	383,645	425,320	406,822	295,546	355,454
315,505	374,745	418,754	371,479	294,007	340,631	401,759	345,568	263,114	319,391
319,596	368,966	420,626	372,420	296,462	340,341	398,729	352,653	266,892	321,410
322,483	365,525	417,453	375,092	292,608	345,212	401,874	351,469	265,758	320,969
327,923	370,075	412,512	380,646	299,902	357,115	409,368	351,369	257,486	324,282
335,181	368,443	418,493	378,539	299,873	351,862	405,220	340,454	260,955	328,280
336,468	358,789	410,344	373,920	289,973	355,138	401,831	351,665	259,993	329,179
342,081	357,306	418,080	371,047	288,274	356,751	390,735	358,132	261,206	329,351
345,823	357,581	415,853	379,399	303,353	360,575	390,963	375,834	275,601	331,535

5）「化学」には、化学工業のほか、石油製品・石炭製品製造業が含まれる
6）「電子部品」には、電子部品のほか、デバイス・電子回路製造業が含まれる
7）「サービス業」は、「学術研究、専門・技術サービス業」「生活関連サービス業、娯楽業」「教育、学習支援業」「医療、福祉」「複合サービス事業」「サービス業（他に分類されないもの）」の合計を単純平均した値
8）調査対象は、常用雇用労働者数30人以上の事業所
出典：厚生労働省「毎月勤労統計調査」

第26表　産業別・規模別賃金水準（2022年）

	規　模　計			1,000人以上		
	平　均 年　齢	平　均 勤続年数	所定内 給　与	平　均 年　齢	平　均 勤続年数	所定内 給　与
	歳	年	千円	歳	年	千円
産　　業　　計	43.7	12.3	311.8	42.6	13.9	348.3
鉱業、採石業、砂利採取業	47.8	14.2	347.4	42.4	16.2	508.4
建　　設　　業	45.0	12.8	335.4	44.0	14.8	385.2
製　　造　　業	43.5	14.8	301.5	42.4	17.2	360.8
食　　料　　品	44.1	12.3	244.5	42.2	12.5	258.3
飲料・たばこ・飼料	43.5	14.0	286.3	42.8	15.6	326.8
繊　維　工　業	46.0	14.2	229.1	43.1	17.5	328.2
木　材・木　製　品	44.7	12.7	261.8	42.9	15.2	303.8
家　具・装　備　品	44.0	14.5	276.0	42.5	17.0	335.1
パルプ・紙・紙加工品	44.1	15.8	286.9	43.3	20.6	350.8
印　刷・同関連業	42.7	12.8	287.9	42.4	18.0	334.2
化　学　工　業	42.8	16.1	377.1	42.7	16.3	439.1
石油製品・石炭製品	45.5	14.7	349.6	37.9	16.9	403.1
プラスチック製品	43.4	13.8	279.8	43.3	18.2	339.5
ゴ　ム　製　品	42.6	14.7	305.6	41.7	15.6	353.6
なめし革・同製品・毛皮	44.3	12.8	249.8	44.4	15.2	225.0
窯業・土石製品	45.6	14.4	297.4	43.1	18.1	378.5
鉄　　鋼　　業	42.4	15.9	319.1	40.2	17.8	360.8
非　鉄　金　属	43.6	16.0	316.3	43.1	18.7	359.6
金　属　製　品	42.7	13.7	282.7	42.4	18.5	341.3
は　ん用機械器具	42.9	15.4	328.2	42.3	17.4	387.2
生　産用機械器具	43.5	15.1	319.8	42.8	17.1	374.2
業　務用機械器具	44.5	16.4	327.9	44.2	19.1	379.2
電子部品・デバイス・電子回路	44.3	17.5	325.5	43.5	19.0	362.6
電　気機械器具	44.5	16.8	317.6	44.3	20.3	380.8
情報通信機械器具	45.8	19.0	412.5	45.1	19.4	482.8
輸　送用機械器具	41.1	14.8	305.8	40.3	16.2	338.1
そ　　の　　他	43.7	14.0	291.9	42.3	13.8	324.5
電気・ガス・熱供給・水道業	43.2	18.6	402.0	42.7	19.4	422.5
情　報　通　信　業	40.2	12.0	378.8	42.1	15.9	430.0
運　輸　業、郵　便　業	47.5	12.7	285.4	43.9	14.6	309.7
卸　売　業、小　売　業	43.2	13.8	314.6	43.0	15.2	335.5
金　融　業、保　険　業	43.2	13.9	374.0	43.5	14.3	372.5
不　動　産　業、物品賃貸業	43.3	10.4	339.5	42.1	11.2	343.6
学術研究、専門・技術サービス業	42.7	12.1	385.5	43.2	14.6	450.6
宿　泊　業、飲食サービス業	43.5	10.0	257.4	41.2	10.0	261.8
生活関連サービス業、娯楽業	41.9	10.5	271.6	39.9	11.2	288.3
教　育、学　習　支　援　業	43.9	11.4	377.7	44.4	12.0	445.4
医　　療、福　　祉	42.9	9.1	296.7	40.0	9.2	343.1
複　合　サ　ー　ビ　ス　事　業	44.0	16.3	298.8	44.9	16.2	311.4
サービス業（他に分類されないもの）	45.2	9.1	268.4	42.9	9.1	273.3

注：1）民営事業所に雇用されている一般労働者の数値
　　2）所定内給与については第24表の注を参照
出典：厚生労働省「賃金構造基本統計調査」

100〜999人			10〜99人			所定内給与格差（規模計=100）			
平均年齢	平均勤続年数	所定内給与	平均年齢	平均勤続年数	所定内給与	規模計	1,000人以上	100〜999人	10〜99人
歳	年	千円	歳	年	千円				
43.4	12.0	303.0	45.3	11.1	284.5	100	112	97	91
44.1	16.9	387.0	50.8	12.6	286.8	100	146	111	83
43.0	13.6	358.8	46.1	11.8	311.1	100	115	107	93
42.7	14.7	288.0	45.4	12.7	263.6	100	120	96	87
43.4	12.6	252.2	46.6	11.5	219.6	100	106	103	90
42.8	15.2	287.2	44.5	12.1	266.3	100	114	100	93
44.1	16.0	233.1	47.6	12.7	213.3	100	143	102	93
43.5	12.8	267.2	45.8	12.3	252.0	100	116	102	96
42.7	16.0	290.0	45.2	13.0	252.4	100	121	105	91
42.9	15.2	266.1	45.9	12.7	259.6	100	122	93	90
41.7	10.8	294.4	44.3	14.8	268.4	100	116	102	93
42.3	16.3	340.3	44.6	14.7	313.8	100	116	90	83
47.4	14.5	355.8	47.5	13.4	298.2	100	115	102	85
41.7	14.3	278.6	45.4	11.5	257.9	100	121	100	92
41.5	14.6	279.0	46.2	13.1	250.4	100	116	91	82
42.1	13.1	273.9	45.0	12.6	242.0	100	90	110	97
43.2	15.1	303.4	48.3	12.6	266.4	100	127	102	90
42.7	15.4	297.3	46.3	12.9	280.1	100	113	93	88
43.1	15.0	295.5	45.1	12.9	277.1	100	114	93	88
41.0	14.8	279.2	44.7	11.3	272.1	100	121	99	96
42.1	15.0	299.9	44.4	13.4	286.5	100	118	91	87
42.6	15.2	324.0	44.5	14.3	291.7	100	117	101	91
43.0	14.8	296.7	46.5	14.6	291.3	100	116	90	89
44.3	17.5	309.8	46.5	13.6	266.9	100	111	95	82
43.6	15.8	291.0	46.6	13.2	265.4	100	120	92	84
46.5	20.0	311.0	47.3	14.7	293.4	100	117	75	71
41.2	14.4	280.2	42.8	11.5	259.1	100	111	92	85
43.8	15.5	292.9	44.4	12.5	269.3	100	111	100	92
44.6	16.0	339.9	45.1	16.7	356.6	100	105	85	89
39.6	11.1	370.6	39.1	9.2	334.5	100	114	98	88
47.7	11.8	274.4	51.1	11.9	273.3	100	109	96	96
42.7	13.8	313.7	44.3	11.9	286.8	100	107	100	91
41.3	13.4	374.5	45.4	11.6	392.9	100	100	100	105
42.8	11.0	353.4	44.9	8.9	320.9	100	101	104	95
41.8	11.3	371.3	43.0	10.4	333.3	100	117	96	86
44.3	10.4	258.7	45.1	9.5	250.9	100	102	101	97
42.2	10.7	272.2	42.9	9.9	261.3	100	106	100	96
44.9	11.8	387.7	42.0	10.3	295.8	100	118	103	78
43.1	9.1	290.3	44.7	8.8	270.8	100	116	98	91
42.4	16.5	278.4	42.3	14.1	274.3	100	104	93	92
45.5	8.5	261.1	47.6	10.2	273.4	100	102	97	102

第27表　都道府県別賃金水準の推移

区　　分	現金給与総額					きまって	
	2018年	2019年	2020年	2021年	2022年	2018年	2019年
全　　　　国	372,162	371,408	365,100	368,493	379,732	295,944	296,064
北　海　道	322,425	331,037	323,322	316,478	320,831	261,649	268,988
青　　　森	267,976	271,823	269,903	286,154	285,051	224,896	230,562
岩　　　手	301,479	304,681	303,384	309,419	313,844	246,895	250,867
宮　　　城	331,023	334,301	327,760	320,413	318,134	269,799	268,954
秋　　　田	304,845	297,211	286,630	292,195	292,987	250,851	245,127
山　　　形	315,796	314,349	294,144	310,250	323,676	260,678	258,975
福　　　島	328,666	332,481	324,788	322,213	336,324	270,107	270,601
茨　　　城	363,422	366,860	357,749	357,220	358,579	290,220	291,257
栃　　　木	345,623	348,902	341,637	342,612	361,034	281,880	279,696
群　　　馬	344,219	325,373	320,606	328,495	345,162	281,062	268,399
埼　　　玉	321,013	322,773	308,624	308,866	309,922	267,493	267,480
千　　　葉	327,065	335,752	326,602	323,575	324,334	269,050	275,330
東　　　京	467,598	466,397	457,856	462,052	481,344	361,009	361,562
神　奈　川	389,445	387,186	373,418	370,568	367,190	311,758	309,003
新　　　潟	316,810	301,896	308,964	313,046	310,403	260,120	250,656
富　　　山	337,008	336,668	330,444	328,407	341,171	273,646	272,536
石　　　川	342,117	329,979	334,403	331,340	332,002	278,387	270,271
福　　　井	348,067	347,716	341,808	348,816	350,095	277,407	279,463
山　　　梨	343,550	330,353	327,178	333,746	341,276	273,433	265,395
長　　　野	344,972	340,606	335,144	335,883	340,620	274,738	274,964
岐　　　阜	315,805	322,010	322,506	320,404	334,261	257,318	263,712
静　　　岡	341,151	345,092	339,684	346,295	352,206	274,631	276,851
愛　　　知	398,453	398,408	389,044	384,733	395,848	309,842	309,457
三　　　重	353,083	354,736	355,574	354,455	348,728	285,760	287,084
滋　　　賀	358,159	366,475	342,563	343,148	356,084	285,700	290,321
京　　　都	330,336	330,964	326,068	333,125	346,517	268,380	271,011
大　　　阪	379,983	374,168	369,194	373,155	383,871	298,470	297,353
兵　　　庫	352,121	355,810	337,302	345,380	344,540	282,497	284,184
奈　　　良	301,103	297,379	299,727	295,481	312,919	246,585	245,584
和　歌　山	312,269	309,267	307,071	324,165	325,130	256,374	254,271
鳥　　　取	304,198	296,578	295,940	295,780	298,345	251,115	244,319
島　　　根	317,771	315,019	317,047	323,818	322,870	260,062	260,841
岡　　　山	331,447	322,940	330,636	324,450	335,375	269,311	264,828
広　　　島	359,871	358,668	349,368	354,409	358,876	288,113	289,705
山　　　口	332,247	322,411	318,951	338,908	344,272	267,649	260,022
徳　　　島	329,284	324,013	327,148	350,994	353,415	266,726	263,217
香　　　川	338,138	335,182	325,570	313,745	335,321	275,130	271,073
愛　　　媛	304,047	298,346	300,263	306,086	303,439	250,098	247,723
高　　　知	299,251	315,169	306,018	298,933	302,291	247,013	259,220
福　　　岡	344,424	332,247	334,576	333,291	340,876	274,893	269,110
佐　　　賀	317,551	298,835	290,118	283,688	300,160	260,748	246,924
長　　　崎	299,838	304,884	311,574	301,895	293,076	244,043	248,751
熊　　　本	311,350	315,228	301,457	314,798	316,284	257,680	256,773
大　　　分	312,645	308,245	313,197	309,022	317,356	253,861	252,019
宮　　　崎	281,702	279,849	285,984	285,012	294,246	234,931	237,612
鹿　児　島	279,344	277,578	292,150	290,717	290,156	229,388	233,038
沖　　　縄	272,026	278,190	283,770	275,343	269,165	233,588	236,194

注：1）調査対象は、事業所規模30人以上（調査産業計）
　　2）「現金給与総額」「きまって支給する給与」「所定内給与」については第25表の注参照
出典：厚生労働省「毎月勤労統計調査〔地方調査〕」

支給する給与（定期給与）			所定内給与				
2020年	2021年	2022年	2018年	2019年	2020年	2021年	2022年
293,056	296,652	303,496	270,694	270,847	271,025	273,186	278,687
264,924	260,029	263,891	242,881	249,818	245,839	242,985	243,842
227,720	238,205	238,532	207,832	212,067	210,075	219,161	220,098
249,563	254,987	258,306	225,032	228,776	229,742	232,390	235,333
268,970	263,729	263,116	247,452	245,520	248,720	241,983	240,400
241,408	242,265	240,906	229,677	227,452	224,890	225,329	222,801
246,311	256,639	264,354	237,159	238,536	229,139	235,349	242,540
267,665	266,288	273,784	242,789	245,117	246,654	242,852	249,641
288,642	288,369	288,224	260,983	262,224	263,132	262,605	264,477
277,560	278,900	293,296	253,692	252,640	253,257	254,804	265,608
270,130	270,853	282,132	252,140	240,564	246,583	249,084	258,179
257,748	255,845	257,884	245,721	245,070	239,280	237,231	237,571
271,345	269,616	268,932	244,300	250,741	250,712	250,455	248,962
358,390	363,963	374,089	335,576	334,350	333,481	337,274	345,861
300,198	299,235	294,781	287,377	282,549	277,453	276,867	272,100
256,321	256,531	256,491	238,773	230,030	237,222	237,700	237,780
269,880	270,006	278,293	248,321	250,098	251,849	249,870	255,492
271,705	268,527	268,383	257,183	249,012	252,218	246,858	245,874
273,558	278,954	283,214	251,340	255,774	251,853	256,366	259,679
265,392	272,527	273,239	247,568	241,997	243,847	249,522	247,301
272,542	271,712	274,609	251,014	252,763	253,167	248,219	250,981
262,690	264,609	271,135	234,603	240,942	244,951	243,967	248,859
274,972	279,789	283,701	248,398	249,684	252,337	256,103	258,698
303,422	304,412	309,016	276,083	276,622	275,781	275,762	280,116
290,270	289,820	284,346	255,875	254,352	262,032	258,411	254,039
278,543	273,527	281,380	254,183	259,089	254,770	248,384	256,020
266,443	272,161	276,928	245,066	249,202	247,432	252,563	255,157
295,199	298,292	304,354	274,789	274,486	274,889	276,035	280,711
270,450	275,906	276,890	254,867	257,892	247,421	251,642	252,840
247,530	243,086	256,714	226,195	227,380	233,359	228,901	239,675
252,589	264,389	263,698	232,006	232,004	233,606	243,472	240,520
245,504	245,087	247,058	233,713	226,231	230,092	227,621	228,090
261,702	265,129	263,196	235,356	238,290	240,255	239,991	238,508
269,358	265,321	270,452	243,844	241,814	249,742	244,770	247,586
282,376	285,496	286,995	259,041	262,497	257,922	259,668	261,287
256,769	268,670	275,131	241,499	237,101	235,838	245,489	249,632
265,351	280,273	283,895	243,706	244,095	247,128	261,011	263,117
264,357	258,275	272,655	252,609	247,559	245,621	236,172	249,380
250,932	250,486	252,292	231,497	227,279	233,668	231,453	231,710
254,550	248,095	253,055	229,716	240,382	237,291	232,077	238,951
271,270	272,944	274,978	250,584	246,171	250,985	253,070	255,913
240,844	239,677	247,337	237,078	224,987	223,889	220,895	229,208
256,406	249,372	243,289	223,659	228,959	234,788	228,108	224,663
247,247	259,669	261,567	235,468	236,372	228,397	238,377	241,238
258,210	255,452	262,270	232,042	231,623	239,570	234,408	239,385
238,656	239,729	244,753	218,424	222,351	223,488	222,211	225,617
242,699	241,807	244,261	213,896	218,497	228,977	226,737	225,832
240,683	233,416	231,297	217,835	218,521	222,027	215,909	214,534

第28表　諸手当の種類別採用企業数の割合（各年11月分）

(単位：%)

諸手当の種類		企業規模計			1,000人以上			100〜999人			30〜99人		
		2009年	2014年	2019年	2009年	2014年	2019年	2009年	2014年	2019年	2009年	2014年	2019年
業績手当		15.0	14.9	13.8	14.1	16.8	17.1	15.3	15.9	14.6	14.9	14.4	13.4
勤務手当	計	—	85.5	85.2	—	83.0	88.6	—	86.6	87.7	—	85.2	84.1
	（役付）	82.2	81.0	80.8	75.7	72.2	78.6	82.8	82.6	82.0	82.2	80.7	80.3
	（特殊作業）	10.3	11.8	11.5	21.3	20.8	22.0	13.3	15.3	14.8	8.9	10.2	9.8
	（特殊勤務）	20.1	22.5	22.0	43.9	41.1	42.3	29.9	30.5	29.2	15.8	18.8	18.3
	（技能・技術）	46.9	45.4	47.0	44.5	42.8	48.0	46.7	50.5	52.2	47.1	43.5	44.9
精皆勤・出勤手当		34.1	28.0	24.0	13.5	8.1	9.1	26.6	21.7	18.5	37.4	31.1	26.8
通勤手当		91.6	85.6	86.4	93.8	86.2	92.7	93.1	88.7	90.3	91.0	84.4	84.6
生活手当	計	—	72.8	73.2	—	85.1	91.5	—	81.4	82.4	—	69.1	68.8
	（家族・扶養・育児支援）	65.9	62.8	62.5	74.5	69.5	72.7	73.2	69.6	68.6	62.9	59.9	59.7
	（地域・勤務地）	12.7	11.9	11.5	35.7	32.2	35.1	21.3	19.7	18.4	8.9	8.2	7.8
	（住宅）	41.2	42.6	43.7	56.8	54.5	60.0	50.4	52.7	52.6	37.3	38.3	39.4
	（単身赴任・別居）	15.8	15.1	13.7	72.1	63.4	66.7	33.5	29.4	28.5	7.6	8.1	5.8
	（その他）	15.5	15.7	13.7	31.3	29.0	28.7	20.8	18.8	17.5	13.1	14.1	11.6
調整手当		29.7	31.9	29.3	48.6	50.3	51.9	38.3	40.7	38.3	26.0	27.9	24.9
上記のいずれにも該当しないもの		9.1	10.4	12.7	12.2	15.6	21.9	10.9	15.1	14.9	8.4	8.4	11.5

注：生活手当の「その他」には、寒冷地手当や食事手当などが含まれる
出典：厚生労働省「就労条件総合調査」

第29表　常用労働者1人平均月間所定内賃金の構成比（各年11月分）

(単位：%)

所定内賃金の種類		企業規模計			1,000人以上			100〜999人			30〜99人		
		2009年	2014年	2019年	2009年	2014年	2019年	2009年	2014年	2019年	2009年	2014年	2019年
所定内賃金		100.0	100.0	100.0	100.0	100.0	100.0	100.0	100.0	100.0	100.0	100.0	100.0
基本給		85.4	86.4	85.1	88.0	88.4	86.2	84.8	86.0	84.9	82.1	83.6	83.4
諸手当		14.6	13.6	14.9	12.0	11.6	13.8	15.2	14.0	15.1	17.9	16.4	16.6
業績手当		1.6	1.1	1.2	1.3	1.0	1.3	1.4	0.9	1.1	2.4	1.5	1.5
勤務手当		4.7	4.6	4.9	3.5	3.3	4.0	4.8	5.1	5.2	6.4	6.1	6.5
（役付）		(2.9)	(2.6)	(3.0)	(2.2)	(2.0)	(2.5)	(3.3)	(2.8)	(3.1)	(3.7)	(3.4)	(3.6)
（特殊作業）		(0.2)	(0.1)	(0.2)	(0.1)	(0.1)	(0.1)	(0.2)	(0.2)	(0.1)	(0.3)	(0.2)	(0.3)
（特殊勤務）		(0.7)	(0.9)	(0.8)	(0.9)	(0.8)	(0.9)	(0.7)	(1.0)	(0.8)	(0.5)	(0.7)	(0.7)
（技能・技術）		(0.9)	(1.0)	(1.0)	(0.4)	(0.4)	(0.5)	(0.8)	(1.1)	(1.1)	(1.8)	(1.8)	(1.8)
精皆勤・出勤手当		0.5	0.4	0.3	0.1	0.1	0.1	0.6	0.3	0.3	1.2	1.0	0.9
通勤手当		2.7	2.4	2.7	2.4	2.2	2.6	3.0	2.6	2.8	2.7	2.6	2.7
生活手当		3.7	3.7	3.8	4.0	4.2	4.5	3.9	3.6	3.6	2.9	3.0	2.8
（家族・扶養・育児支援）		(1.5)	(1.4)	(1.3)	(1.8)	(1.5)	(1.5)	(1.6)	(1.4)	(1.3)	(1.1)	(1.1)	(1.1)
（地域・勤務地）		(0.5)	(0.7)	(0.7)	(0.7)	(1.0)	(1.1)	(0.4)	(0.5)	(0.6)	(0.3)	(0.5)	(0.2)
（住宅）		(1.1)	(1.1)	(1.2)	(0.9)	(1.0)	(1.2)	(1.3)	(1.2)	(1.2)	(1.0)	(1.1)	(1.0)
（単身赴任・別居）		(0.3)	(0.3)	(0.3)	(0.5)	(0.4)	(0.4)	(0.3)	(0.2)	(0.2)	(0.1)	(0.1)	(0.1)
（その他）		(0.3)	(0.3)	(0.3)	(0.2)	(0.2)	(0.2)	(0.3)	(0.3)	(0.3)	(0.4)	(0.4)	(0.3)
調整手当		0.7	0.8	0.8	0.3	0.4	0.5	0.8	0.8	1.0	1.2	1.2	1.1
上記のいずれにも該当しないもの		0.7	0.6	0.9	0.5	0.5	0.8	0.7	0.7	1.0	1.3	0.8	1.0

注：1）基本給および諸手当の数値は、所定内賃金を100.0とした割合である
　　2）（　）内の数値は諸手当の小分類項目の割合である
　　3）生活手当の「その他」には、寒冷地手当や食事手当などが含まれる
　　4）「上記のいずれにも該当しないもの」には、「不明」も含まれる
出典：厚生労働省「就労条件総合調査」

第30表　過去3年間の賃金制度の改定状況

(単位：%)

	賃金制度の改定を行った企業	改定項目（複数回答）				
		職務・職種などの仕事の内容に対応する賃金部分の拡大	職務遂行能力に対応する賃金部分の拡大	業績・成果に対応する賃金部分の拡大	手当を縮減し基本給に組入れ	業績評価制度の導入
調査産業計	40.4	(65.7)	(51.7)	(42.8)	(18.0)	(17.2)

注：1）対象期間は2019〜2021年
　　2）（　）内の数値は、「過去3年間に改定を行った企業」を100とした割合
　　3）改定項目は上位5項目
出典：厚生労働省「就労条件総合調査」

第31表　定期昇給制度とベースアップ等の実施状況別企業数割合

(単位：%)

		定期昇給制度がある企業	定昇とベア等の区別あり	ベア等の実施状況			定昇とベア等の区別なし
				ベアを行った・行う	ベアを行わなかった・行わない	ベースダウンを行った・行う	
管理職	＜調査産業計＞						
	2021年	(73.0) 100.0	56.9	15.1	41.5	0.3	42.6
	2022年	(70.9) 100.0	60.4	24.6	35.6	0.2	38.1
	2023年	(77.7) 100.0	64.5	43.4	21.0	0.0	34.7
一般職	＜調査産業計＞						
	2021年	(81.6) 100.0	58.6	17.7	40.9	0.0	40.7
	2022年	(78.0) 100.0	63.7	29.9	33.8	0.0	34.8
	2023年	(83.4) 100.0	67.6	49.5	18.2	0.0	31.4

注：（　）内は、賃金の改正を実施し又は予定している企業および賃金の改定を実施しない企業に占める定期昇給制度がある企業の割合
出典：厚生労働省「賃金引上げ等の実態に関する調査」

第32表 昇給とベースアップの配分状況

年	集計企業数	合計		昇給		ベースアップ	
		金額	率	金額	率	金額	率
	社	円	%	円	%	円	%
2011	190	6,098 (100.0)	2.01	6,070 (99.5)	2.00	28 (0.5)	0.01
12	193	6,058 (100.0)	1.98	5,984 (98.8)	1.96	74 (1.2)	0.02
13	200	5,932 (100.0)	1.96	5,682 (95.8)	1.88	250 (4.2)	0.08
14	224	6,994 (100.0)	2.26	6,059 (86.6)	1.96	935 (13.4)	0.30
15	219	7,341 (100.0)	2.39	6,001 (81.7)	1.95	1,340 (18.3)	0.44
16	222	6,909 (100.0)	2.23	6,071 (87.9)	1.96	838 (12.1)	0.27
17	224	6,851 (100.0)	2.25	5,880 (85.8)	1.93	971 (14.2)	0.32
18	218	7,022 (100.0)	2.32	5,623 (80.1)	1.86	1,399 (19.9)	0.46
19	221	7,137 (100.0)	2.31	5,984 (83.8)	1.94	1,153 (16.2)	0.37
20	212	6,174 (100.0)	2.00	5,663 (91.7)	1.83	511 (8.3)	0.17
21	220	6,038 (100.0)	1.96	5,672 (93.9)	1.84	366 (6.1)	0.12
22	183	8,123 (100.0)	2.41	6,235 (76.8)	1.85	1,888 (23.2)	0.56
23	215	12,922 (100.0)	3.99	6,673 (51.6)	2.06	6,249 (48.4)	1.93

注：1）2021年度までと2022年度以降では用いている調査が異なるため、単純な比較対象とはならない
　　2）2021年度までと2022年度以降では調査対象となる企業が異なる
　　　　2021年度までは経団連および（一社）東京経営者協会の会員企業、2022年度以降は経団連会員企業
　　3）昇給とベースアップの区別のある企業が対象
　　4）昇給とはベースアップ以外の昇格・昇進昇給なども含む賃金増額をいう
　　5）（　）内は月例賃金引上げに対する昇給・ベースアップの割合（％）
出典：経団連「昇給・ベースアップ実施状況調査結果」（2012年〜21年、2021年度調査をもって終了）
　　　経団連「人事・労務に関するトップマネジメント調査結果」（2022年〜）

第33表　賃金カットの実施状況

(単位：%)

企業規模	2014	2015	2016	2017	2018	2019	2020	2021	2022	2023	管理職のみ	一般職のみ	管理職と一般職
計	9.0	9.5	10.7	6.3	6.1	6.0	10.9	7.7	7.1	6.3	(26.4)	(31.0)	(40.6)
5,000人以上	10.8	4.5	5.9	6.1	7.0	7.3	8.2	12.1	7.2	5.7	(18.9)	(38.1)	(43.0)
1,000〜4,999人	8.7	8.3	8.4	6.4	6.5	6.0	7.7	10.2	6.4	9.5	(14.8)	(29.5)	(55.7)
300〜　999人	13.3	10.0	10.6	5.7	7.9	6.2	12.0	9.7	7.2	4.5	(27.9)	(56.1)	(16.0)
100〜　299人	7.6	9.6	11.1	6.6	5.5	5.9	10.9	6.8	7.1	6.6	(27.6)	(25.5)	(44.2)

注：1）賃金の改定を実施・予定している企業に占める賃金カットを実施・予定している企業の割合
　　2）賃金カットを実施・予定している企業には、1人当たり平均賃金を引き上げる企業と引き下げる企業を含む（予定含む）
　　3）（　）内は、2023年に賃金カットを実施・予定している企業を100とした割合
出典：厚生労働省「賃金引上げ等の実態に関する調査」

第34表　賃金傾向値表（全産業、規模計、全労働者）

年齢＼勤続	0年	1	2	3	4	5	6	7	8	9	10	11	12	13	14	15	16
15歳	87																
16	91	91															
17	96	95	95														
18	100	100	99	99													
19	104	104	103	103	103												
20	108	108	107	107	107	107											
21	112	112	111	111	111	111	111										
22	115	115	115	115	115	115	115	115									
23	119	119	119	119	119	119	119	119	119								
24	122	122	122	122	122	122	122	123	123	123							
25	125	125	125	126	126	126	126	126	126	127	127						
26	128	128	128	129	129	129	130	130	130	130	131	131					
27	131	131	131	132	132	132	133	133	133	134	134	135	135				
28	133	134	134	135	135	135	136	136	137	137	138	138	139	139			
29	136	136	137	137	138	138	139	139	140	140	141	142	142	143	143		
30	138	139	139	140	140	141	142	142	143	144	144	145	145	146	147	147	
31	140	141	142	142	143	144	144	145	146	146	147	148	149	149	150	151	151
32	142	143	144	144	145	146	147	148	148	149	150	151	152	152	153	154	155
33	144	145	146	146	147	148	149	150	151	152	153	154	154	155	156	157	158
34	145	146	147	148	149	150	151	152	153	154	155	156	157	158	[159]	160	161
35	147	148	149	150	151	152	153	154	155	157	[158]	159	160	161	162	163	164
36	148	149	150	152	153	154	155	156	157	159	160	161	162	163	164	165	167
37	149	151	152	153	154	156	157	158	159	161	162	163	164	166	167	168	169
38	150	152	153	154	156	157	158	160	161	162	164	165	166	168	169	170	172
39	151	152	154	155	157	158	160	161	162	164	165	167	168	170	171	172	174
40	152	153	155	156	158	159	161	162	164	165	167	168	170	171	173	174	176
41	152	154	155	157	159	160	162	163	165	167	168	170	171	173	175	176	178
42	152	154	156	158	159	161	163	164	166	168	169	171	173	175	176	178	180
43	153	154	156	158	160	162	163	165	167	169	171	172	174	176	178	179	181
44	153	154	156	158	160	162	164	166	168	170	171	173	175	177	179	181	183
45	152	154	156	158	160	162	164	166	168	170	172	174	176	178	180	182	184
46	152	154	156	158	160	162	164	167	169	171	173	175	177	179	181	183	185
47		154	156	158	160	162	164	167	169	171	173	175	177	179	182	184	186
48			155	158	160	162	164	167	169	171	173	176	178	180	182	184	187
49				157	159	162	164	166	169	171	173	176	178	180	183	185	187
50					159	161	164	166	168	171	173	176	178	180	183	185	188
51						160	163	165	168	171	173	176	178	181	183	185	188
52							162	165	167	170	173	175	178	180	183	186	188
53								164	167	169	172	175	177	180	183	185	188
54									166	168	171	174	177	180	182	185	188
55										167	170	173	176	179	182	185	187
56											169	172	175	178	181	184	187
57												171	174	177	180	183	186
58													173	176	179	182	185
59														175	178	181	184
60															177	180	183

注：賃金傾向値表とは、厚生労働省「賃金構造基本統計調査」の結果を基礎資料とし、年齢と勤続年数に応じて賃金がどのように変化していくかを指数（年齢18歳、勤続０年＝100）で一覧にしたもの。「きまって支給する現金給与額」から時間外・休日出勤手当、深夜勤務手当、宿日直手当、交替手当を除いた「所定内給与額」をベースに、労務行政研究所で算定
出典：労務行政研究所「労政時報」

17	18	19	20	21	22	23	24	25	26	27	28	29	30	31	32	33	34	35
156																		
159	160																	
162	163	164																
165	166	167	168															
168	169	170	171	172														
170	172	173	174	175	177													
173	174	176	177	178	180	181												
175	177	178	179	181	182	184	185											
177	179	180	182	183	185	186	188	189										
179	181	183	184	186	187	189	191	192	194									
181	183	185	186	188	190	191	193	195	196	198								
183	185	186	188	190	192	194	195	197	199	201	202							
184	186	188	190	192	194	196	197	199	201	203	205	207						
186	188	190	192	194	196	197	199	201	203	205	207	209	211					
187	189	191	193	195	197	199	201	203	205	207	209	211	213	215				
188	190	192	194	197	199	201	203	205	207	209	211	214	216	218	220			
189	191	193	196	198	200	202	204	207	209	211	213	215	218	220	222	224		
190	192	194	197	199	201	203	206	208	210	213	215	217	220	222	224	226	229	
190	193	195	197	200	202	204	207	209	212	214	216	219	221	224	226	228	231	233
190	193	195	198	200	203	205	208	210	213	215	218	220	223	225	228	230	233	235
191	193	196	198	201	204	206	209	211	214	216	219	222	224	227	229	232	234	237
191	193	196	199	201	204	207	209	212	215	217	220	223	225	228	231	233	236	239
191	193	196	199	202	204	207	210	213	215	218	221	224	226	229	232	235	237	240
190	193	196	199	202	205	207	210	213	216	219	222	224	227	230	233	236	239	241
190	193	196	199	202	205	208	210	213	216	219	222	225	228	231	234	237	240	243
189	192	195	198	201	204	207	210	213	217	220	223	226	229	232	235	238	241	244
189	192	195	198	201	204	207	210	213	217	220	223	226	229	232	235	238	241	244
188	191	194	197	200	204	207	210	213	216	220	223	226	229	232	236	239	242	245
186	190	193	196	200	203	206	210	213	216	219	223	226	229	233	236	239	242	246

【使用方法】もっとも基本的な利用の方法として、労務構成（平均年齢・平均勤続年数）の異なる企業Ａ・Ｂ２社の賃金水準の比較を例に説明する

Ａ社＝平均賃金315,000円（平均年齢35歳・平均勤続年数10年）、Ｂ社＝同様に330,000円（34歳・13年）として、①まず、Ａ・Ｂ両社の労務構成に対応する賃金傾向値を上表から求めると、Ａ社：158、Ｂ社：159、②Ｂ社の傾向値159をＡ社の傾向値158で除し、その値をＡ社の平均賃金に乗じると、315,000×159/158≒317,000円となる。③この317,000円は、Ａ社の労務構成をＢ社のそれと同一と仮定した場合の平均賃金であるから、両社の労務構成を揃えた賃金水準の差は13,000円となり、Ｂ社の方が約4.1％高い（330,000／317,000≒1.041）

なお、傾向値表では年齢・勤続は１歳・１年刻みであらわされているので、小数点以下の刻みがある場合は比例計算によって推計する。例えば、36.5歳の時は36歳と37歳の傾向値の差に0.5を乗じた値を36歳の傾向値に加える。勤続年数の場合も同様。また傾向値は、産業別・規模別・男女別に作られているので、それぞれに細分した比較ができる。

第35表　賞与・一時金の推移

年	季	経団連調査（大手企業）		厚生労働省「毎月勤労統計調査」（事業所規模30人以上、調査産業計）		
		金　額	前 年 同 期 比	金　額	平均支給率	前年同期比
		円	%	円	ヵ月分	%
2008	夏	909,519　（787,572）	△0.08　（　1.95）	470,343	1.26	△0.9
	冬	889,064　（776,061）	△0.36　（　0.52）	487,169	1.34	△1.1
09	夏	753,500　（683,845）	△17.15　（△13.17）	409,711	1.16	△11.6
	冬	755,628　（671,507）	△15.01　（△13.47）	430,047	1.24	△10.2
10	夏	757,638　（689,222）	0.55　（　0.79）	416,696	1.16	1.3
	冬	774,654　（695,217）	2.52　（　3.53）	434,004	1.22	0.5
11	夏	791,106　（718,696）	4.42　（　4.28）	418,877	1.15	0.1
	冬	802,701　（721,507）	3.62　（　3.78）	430,792	1.22	△1.1
12	夏	771,040　（703,580）	△2.54　（△2.10）	409,980	1.15	―
	冬	778,996　（704,191）	△2.95　（△2.40）	425,015	1.22	―
13	夏	809,502　（697,645）	4.99　（△0.84）	413,824	1.16	0.9
	冬	806,007　（696,465）	3.47　（△1.10）	429,854	1.24	1.1
14	夏	867,731　（735,567）	7.19　（　5.44）	438,669	1.20	6.0
	冬	848,405　（737,906）	5.26　（　5.95）	443,230	1.26	3.1
15	夏	892,138　（757,171）	2.81　（　2.94）	417,891	1.14	△3.0
	冬	880,593　（753,944）	3.79　（　2.17）	431,850	1.21	△0.5
16	夏	905,165　（769,194）	1.46　（　1.59）	429,855	1.15	2.9
	冬	880,736　（786,750）	0.02　（　4.35）	436,902	1.22	1.2
17	夏	878,172　（779,029）	△2.98　（　1.28）	429,773	1.17	0.0
	冬	880,793　（781,357）	0.01　（△0.69）	446,957	1.25	2.3
18	夏	953,905　（823,642）	8.62　（　5.73）	447,580	1.21	4.1
	冬	934,858　（822,712）	6.14　（　5.29）	456,169	1.27	2.1
19	夏	921,107　（811,536）	△3.44　（△1.47）	443,432	1.22	△0.9
	冬	951,411　（830,680）	1.77　（　0.96）	454,048	1.27	△0.5
20	夏	901,147　（791,309）	△2.17　（△2.49）	438,830	1.20	△0.1
	冬	865,621　（767,031）	△9.02　（△7.65）	440,899	1.26	△3.4
21	夏	826,647　（752,348）	△8.27　（△4.92）	440,487	1.21	0.4
	冬	820,955　（740,290）	△5.16　（△3.49）	442,231	1.26	0.3
22	夏	899,163　（823,724）	8.77　（　9.49）	454,152	1.21	3.1
	冬	894,179　（823,433）	8.92　（　11.23）	458,374	1.27	3.7
23	夏	903,397　（826,240）	0.47　（　0.31）	463,764	1.21	2.1
	冬	906,413　（826,490）	1.37　（　0.37）	―	―	―

注：1）経団連調査の金額は、各期最終集計時点の金額
　　　金額は組合員1人当たりの加重平均、（ ）内は1社当たりの単純平均
　　2）厚生労働省「毎月勤労統計調査」の平均支給率は所定内給与に対する割合。前年同期比は、指数等により算出されているため、実数で計算した場合と必ずしも一致しない（金額についてはギャップ修正を行っていない）。2011年以前は従来の公表値（東京都の500人以上規模の事業所について復元が行われていない数値）、2012年以降は再集計値（東京都の500人以上規模の事業所についても復元して再集計した値）であり、両者は接続していない

第36表　賞与・一時金の配分状況の推移（全産業、夏季）

区分	非管理職					管理職				
	集計社数	一律定額分	定率分	考課査定分	その他	集計社数	一律定額分	定率分	考課査定分	その他
年	社	%	%	%	%	社	%	%	%	%
2011	239	21.7	44.4	32.0	1.9	174	20.6	27.9	50.1	1.4
12	180	20.8	43.8	32.4	3.0	136	19.6	25.5	51.9	3.0
13	226	21.9	40.9	35.6	1.6	178	22.4	23.8	50.6	3.2
14	215	23.8	40.8	32.6	2.8	163	24.5	24.2	46.8	4.5
15	229	26.1	38.1	33.8	2.0	185	24.5	21.8	51.1	2.6
16	237	27.1	34.1	34.0	4.8	198	26.3	20.7	48.5	4.5
17	259	28.3	30.2	36.9	4.6	222	28.5	15.6	50.6	5.3
18	208	26.6	31.1	39.5	2.8	178	25.9	16.6	54.5	3.0
19	231	29.2	30.8	37.7	2.3	202	30.3	16.7	50.7	2.3
20	246	30.1	28.8	37.6	3.5	218	28.0	19.8	48.4	3.8
21	244	30.2	27.7	39.4	2.7	213	28.2	17.5	51.1	3.2

注：賞与支給額＝100.0％
出典：経団連「2021年 夏季・冬季 賞与・一時金調査結果」（2021年度調査をもって終了）

第37表　賞与・一時金総額（原資）の決定方法

(単位：%)

年	計	業績連動方式をとり入れている					業績連動方式をとり入れていない
		(イ)生産高、売上高を基準とする	(ロ)付加価値を基準とする	(ハ)営業利益を基準とする	(ニ)経常利益を基準とする	(ホ)その他	
2018年	55.4	10.5 (19.0)	2.5 (4.6)	32.2 (58.2)	21.4 (38.6)	8.0 (14.4)	44.6
2019年	59.5	10.8 (18.1)	2.9 (4.9)	32.4 (54.4)	20.9 (35.2)	11.1 (18.7)	40.5
2020年	60.1	12.9 (21.4)	3.4 (5.6)	34.4 (57.1)	21.5 (35.7)	12.6 (20.9)	39.9
2021年	55.2	13.7 (24.9)	2.7 (5.0)	33.2 (60.2)	18.9 (34.3)	11.6 (21.0)	44.8
2022年	58.2	8.8 (15.1)	2.4 (4.2)	34.3 (59.0)	16.5 (28.3)	14.0 (24.1)	41.8

注：1）「業績連動方式をとり入れている」場合の選択肢は複数回答
　　2）（　）内の数字は、業績連動方式をとり入れている企業数を100.0とした割合。複数回答のため内訳と合計の企業数は一致せず、100.0を超える
　　3）小数点第2位以下四捨五入のため、合計が100.0にはならない場合がある
出典：経団連「夏季・冬季 賞与・一時金調査結果」（2018年〜21年、2021年度調査をもって終了）
　　　経団連「人事・労務に関するトップマネジメント調査結果」（2022年）

第38表　福利厚生費等の推移（従業員1人1ヵ月当たり、全産業平均）

（単位：円）

項目			2015年度	2016年度	2017年度	2018年度	2019年度
現金給与総額			570,739	565,932	558,532	573,765	547,331
福利厚生費			110,627	111,844	108,335	113,556	108,526
	法定福利費		85,165	86,622	84,884	88,188	84,396
		健康保険・介護保険	31,177	31,646	31,119	32,429	31,043
		厚生年金保険	46,441	48,029	47,375	48,989	46,833
		雇用保険・労災保険	6,728	5,869	5,123	5,184	4,810
		子ども・子育て拠出金	794	1,041	1,182	1,508	1,671
		その他	25	36	84	78	39
	法定外福利費		25,462	25,222	23,452	25,369	24,130
		住宅関連	12,509	12,351	11,436	12,133	11,643
		住宅	11,895	11,779	10,867	11,665	11,173
		持家援助	614	572	569	468	470
		医療・健康	2,922	3,141	2,802	3,161	3,188
		医療・保健衛生施設運営	1,886	2,118	1,826	2,009	2,023
		ヘルスケアサポート	1,036	1,023	976	1,153	1,165
		ライフサポート	6,139	5,964	5,606	6,103	5,506
		給食	1,861	1,787	1,571	1,824	1,728
		購買・ショッピング	393	229	236	259	199
		被服	507	491	486	538	433
		保険	1,104	1,159	1,144	1,058	763
		介護	19	25	25	27	27
		育児関連	387	368	409	442	428
		ファミリーサポート	243	251	241	252	246
		財産形成	983	1,004	930	1,036	1,011
		通勤バス・駐車場	496	513	435	542	566
		その他	146	138	129	125	105
		慶弔関係	632	616	595	585	514
		慶弔金	577	565	526	531	466
		法定超付加給付	55	51	69	54	47
		文化・体育・レクリエーション	1,941	1,989	1,774	2,124	2,069
		施設・運営	777	786	711	763	743
		活動への補助	1,164	1,203	1,063	1,361	1,326
		共済会	272	247	264	265	272
		福利厚生代行サービス費	300	318	316	305	309
		その他	747	594	659	692	629
通勤手当、通勤費			9,169	9,037	9,030	9,002	8,668
退職金			56,514	52,890	46,125	46,251	47,366
	退職一時金		25,450	23,053	19,501	21,151	21,967
	退職年金		31,064	29,839	26,624	25,100	25,400
カフェテリアプラン消化ポイント総額（参考）			4,549	4,344	4,842	4,880	4,664

注：1）2019年度から調査対象従業員数を健康保険加入者数から常用従業員数に変更
　　2）法定福利費の「雇用保険・労災保険」には、石綿健康被害救済法に基づく一般拠出金を含む
　　3）法定福利費の「その他」は、船員保険の保険料、労基法上の法定補償費、石炭鉱業年金基金への拠出金
　　4）カフェテリアプランとは、福利厚生運営手法の一つで、従業員に一定の福利厚生利用枠と給付の選択肢を与え、従業員が個々の必要性に応じて給付を選択する仕組み。消化ポイント総額は、利用枠のうち、実際に利用されたポイントを円換算したものであり、制度導入企業のうち、項目ごとの利用実績が分かる企業を対象に法定外福利費の中から特別集計

出典：経団連「福利厚生費調査結果」（2019年度調査をもって終了）

第39表　パートタイム労働者の時間当たり所定内給与、年間賞与

年	企業規模計		1,000人以上		100〜999人		10〜99人	
	所定内給与	年間賞与	所定内給与	年間賞与	所定内給与	年間賞与	所定内給与	年間賞与
	円	千円	円	千円	円	千円	円	千円
男性労働者2016	1,134	37.4	1,096	36.2	1,167	41.7	1,150	35.3
17	1,154	37.4	1,113	35.7	1,188	46.5	1,180	31.7
18	1,189	41.9	1,146	41.2	1,226	47.2	1,212	37.9
19	1,207	39.4	1,166	35.3	1,237	43.4	1,237	41.3
	(1,612)	(34.4)	(1,406)	(27.7)	(2,007)	(43.4)	(1,532)	(35.6)
20	1,658	39.4	1,464	35.1	2,052	49.7	1,579	36.0
21	1,631	37.7	1,469	32.7	1,930	52.6	1,613	32.7
22	1,624	39.2	1,458	36.4	1,950	48.9	1,575	35.2
女性労働者2016	1,054	38.9	1,055	40.8	1,071	41.8	1,037	33.7
17	1,074	39.4	1,077	40.4	1,092	42.0	1,055	35.6
18	1,105	42.4	1,109	43.2	1,124	45.3	1,082	38.6
19	1,127	43.7	1,131	42.6	1,133	47.5	1,115	41.6
	(1,184)	(38.5)	(1,167)	(35.8)	(1,245)	(44.7)	(1,153)	(36.8)
20	1,321	43.9	1,288	40.2	1,392	52.5	1,306	41.2
21	1,290	43.4	1,263	42.4	1,359	52.3	1,274	37.8
22	1,270	47.7	1,249	49.9	1,327	52.8	1,250	40.6

注：1）年間賞与は、各年とも、前年1年間の賞与、期末手当等特別給与額の合計
　　2）2019年以前と2020年以降では推計方法が異なる
　　　2019年の（　）内の数値は、2020年以降と同じ推計方法で集計した2019年の数値
出典：厚生労働省「賃金構造基本統計調査」

第40表　派遣社員募集時の主要職種別平均時給

(単位：円)

	一般事務	営業事務	経理・会計	総務・人事・広報・宣伝	販売	テレオペ・テレマーケティング・スーパーバイザー	SE・プログラマ・ネットワークエンジニア	CADオペレータ・CAD設計	設計(電子・機械・建築)	Web関連
2022年10月	1,544	1,598	1,639	1,656	1,404	1,531	2,559	1,932	2,281	1,963
11	1,547	1,593	1,642	1,652	1,411	1,548	2,565	1,900	2,275	1,979
12	1,552	1,600	1,647	1,654	1,417	1,567	2,570	1,864	2,307	2,007
2023年 1月	1,548	1,597	1,649	1,654	1,420	1,571	2,575	1,872	2,273	2,012
2	1,548	1,596	1,645	1,654	1,410	1,553	2,570	1,869	2,342	1,994
3	1,545	1,590	1,647	1,653	1,407	1,559	2,579	1,861	2,404	1,991
4	1,537	1,583	1,636	1,643	1,408	1,561	2,598	1,871	2,350	1,989
5	1,545	1,590	1,652	1,652	1,407	1,574	2,622	1,887	2,347	1,992
6	1,550	1,600	1,658	1,660	1,412	1,565	2,605	1,914	2,323	1,995
7	1,550	1,603	1,659	1,661	1,424	1,589	2,617	1,935	2,408	1,993
8	1,557	1,612	1,665	1,668	1,432	1,635	2,632	1,915	2,353	1,998
9	1,555	1,612	1,670	1,668	1,436	1,604	2,641	1,928	2,398	1,967

注：調査エリアは三大都市圏（関東・東海・関西）
出典：リクルートジョブズ「派遣スタッフ募集時平均時給調査」

第41表　職種別時間当たり賃金（2022年調査）

職　種	時間当たり		所定内実労働時間	超過実労働時間	きまって支給する現金給与額	所定内給与額	年間賞与その他特別給与額
	所定内給与額（A）	現金給与額（試算値）					
	円	円	時間	時間	千円	千円	千円
管理的職業従事者	3,209	4,204	168	3	547.4	539.1	2058.4
機械器具・通信・システム営業職業従事者（自動車を除く）	2,321	3,117	165	10	408.7	383.0	1641.1
企画事務員	2,282	2,984	164	12	410.5	374.2	1377.1
電気・電子・電気通信技術者（通信ネットワーク技術者を除く）	2,263	2,951	166	16	418.0	375.6	1428.5
その他の営業職業従事者	2,154	2,707	167	11	386.6	359.7	1143.6
保険営業職業従事者	2,146	2,467	149	2	324.1	319.8	580.3
建築技術者	2,137	2,750	172	16	410.2	367.6	1281.2
土木技術者	2,093	2,625	168	14	386.3	351.7	1096.5
ソフトウェア作成者	2,087	2,562	167	12	377.1	348.5	977.0
機械技術者	2,079	2,746	165	19	390.3	343.0	1378.5
その他の情報処理・通信技術者	1,992	2,517	164	13	359.7	326.7	1029.7
総合事務員	1,861	2,374	162	10	325.0	301.5	999.5
運輸・郵便事務従事者	1,823	2,270	163	15	336.8	297.1	806.2
庶務・人事事務員	1,817	2,364	164	9	320.2	298.0	1064.6
電気工事従事者	1,817	2,295	168	16	344.3	305.2	936.3
理学療法士, 作業療法士, 言語聴覚士, 視能訓練士	1,796	2,162	161	5	300.7	289.1	698.4
営業・販売事務従事者	1,789	2,245	166	9	317.7	297.0	901.7
自動車組立従事者	1,767	2,321	162	18	339.0	286.2	944.8
会計事務従事者	1,757	2,193	164	7	303.2	288.1	861.7
生産関連事務従事者	1,747	2,261	166	11	316.4	290.0	1005.7
自動車整備・修理従事者	1,725	2,149	165	17	320.1	284.6	851.4
その他の一般事務従事者	1,717	2,119	163	9	299.7	279.9	777.9
その他の社会福祉専門職業従事者	1,676	2,038	165	5	287.3	276.6	708.9
金属工作機械作業従事者	1,674	2,105	168	20	325.3	281.2	846.2
土木従事者, 鉄道線路工事従事者	1,652	1,899	173	10	310.9	285.8	440.2
営業用大型貨物自動車運転者	1,635	1,859	175	39	366.4	286.1	376.9
その他の製品製造・加工処理従事者（金属製品）	1,583	1,990	166	18	305.5	262.7	727.3
ゴム・プラスチック製品製造従事者	1,575	1,989	165	15	296.7	259.9	736.5
その他のサービス職業従事者	1,568	1,819	165	10	280.2	258.7	456.5
娯楽場等接客員	1,557	1,739	162	6	265.9	252.2	315.9
営業用貨物自動車運転者（大型車を除く）	1,513	1,738	174	36	329.8	263.3	421.8
電気機械器具組立従事者	1,503	1,911	164	16	283.8	246.5	721.7
販売店員	1,493	1,743	163	8	259.2	243.3	466.7
その他の運搬従事者	1,476	1,722	168	18	279.9	247.9	485.0
飲食物調理従事者	1,413	1,563	168	13	260.6	237.4	268.0
飲食物給仕従事者	1,401	1,536	167	12	255.4	234.0	234.9
食料品・飲料・たばこ製造従事者	1,332	1,579	165	17	251.6	219.7	428.9
警備員	1,274	1,451	170	22	255.0	216.5	282.7

注：1）（A）＝所定内給与額÷所定内実労働時間数

2）（試算値）＝ $\dfrac{\text{きまって支給する現金給与額×12＋年間賞与等総額}}{\text{（所定内実労働時間数＋超過実労働時間数）×12}}$

ただし、きまって支給する現金給与額には超過労働給与を含む

また、年間賞与等総額は、2022年1～12月の1年間における賞与、期末手当等特別給与額

3）調査対象は一般労働者

4）労働者数5万以上の職種（医療関係、教員関係を除く）を抽出

出典：厚生労働省「賃金構造基本統計調査」

6 退職金・定年

第42表　モデル退職金総額および月収換算月数

区分	学歴	勤続年数	年齢	会社都合 退職金総額	会社都合 月収換算	自己都合 退職金総額	自己都合 月収換算	区分	学歴	勤続年数	年齢	会社都合 退職金総額	会社都合 月収換算	自己都合 退職金総額	自己都合 月収換算
		年	歳	千円	月分	千円	月分			年	歳	千円	月分	千円	月分
事務・技術労働者ー総合職ー	大学卒	3	25	690	2.8	323	1.3	事務・技術労働者ー一般職ー	大学卒	3	25	536	2.5	527	2.4
		5	27	1,180	4.3	594	2.2			5	27	720	3.3	481	2.2
		10	32	3,102	8.8	1,799	5.1			10	32	1,713	6.8	1,217	5.0
		15	37	5,779	13.7	3,873	9.3			15	37	3,043	11.5	2,386	9.1
		20	42	9,531	18.8	7,265	14.5			20	42	7,132	22.8	4,527	14.1
		25	47	13,938	24.7	11,431	20.4			25	47	11,308	36.0	7,995	24.3
		30	52	19,154	32.0	17,067	28.8			30	52	13,767	42.9	11,096	33.6
		35	57	23,649	39.3	21,634	35.3			35	57	16,261	52.7	13,834	44.4
		38	60	25,280	44.6	22,692	39.9			38	60	18,847	65.4	17,613	60.9
		定年		25,639	42.6	—	—			定年		24,391	85.9	—	—
	短大・高専卒	3	23	475	2.2	327	1.5		短大・高専卒	3	23	485	2.4	223	1.1
		5	25	1,086	4.5	592	2.5			5	25	793	3.8	377	1.8
		10	30	2,514	8.5	1,555	5.3			10	30	1,873	7.8	1,093	4.6
		15	35	4,208	12.7	3,064	9.1			15	35	3,850	14.0	2,273	8.3
		20	40	7,267	17.0	6,173	14.4			20	40	7,655	25.2	4,863	16.0
		25	45	9,492	24.2	8,752	22.4			25	45	10,822	32.9	6,825	20.7
		30	50	13,483	31.9	12,436	29.4			30	50	13,429	36.4	10,187	27.6
		35	55	16,323	36.6	15,903	35.6			35	55	14,912	41.4	12,326	34.2
		40	60	12,431	28.6	12,431	28.6			40	60	17,236	54.6	14,293	45.3
		定年		13,553	39.2	—	—			定年		23,439	72.6	—	—
	高校卒	3	21	522	2.7	314	1.6		高校卒	3	21	470	2.5	228	1.2
		5	23	894	4.2	522	2.5			5	23	833	4.2	437	2.2
		10	28	2,142	8.0	1,378	5.1			10	28	2,187	9.5	1,329	5.7
		15	33	4,035	12.6	2,890	9.0			15	33	3,696	14.1	2,523	9.6
		20	38	6,647	18.9	5,573	15.7			20	38	7,080	23.7	5,162	17.3
		25	43	10,050	24.0	8,628	20.5			25	43	10,263	31.5	8,165	25.1
		30	48	13,679	31.1	11,970	27.0			30	48	12,355	35.1	10,824	30.8
		35	53	16,694	36.5	15,462	33.8			35	53	16,657	43.8	14,741	38.8
		42	60	19,252	39.8	16,789	34.3			42	60	17,994	52.8	16,059	46.6
		定年		19,712	42.6	—	—			定年		19,862	56.9	—	—

注：1）「モデル退職金」とは、学校を卒業後、直ちに入社して同一企業に継続勤務し、標準的に昇進した者（モデル）のうち、設定された条件に該当する者の退職金
　　2）退職金総額は、退職一時金と退職年金現価額（事業主負担分掛金に係るもの）の合計
　　3）月収換算とは、退職金額を当該勤続年数（年齢）における所定内賃金で除した月数
　　4）各項目ごとに集計企業数が異なるので比較の際には留意されたい

出典：厚生労働省中央労働委員会「賃金事情等総合調査」

第43表　退職金制度の形態

(単位：%)

年	計	退職一時金制度のみ	退職一時金と退職年金制度の併用	退職年金制度のみ
2015	100.0	5.5	86.2	8.3
2017	100.0	5.6	85.4	8.9
2019	100.0	5.6	85.4	9.0
2021	100.0	3.0	86.7	10.2

注：集計企業数を100.0とした割合
出典：厚生労働省中央労働委員会「賃金事情等総合調査」

第44表　退職一時金算定基礎額の種類別割合

(単位：%)

年	計	退職時の賃金				別に定める金額（複数回答）					その他
		計	すべての基本給	一部の基本給	不明	計	別テーブル方式	定額方式	ポイント方式（点数×単価）	その他	
2003	100.0	69.6	40.8	28.8	—	32.7	13.9	8.0	11.2	1.3	0.9
2008	100.0	56.6	34.2	22.4	—	44.2	15.7	11.1	18.0	0.9	3.9
2013	100.0	55.6	33.9	21.6	—	44.6	14.6	7.8	19.0	1.0	3.2
2018	100.0	58.4	41.3	17.0	0.2	43.8	15.6	9.1	19.4	1.8	1.8

注：1）集計企業数を100.0とした割合
　　2）複数回答を含むため、合計は100.0をこえる
　　3）回答企業が年によって異なるため、経年的な推移をみる際には留意されたい
　　4）「別に定める金額」には、「方式不明」を含む
出典：厚生労働省「就労条件総合調査」

第45表　年金の種類（2022年）

(単位：%)

計	厚生年金基金（上乗せ給付）	確定給付企業年金（CBPを含む）	確定拠出年金（企業型）	企業独自の年金
100.0	19.3	44.3	50.3	3.0

注：1）複数回答を含むため、合計は100.0を超える
　　2）退職年金制度がある企業（退職給付一時金制度との併用がある企業を含む）を100.0とした割合
出典：厚生労働省「就労条件総合調査」

第46表　定年年齢別企業数の割合（2022年）

(単位：%)

企業規模・産業	一律定年制を定めている企業	定年年齢階級							（再掲）65歳以上
		60歳	61歳	62歳	63歳	64歳	65歳	66歳以上	
2022年調査計	96.9	72.3	0.3	0.7	1.5	0.1	21.1	3.5	24.5
1,000 人 以 上	90.9	79.3	0.7	1.1	0.9	0.2	17.1	0.7	17.8
300 ～ 999人	91.9	81.7	0.5	1.1	1.9	0.4	13.8	0.2	14.1
100 ～ 299人	97.8	76.6	0.6	0.6	1.3	0.1	19.2	1.6	20.8
30 ～ 99人	97.3	69.8	0.2	0.6	1.6	—	22.5	4.5	27.0
鉱業、採石業、砂利採取業	100.0	75.7	—	—	2.6	—	21.7	—	21.7
建 設 業	97.1	67.7	0.1	1.6	0.4	—	26.2	3.9	30.1
製 造 業	98.0	79.0	0.0	0.4	2.0	—	13.2	4.4	17.6
電気・ガス・熱供給・水道業	93.0	76.6	—	2.8	0.9	—	17.9	1.8	19.7
情 報 通 信 業	97.9	83.2	0.4	0.2	0.5	—	15.7	—	15.7
運 輸 業、郵 便 業	97.0	58.3	0.8	0.1	2.3	0.8	34.0	3.7	37.7
卸 売 業、小 売 業	97.0	82.6	—	0.8	0.1	—	15.8	0.6	16.5
金 融 業、保 険 業	99.0	88.4	0.2	—	0.9	—	10.5	—	10.5
不動産業、物品賃貸業	99.4	77.5	1.8	0.2	2.7	—	16.1	1.4	17.4
学術研究、専門・技術サービス業	98.0	76.0	0.1	1.3	1.1	—	21.5	—	21.5
宿泊業、飲食サービス業	98.0	63.3	—	0.4	2.5	—	27.2	6.7	33.8
生活関連サービス業、娯楽業	94.8	70.6	—	0.1	0.1	—	21.6	6.3	27.8
教 育、学 習 支 援 業	84.1	64.9	—	1.3	1.7	—	30.4	0.5	30.9
医 療、福 祉	96.5	66.1	0.1	0.4	2.0	—	25.6	4.7	30.2
複 合 サ ー ビ ス 事 業	97.9	90.4	0.7	2.4	1.6	—	5.0	—	5.0
サービス業(他に分類されないもの)	98.1	63.0	1.6	1.8	2.8	0.1	24.0	5.6	29.6
前回調査（2017年）企業規模計	97.8	79.3	0.3	1.1	1.2	0.3	16.4	1.4	17.8

注：定年年齢階級別の数値は、一律定年制を定めている企業に占める割合
出典：厚生労働省「就労条件総合調査」

7 労働時間

第47表　産業別月間労働時間数の推移

(単位：時間)

総実労働時間数

年	調査産業計	鉱業・採石業等	建設業	製造業	電気・ガス業等	情報通信業	運輸・郵便業	卸売・小売業	金融・保険業	不動産・物品賃貸業	学術研究等	飲食サービス業等	生活関連サービス業等	教育・学習支援業	医療・福祉	複合サービス事業	その他のサービス業
2015	148.7	163.8	173.3	164.6	156.4	161.6	170.4	136.5	148.9	147.4	155.6	112.4	132.4	127.4	143.4	155.4	141.5
16	148.5	164.9	175.1	164.5	157.5	160.5	169.7	137.5	149.1	146.9	156.4	112.3	131.4	127.5	143.1	155.8	140.9
17	148.4	163.6	173.4	165.1	156.9	159.5	172.0	137.4	148.5	147.7	156.3	109.9	129.4	127.0	143.6	155.6	139.7
18	147.4	165.3	173.0	165.1	157.2	156.4	167.2	136.7	147.6	147.0	156.8	108.7	128.7	128.2	143.6	153.6	139.7
19	144.4	163.9	170.7	162.0	154.4	154.9	164.0	134.3	145.9	144.2	155.4	103.7	121.9	126.1	140.6	149.4	136.8
20	140.4	159.7	168.6	155.8	156.4	156.2	157.7	133.0	146.3	140.7	153.8	88.8	105.8	123.6	139.0	149.4	132.5
21	142.4	160.2	169.3	159.0	156.3	159.0	160.0	134.7	147.4	144.3	156.0	88.2	113.2	126.9	139.1	149.8	133.9
22	143.2	155.4	165.5	159.3	155.1	156.8	162.2	135.2	145.5	146.8	156.8	99.5	122.4	128.8	137.5	149.0	135.9

所定外労働時間数

年	調査産業計	鉱業・採石業等	建設業	製造業	電気・ガス業等	情報通信業	運輸・郵便業	卸売・小売業	金融・保険業	不動産・物品賃貸業	学術研究等	飲食サービス業等	生活関連サービス業等	教育・学習支援業	医療・福祉	複合サービス事業	その他のサービス業
2015	12.9	13.1	19.4	17.6	16.2	18.6	24.1	7.9	14.0	12.5	15.4	7.7	8.0	7.9	6.1	8.5	12.2
16	12.7	13.6	19.6	17.5	16.7	17.5	23.3	8.1	13.7	12.3	15.4	7.7	7.5	7.8	6.1	8.4	11.9
17	12.7	13.5	19.0	17.9	14.6	15.8	24.6	7.7	12.9	11.3	15.2	7.4	7.5	7.7	6.2	8.2	11.5
18	12.5	17.4	19.2	18.0	16.1	14.3	23.4	7.9	12.2	12.2	15.8	7.4	8.0	9.4	6.2	12.0	11.4
19	12.4	16.9	20.8	16.7	16.7	15.6	23.3	8.2	13.5	11.8	16.3	7.2	7.9	9.8	6.2	11.9	11.0
20	10.8	14.9	19.3	13.4	17.4	15.5	20.8	7.5	14.0	10.6	14.6	4.8	5.1	8.7	5.5	10.6	9.5
21	11.6	15.6	19.7	15.3	16.2	16.5	21.6	7.9	14.3	12.5	15.4	4.1	5.8	10.5	5.5	11.5	10.0
22	12.2	14.9	18.7	16.0	16.2	16.5	22.1	8.3	14.4	13.3	15.7	6.3	7.0	11.5	6.1	12.5	11.1

注：調査対象は、事業所規模30人以上の就業形態計
出典：厚生労働省「毎月勤労統計調査」

第48表　主要国の就業者1人当たり平均年間総実労働時間

(単位：時間)

年	日　本	アメリカ	イギリス	ドイツ	フランス
2016	1,714	1,823	1,541	1,396	1,522
17	1,709	1,821	1,536	1,389	1,508
18	1,680	1,827	1,536	1,381	1,514
19	1,644	1,824	1,537	1,372	1,518
20	1,597	1,800	1,364	1,319	1,403
21	1,607	1,820	1,498	1,340	1,484
22	1,607	1,811	1,532	1,341	1,511

出典：OECD Database"Average annual hours actually worked per worker"

第49表　週休制の形態別企業数の割合

(単位：%)

	週休1日制 または 週休1日半制	何らかの 週休2日制	完全週休2日制 より休日日数が 実質的に少ない	完全週休 2日制	完全週休2日制 より休日日数が 実質的に多い
調査産業計					
2016年	5.6	88.6	39.6	49.0	5.8
17	6.8	87.2	40.3	46.9	6.0
18	8.9	84.1	37.4	46.7	6.9
19	10.2	82.1	37.8	44.3	7.7
20	9.2	82.5	37.5	44.9	8.3
21	8.0	83.5	35.0	48.4	8.5
22	7.8	83.5	34.8	48.7	8.6
2022年〈企業規模別〉					
1,000人以上	2.6	86.2	20.4	65.8	11.2
300〜999人	2.6	88.5	27.3	61.2	8.9
100〜299人	4.5	85.5	37.3	48.2	10.0
30〜99人	9.5	82.3	35.2	47.1	8.0

注：1)「完全週休2日制より休日日数が実質的に少ない」とは、月3回、隔週、月2回、月1回の週休2日制、3勤1休、4勤1休など
　　2)「完全週休2日制より休日日数が実質的に多い」とは、月1回以上週休3日制、3勤3休、3勤4休など
出典：厚生労働省「就労条件総合調査」

第50表　週休制の形態別労働者数の割合

(単位：%)

	週休1日制 または 週休1日半制	何らかの 週休2日制	完全週休2日制 より休日日数が 実質的に少ない	完全週休 2日制	完全週休2日制 より休日日数が 実質的に多い
調査産業計					
2016年	2.9	88.2	28.4	59.8	8.9
17	3.6	87.5	29.2	58.4	8.9
18	4.4	86.5	27.1	59.4	9.0
19	4.5	85.3	28.3	57.0	10.2
20	4.4	85.9	27.8	58.0	9.8
21	3.9	84.8	24.2	60.7	11.3
22	3.2	86.7	26.9	59.8	10.1
2022年〈企業規模別〉					
1,000人以上	0.9	89.3	15.2	74.1	9.8
300〜999人	1.7	87.5	24.8	62.6	10.8
100〜299人	3.6	85.8	39.1	46.7	10.6
30〜99人	7.8	82.6	35.2	47.4	9.6

注：前表の注を参照
出典：厚生労働省「就労条件総合調査」

第51表　週所定労働時間別の企業数および労働者数割合

	40時間以下		40時間超		1企業平均週所定労働時間	労働者1人平均週所定労働時間
	企業数割合	労働者数割合	企業数割合	労働者数割合		
調査産業計	%	%	%	%	時間：分	時間：分
2016年	97.8	99.0	2.2	1.0	39：26	39：04
17	97.2	98.8	2.8	1.2	39：25	39：01
18	94.6	97.8	5.4	2.2	39：31	39：02
19	96.1	98.0	3.9	2.0	39：26	39：03
20	96.7	98.1	3.3	1.9	39：24	39：03
21	97.2	98.5	2.8	1.5	39：25	39：04
22	96.4	98.0	3.5	2.0	39：28	39：08
2022年〈企業規模別〉						
1,000人以上	98.5	98.7	1.5	1.3	39：03	38：53
300～999人	97.5	97.8	2.5	2.2	39：13	39：09
100～299人	98.2	98.4	1.8	1.6	39：18	39：11
30～99人	95.7	96.6	4.1	3.4	39：33	39：31
2022年〈産業別〉						
鉱業業・採石業・砂利採取業	97.5	96.6	2.5	3.4	39：38	39：27
建設業	98.3	98.2	1.7	1.8	39：32	39：28
製造業	97.5	99.1	2.2	0.9	39：26	39：12
電気・ガス・熱供給・水道業	98.3	99.9	1.7	0.1	38：34	38：25
情報通信	98.3	99.4	1.7	0.6	38：56	38：43
運輸・郵便業	92.7	94.3	7.3	5.7	39：50	39：29
卸売・小売業	94.0	97.1	6.0	2.9	39：23	39：01
金融・保険業	97.9	99.8	2.1	0.2	38：19	37：36
不動産・物品賃貸業	94.5	95.3	5.5	4.7	39：20	38：59
学術研究・専門・技術サービス業	98.8	98.9	1.2	1.1	38：47	38：39
宿泊・飲食サービス業	93.1	96.3	6.9	3.7	39：52	39：43
生活関連サービス・娯楽業	92.8	98.0	6.0	2.0	39：36	39：27
教育、学習支援業	97.1	99.5	2.9	0.5	39：16	38：55
医療、福祉	99.8	98.6	0.2	1.4	39：28	39：13
複合サービス業	94.8	99.0	5.2	1.0	38：44	39：15
その他のサービス業	97.1	96.8	2.9	3.2	39：44	39：27

注：1）「1企業平均週所定労働時間」は、企業において最も多くの労働者に適用される週所定労働時間を平均したもの
　　2）「労働者1人平均週所定労働時間」は、企業において最も多くの労働者に適用される週所定労働時間を企業の全労働者数（所定労働時間の定めのない者を除く）により加重平均したもの
　　3）四捨五入の関係で合計が100.0％とならないことがある
出典：厚生労働省「就労条件総合調査」

第52表　所定外労働割増賃金率の企業別割合（2022年）

(1)　1ヵ月45時間以下の時間外労働の場合
(単位：社)

集計社数	平均割増賃金率	25%	25.1〜29.9%	30%	30.1%以上
169	28.0%	52	21	77	3

(2)　1ヵ月45時間を超え60時間以内の時間外労働の場合
(単位：社)

集計社数	平均割増賃金率	25%	25.1〜29.9%	30%	30.1%以上
166	29.4%	48	20	76	22

(3)　1ヵ月60時間を超える時間外労働の場合
(単位：社)

集計社数	平均割増賃金率	50%	50.1〜59.9%	60%以上
168	50.3%	161	5	2

(4)　法定休日の労働の場合
(単位：社)

集計社数	平均割増賃金率	35%	35.1〜39.9%	40%	40.1〜49.9%	50%	50.1%以上
168	38.6%	92	7	36	17	15	1

(5)　法定休日以外の週休日の労働の場合
(単位：社)

集計社数	法定休日に係る割増賃金率と同じ	平日の所定外労働に係る割増賃金率と同じ	その他
162	109	35	18

注：「1ヵ月45時間以下の時間外労働の場合」は、割増賃金率が一定の企業を集計
出典：中央労働委員会事務局「賃金事情等総合調査－令和4年労働時間、休日・休暇調査－」

第53表　労働者1人平均の年次有給休暇の付与日数、取得日数および取得率 ■■■■■

	調査年	平均付与日数	平均取得日数	平均取得率
企業規模計	2016年	18.1日	8.8日	48.7%
	17	18.2	9.0	49.4
	18	18.2	9.3	51.1
	19	18.0	9.4	52.4
	20	18.0	10.1	56.3
	21	17.9	10.1	56.6
	22	17.6	10.3	58.3
1,000人以上	2016年	19.1	10.4	54.7
	17	19.2	10.6	55.3
	18	19.1	11.2	58.4
	19	18.6	10.9	58.6
	20	18.9	11.9	63.1
	21	18.7	11.3	60.8
	22	18.5	11.7	63.2
300〜999人	2016年	18.0	8.5	47.1
	17	18.2	8.8	48.0
	18	18.0	8.6	47.6
	19	18.0	9.0	49.8
	20	17.9	9.5	53.1
	21	17.7	9.9	56.3
	22	17.8	10.2	57.5
100〜299人	2016年	17.7	7.9	44.8
	17	17.6	8.2	46.5
	18	17.7	8.4	47.6
	19	17.7	8.7	49.4
	20	17.6	9.2	52.3
	21	17.6	9.7	55.2
	22	17.1	9.5	55.3
30〜99人	2016年	17.0	7.4	43.7
	17	17.3	7.5	43.8
	18	17.5	7.7	44.3
	19	17.3	8.2	47.2
	20	17.0	8.7	51.1
	21	17.3	8.8	51.2
	22	16.7	8.9	53.5

注：1）「付与日数」には、繰越日数は含まない
　　2）取得率＝年間取得日数計／付与日数計×100%
　　3）対象期間は調査年の前年もしくは前々会計年度の1年間
出典：厚生労働省「就労条件総合調査」

第54表　年次有給休暇の計画的付与制度採用の有無・計画的付与日数別企業割合　(単位：％)

年	全企業	年次有給休暇の計画的付与制度がある企業								計画的付与制度がない企業
		1企業平均年次有給休暇の計画的付与日数(単位:日)	年次有給休暇の計画的付与日数							
			1～2日	3～4日	5～6日	7～8日	9～10日	11日以上		
2016	100.0	15.5	4.6	(26.2)	(22.7)	(32.3)	(5.2)	(8.6)	(2.8)	84.5
17	100.0	18.4	5.0	(20.6)	(23.4)	(34.3)	(4.5)	(7.1)	(6.4)	81.6
18	100.0	19.1	4.9	(16.5)	(25.8)	(36.2)	(5.6)	(4.8)	(4.9)	80.9
19	100.0	22.2	5.4	(14.6)	(21.8)	(39.6)	(5.0)	(7.9)	(8.4)	77.8
20	100.0	43.2	5.3	(8.1)	(8.4)	(66.6)	(2.0)	(5.5)	(4.5)	56.8
21	100.0	46.2	5.6	(7.7)	(7.4)	(69.1)	(2.6)	(5.2)	(6.1)	53.8
22	100.0	43.1	5.4	(8.5)	(7.5)	(71.4)	(2.1)	(4.7)	(5.2)	56.9

注：（　）内の数値は、「年次有給休暇の計画的付与制度がある企業」を100.0とした割合
出典：厚生労働省「就労条件総合調査」

第55表　年次有給休暇の時間単位取得制度の有無・時間単位取得可能日数別企業割合　(単位：％)

	全企業	年次有給休暇の時間単位取得制度がある企業								時間単位取得制度がない企業
		1企業平均年次有給休暇の時間単位取得日数(単位:日)	年次有給休暇の時間単位取得可能日数							
			1日	2日	3日	4日	5日	6日以上		
2016年	100.0	16.8	4.8	(2.2)	(7.1)	(4.5)	(1.8)	(71.8)	(4.8)	83.2
17	100.0	18.7	7.4	(1.4)	(4.4)	(3.4)	(1.8)	(59.0)	(21.3)	81.3
18	100.0	19.0	5.1	(0.2)	(2.9)	(3.2)	(1.4)	(74.1)	(2.3)	81.0
19	100.0	20.4	5.6	(0.6)	(3.7)	(3.3)	(1.2)	(81.6)	(6.9)	79.6
20	100.0	22.1	5.4	(1.9)	(2.7)	(3.3)	(1.2)	(62.1)	(9.6)	77.9
21	100.0	24.8	7.5	(0.5)	(3.2)	(2.2)	(1.2)	(63.0)	(22.3)	75.2
22	100.0	25.9	7.7	(1.0)	(2.8)	(2.9)	(0.4)	(66.3)	(22.0)	74.1
2022年＜企業規模別＞										
1,000人以上	100.0	34.1	5.8	(－)	(1.9)	(4.2)	(0.7)	(81.6)	(9.3)	65.9
300～999人	100.0	33.5	6.3	(－)	(2.8)	(1.9)	(1.5)	(78.7)	(13.6)	66.5
100～299人	100.0	24.7	6.7	(0.2)	(1.7)	(1.7)	(0.4)	(79.0)	(15.3)	75.3
30～99人	100.0	25.2	8.3	(1.5)	(3.2)	(3.4)	(0.2)	(60.3)	(25.6)	74.8

注：（　）内の数値は、「年次有給休暇の時間単位取得制度がある企業」を100.0とした割合
出典：厚生労働省「就労条件総合調査」

第56表　変形労働時間制採用の有無・種類別企業数の割合　(単位：%)

	変形労働時間制を採用している企業	うち、1年単位の変形労働時間制	うち、1ヵ月単位の変形労働時間制	うち、フレックスタイム制	変形労働時間制を採用していない企業
調査産業計				(複数回答)	
2016年	60.5	34.7	23.9	4.6	39.5
17	57.5	33.8	20.9	5.4	42.5
18	60.2	35.3	22.3	5.6	39.8
19	62.6	35.6	25.4	5.0	37.4
20	59.6	33.9	23.9	6.1	40.4
21	59.6	31.4	25.0	6.5	40.4
22	64.0	34.3	26.6	8.2	35.5

注：1）全部または一部の労働者に変形労働時間制を適用している企業の割合
　　2）「変形労働時間制を採用している企業」には、「1週間単位の非定型的変形労働時間制」を含む
出典：厚生労働省「就労条件総合調査」

第57表　みなし労働時間制採用の有無・種類別企業数の割合　(単位：%)

	みなし労働時間制を採用している企業	事業場外みなし労働時間制	専門業務型裁量労働制	企画業務型裁量労働制	みなし労働時間制を採用していない企業
調査産業計				(複数回答)	
2016年	11.7	10.0	2.1	0.9	88.3
17	14.0	12.0	2.5	1.0	86.0
18	15.9	14.3	1.8	0.8	84.1
19	14.2	12.4	2.3	0.6	85.8
20	13.0	11.4	1.8	0.8	87.0
21	13.1	11.4	2.0	0.4	86.9
22	14.1	12.3	2.2	0.6	85.3

注：全部または一部の労働者にみなし労働時間制を適用している企業の割合
出典：厚生労働省「就労条件総合調査」

149

8 労働組合の組織状況・労働争議

第58表　単一労働組合員数の推移（加盟主要団体別・適用法規別）

（単位：千人）

年	加盟主要団体別			適用法規別			合計	推定組織率（％）
	連合	全労連	全労協	労組法	行労法地公労法	国公法地公法		
2012	6,693	607	110	8,365	165	1,362	9,892	17.9
13	6,706	592	109	8,385	159	1,330	9,875	17.7
14	6,711	579	105	8,395	157	1,298	9,849	17.5
15	6,749	569	105	8,480	134	1,268	9,882	17.4
16	6,753	550	101	8,563	131	1,247	9,940	17.3
17	6,799	542	99	8,629	129	1,223	9,981	17.1
18	6,861	536	97	8,741	121	1,207	10,070	17.0
19	6,864	524	94	8,789	119	1,179	10,088	16.7
20	6,893	511	90	8,846	117	1,152	10,115	17.1
21	6,878	494	86	8,840	115	1,122	10,078	16.9
22	6,837	477	82	8,786	113	1,094	9,992	16.5
23	6,817	464	76	—	—	—	9,938	16.3

注：1）合計の数値に、主要団体に加盟していない産業別組織等および無加盟の組合に所属する組合員が含まれる
　　2）推定組織率＝労働組合員数／雇用者数×100％
出典：厚生労働省「労働組合基礎調査」

第59表　労働争議の推移

年	総争議件数	争議行為を伴わない争議件数	争議行為を伴う争議							労働関係民事事件件数
			件数	行為参加人員			労働損失日数			
				計	民営企業	国公営	計	民営企業	国公営	
	件	件	件	千人	千人	千人	千日	千日	千日	件
2012	596	517	79	12	12	0	4	4	0	3,221
13	507	436	71	13	13	0	7	7	0	3,212
14	495	415	80	28	25	3	20	20	0	3,257
15	425	339	86	23	23	0	15	15	0	3,390
16	391	325	66	16	16	0	3	3	0	3,392
17	358	290	68	18	18	0	15	15	0	3,526
18	320	262	58	10	10	0	1	1	0	3,496
19	268	219	49	18	15	3	11	11	0	3,615
20	303	246	57	6	6	0	2	2	0	3,960
21	297	242	55	8	8	0	1	1	0	3,645
22	270	205	65	6	6	0	2	2	0	3,299

注：1）労働損失日数は、労働者が半日以上の同盟罷業に参加した又は作業所閉鎖の対象となったことによって労働に従事しなかった延べ日数
　　2）国公営の行為参加人員及び労働損失日数は、それぞれの計から民営企業の数を差し引いて算出
　　3）労働関係民事事件件数は地方裁判所の労働関係民事通常訴訟事件の新受件数
出典：厚生労働省「労働争議統計調査」
　　　最高裁判所事務総局「司法統計年報」

第60表　労働界・組織状況

【連合】

1989年11月21日結成

組合員数　695.2万人

〈主な加盟組合〉

ＵＡゼンセン	自動車総連	電機連合	ＪＡＭ	基幹労連
生保労連	ＪＰ労組	電力総連	情報労連	運輸労連
私鉄総連	ＪＥＣ連合	フード連合	損保労連	ＪＲ連合
航空連合	ゴム連合	交通労連	サービス連合	紙パ連合
全電線	海員	印刷労連	全国ガス	全自交労連
ＪＲ総連	セラミックス連合	全国農団労	ヘルスケア労協	メディア労連
全労金	港運同盟	労供労連	労済労連	全国ユニオン
全国競馬連合	ＪＡ連合	全印刷	全造幣	自治労
日教組	全水道	自治労連	国公連合	森林労連

〈友好組織〉日建協、日高教

〈地方連合〉47組織

【全労連】

1989年11月21日結成

組合員数　70.2万人

〈主な加盟組合〉

日本医労連	年金者組合	生協労連	全労連・全国一般	建交労
福祉保育労	自交総連	ＪＭＩＴＵ	金融労連	全印総連
映演労連	郵政ユニオン	検数労連	特殊法人労連	自治労連
全教	国公労連			

〈オブ加盟組合〉民放労連

〈地方全労連〉47組織

【全労協】

1989年12月9日結成

組合員数　9.3万人

〈主な加盟組合〉

国労	全国一般全国協	都労連　など

【無所属】

全建総連	市銀連	光学労協	化学総連	全電工労連	航空労協
薬粧連合	全国港湾	外資労協	新聞労連	全農協労連	など

出典：厚生労働省「全国主要労働組合名簿」（2023年3月）

第61表　過去3年間の労使間の交渉状況別労働組合の割合

（単位：％）

事　　項		労使間の交渉形態（複数回答）					
		話し合いがもたれた	団体交渉が行われた	労使協議機関での話合いが行われた	労働争議が生じた	使用者側から一方的に説明・報告・通知等がなされた	労働協約の改定がなされた又は新たに労働協約の規定が設けられた
賃　金　等	2017年	71.5	48.9	36.9	0.7	4.0	29.0
	20	69.5	45.0	28.7	0.5	2.7	28.7
	22	65.3	41.6	27.3	1.0	4.0	25.9
労働時間等	2017年	68.7	33.4	37.7	0.4	4.0	30.4
	20	66.9	32.2	31.9	0.4	3.0	27.4
	22	60.7	29.8	30.2	1.0	3.4	26.2
雇用・人事	2017年	56.6	23.2	31.7	0.4	7.9	12.8
	20	54.7	20.2	29.6	0.4	5.6	12.3
	22	52.1	19.4	28.5	0.7	9.5	13.5
職場環境	2017年	57.1	16.3	30.9	0.1	2.4	3.6
	20	54.9	15.7	24.1	0.1	0.7	6.4
	22	49.2	13.7	24.6	0.6	1.4	5.9
経営方針	2017年	32.7	9.9	20.5	0.0	4.0	3.2
	20	34.3	7.4	18.8	0.1	4.1	3.2
	22	32.2	6.5	19.0	0.4	5.1	3.5
福利厚生	2017年	41.0	14.2	22.5	0.0	1.1	6.2
	20	40.2	13.6	19.0	0.0	1.9	9.4
	22	37.7	12.6	17.0	0.7	2.4	8.2

注：労働組合の計を100.0とした割合
出典：厚生労働省「労使間の交渉等に関する実態調査」（2017年・20年・22年）

第62表　労使協議機関の有無・開催状況別事業所の割合

（単位：％）

	労使協議機関なし	労使協議機関あり	定期開催	必要のつど開催	定期および必要のつど開催	不　明
2014年	59.7	40.3 （100.0）	（35.6）	（28.0）	（35.1）	（1.3）
19	62.9	37.1 （100.0）	（35.4）	（29.1）	（33.8）	（1.6）
企業規模別（2019年）						
5,000人以上	24.9	75.1 （100.0）	（47.8）	（14.5）	（36.4）	（1.3）
1,000～4,999人	38.8	61.2 （100.0）	（37.9）	（22.8）	（39.3）	－
300～999人	60.6	39.4 （100.0）	（29.6）	（30.9）	（35.8）	（3.7）
100～299人	71.5	28.5 （100.0）	（24.7）	（39.6）	（35.4）	（0.2）
50～99人	77.8	21.9 （100.0）	（32.7）	（45.2）	（18.8）	（3.4）
30～49人	82.3	17.7 （100.0）	（26.5）	（44.0）	（26.4）	（3.1）
労働組合あり 2014年	17.4	82.6 （100.0）	（39.6）	（21.1）	（38.7）	（0.6）
19	16.1	83.9 （100.0）	（38.6）	（21.8）	（39.0）	（0.6）
労働組合なし 2014年	84.4	15.6 （100.0）	（23.1）	（49.6）	（23.7）	（3.6）
19	83.1	16.8 （100.0）	（28.5）	（44.9）	（22.8）	（3.8）

注：1）（　）内は「労使協議機関あり」を100.0とした数値
　　2）調査対象は、事業所規模30人以上
出典：厚生労働省「労使コミュニケーション調査」

❾ 社会保障制度の概況

第63表　公的年金制度の加入者数・受給者数の推移

(1)　加入者数

年度末	総数	第 1 号 被保険者	第 3 号 被保険者	第 2 号 被 保 険 者 （厚生年金被保険者）		総人口	加入者総数 ／総人口
				厚生年金保険 （第1号）	厚生年金保険 （第2～4号）		
	万人	万人	万人	万人	万人	万人	%
2015	6,712	1,668	915	3,686	443	12,709	52.8
16	6,731	1,575	889	3,822	445	12,693	53.0
17	6,733	1,505	870	3,911	447	12,671	53.1
18	6,746	1,471	847	3,981	448	12,644	53.4
19	6,762	1,453	820	4,037	450	12,617	53.6
20	6,756	1,449	793	4,047	466	12,615	53.6
21	6,729	1,431	763	4,065	471	12,550	53.6
22	6,744	1,405	721	4,157	461	12,495	54.0

(2)　受給者数

年度末	総 数		国民年金	厚生年金保険 （第1号）	厚生年金保険 （第2～4号）	受給者総数 ／総人口
	万人	万人	万人	万人	万人	%
2015	7,158	〈4,862〉	3,323	3,370	465	56.3
16	7,262	〈4,875〉	3,386	3,409	467	57.2
17	7,465	〈4,959〉	3,484	3,506	475	58.9
18	7,543	〈4,965〉	3,529	3,530	484	59.7
19	7,590	〈4,950〉	3,565	3,543	482	60.2
20	7,665	〈4,967〉	3,596	3,581	488	60.8
21	7,698	〈4,954〉	3,614	3,588	496	61.3
22	7,709	〈4,932〉	3,616	3,598	494	61.7

注：1）(1)の総人口は各年10月1日現在の人口（総務省統計局）
　　2）第1号被保険者には任意加入被保険者を含む
　　3）共済年金は、2015年10月に厚生年金保険に統合（第2～4号）
　　4）(2)の総数には、福祉年金受給者も含む
　　5）〈　〉内は厚生年金保険と基礎年金（同一の年金種別）を併給している者の重複分を控除した場合の数
出典：厚生労働省「厚生年金保険・国民年金事業の概況」

第64表　企業年金の推移

年度末	厚生年金基金		確定拠出年金（企業型）			確定給付企業年金	
	基金数	加入者数	規約数	事業主数	加入者数	制度数	加入者数
	件	万人	件	社	万人	件	万人
2015	256	254	4,875	22,336	550	13,690	795
16	110	139	5,231	25,968	593	13,540	826
17	36	57	5,712	30,301	650	13,341	901
18	10	16	6,107	33,599	691	12,959	940
19	8	15	6,380	36,449	725	12,579	940
20	5	12	6,601	39,081	750	12,331	933
21	5	12	6,802	42,669	782	12,108	930
22	5	12	7,049	47,138	805	11,928	911

注：確定給付企業年金は、基金型と規約型から成る
出典：信託協会「企業年金の受託概況」、厚生労働省資料

第65表　国民医療費・後期高齢者医療費の推移

年度	国民医療費			後期高齢者医療費			国民所得	
		増減率	国民所得に対する割合		増減率	国民所得に対する割合		増減率
	億円	%	%	億円	%	%	億円	%
2015	423,644	3.8	10.8	151,323	4.4	3.9	3,926,293	4.2
16	421,381	△0.5	10.7	153,806	1.6	3.9	3,922,939	△0.1
17	430,710	2.2	10.8	160,229	4.2	4.0	4,006,215	2.1
18	433,949	0.8	10.8	164,246	2.5	4.1	4,030,991	0.6
19	443,895	2.3	11.0	170,562	3.8	4.2	4,020,267	△0.3
20	429,665	△3.2	11.4	165,681	△2.9	4.4	3,753,887	△6.6
21	450,359	4.8	11.4	170,763	3.1	4.3	3,959,324	5.5

注：△印はマイナス
出典：厚生労働省「国民医療費」「後期高齢者医療事業状況報告」、内閣府「国民経済計算」

第66表 各医療保険制度の財政状況の推移

(1) 全国健康保険協会管掌健康保険

(単位：億円)

年　度	収　入	支出(うち納付金・支援金等)	収支差
2015	102,506	98,726 (34,172)	3,780
16	105,508	100,479 (33,678)	5,030
17	110,659	104,601 (34,913)	6,057
18	113,229	107,350 (34,992)	5,879
19	118,848	113,648 (36,246)	5,200
20	117,857	111,425 (36,622)	6,432
21	121,852	118,285 (37,138)	3,567
22	122,089	118,957 (35,867)	3,132

(2) 組合管掌健康保険

年　度	収　入	支出(うち納付金・支援金等)	収支差	赤字組合数	全組合数に対する赤字組合数の割合
	億円	億円	億円		%
2015	77,856	76,576 (32,742)	1,279	651	46.3
16	79,624	77,248 (32,819)	2,376	541	38.7
17	82,003	80,652 (35,264)	1,351	580	41.6
18	83,905	80,854 (34,535)	3,052	422	30.3
19	83,637	81,139 (34,341)	2,498	484	34.9
20	82,958	79,999 (35,456)	2,958	458	33.0
21	83,827	84,674 (36,515)	△847	741	53.4
22	86,058	84,693 (34,057)	1,365	559	40.4

(3) 国民健康保険（市町村）

年　度	収　入	支出(うち納付金・支援金等)	収支差	赤字保険者数	全保険者数に対する赤字保険者数の割合
	億円	億円	億円		%
2015	163,676	161,802 (17,881)	1,874	996	58.0
16	160,219	156,925 (17,053)	3,294	473	27.6
17	157,664	152,801 (16,656)	4,862	355	20.7
18	248,992	244,378 (16,022)	4,614	957	55.8
19	246,002	241,892 (15,950)	4,110	845	49.2
20	241,347	233,597 (15,617)	7,750	621	36.2
21	248,750	242,398 (15,562)	6,352	638	37.2

注：1）△印はマイナス
　　2）「納付金・支援金等」は、後期高齢者支援金、前期高齢者納付金等の合計
　　3）組合管掌健康保険は、2021年度までは決算、2022年度は決算見込の数値
出典：全国健康保険協会「決算報告書」、健康保険組合連合会「令和４年度 健康保険組合 決算見込状況について－令和４年度決算見込と今後の財政見通しについて－」、厚生労働省「国民健康保険事業年報」

参考資料

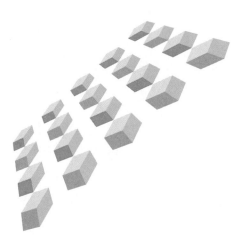

❶ 有期雇用労働者の均衡待遇（旧労働契約法20条）をめぐる裁判例の概要

　労働契約法20条で規定されていた有期雇用労働者の均衡待遇は、2018年６月の改正により、パートタイム・有期雇用労働法８条に移行し、大企業は2020年４月１日に、中小企業は2021年４月１日に施行された。

　パートタイム・有期雇用労働法８条に引き継がれた均衡規定は、「事業主は、その雇用する短時間・有期雇用労働者の基本給、賞与その他の待遇のそれぞれについて、当該待遇に対応する通常の労働者の待遇との間において、当該短時間・有期雇用労働者及び通常の労働者の業務の内容及び当該業務に伴う責任の程度（以下「職務の内容」という。）、当該職務の内容及び配置の変更の範囲その他の事情のうち、当該待遇の性質及び待遇を行う目的に照らして適切と認められるものを考慮して、不合理と認められる相違を設けてはならない。」と定めている。

　ここでは、旧労働契約法20条をめぐる最高裁判決を含む以下の裁判例を紹介する。これらの裁判例は、パートタイム・有期雇用労働法の解釈にも通用することから、参考となる。

①ハマキョウレックス事件　最高裁第二小法廷（平成30年６月１日）判決
②長澤運輸事件　最高裁第二小法廷（平成30年６月１日）判決
③大阪医科薬科大学事件　最高裁第三小法廷（令和２年10月13日）判決
④メトロコマース事件　最高裁第三小法廷（令和２年10月13日）判決
⑤日本郵便（佐賀）事件　最高裁第一小法廷（令和２年10月15日）判決
⑥日本郵便（東京）事件　最高裁第一小法廷（令和２年10月15日）判決
⑦日本郵便（大阪）事件　最高裁第一小法廷（令和２年10月15日）判決
⑧名古屋自動車学校事件　最高裁第一小法廷（令和５年７月20日）判決
⑨九州惣菜事件　福岡高裁（平成29年９月７日）判決
⑩科学飼料研究所事件　神戸地裁姫路支部（令和３年３月22日）判決

①ハマキョウレックス事件　最高裁第二小法廷（平成30年６月１日）判決　労経速2346号

◇事件の概要

　一般貨物自動車運送事業等を営む会社（ハマキョウレックス）との間で、期間の定めのある労働契約（有期労働契約）を締結して運転手として勤務していた者が、正社員との労働条件の相違が労契法20条に違反するものとして、主位的に正社員と同一の権利を有する地位にあることの確認ならびに、正社員が通常受給するべき賃金との差額の支払い、予備的に不法行為に基づく損害賠償を求めた。

　労契法20条違反と主張された正社員と相違ある労働条件は、①無事故手当、②作業手当、③給食手当、④住宅手当、⑤皆勤手当（以上、正社員のみ給付）、⑥通勤手当（正社員は通勤距離に応じて５万円を限度に給付、契約社員は3,000円を給付）、⑦家族手当、⑧一時金、⑨定期昇給、⑩退職金の支給（以上、原則、正社員のみ給付）である。

◇判決の要旨

１．労契法20条違反の判断基準

　労働契約法20条は、契約社員について正社員との職務内容等の違いに応じた均衡のとれた処遇を

求める規定であり、仮に両者の労働条件の相違が同条に違反する場合であっても、同条の効力により契約社員の労働条件が比較対象の正社員の労働条件と同一のものとなるわけではない（補充効はない）。したがって、①正社員と同一の権利を有する地位の確認、②これに基づく正社員との賃金差額の支払いの請求は認められない。

次に、③損害賠償請求に関しては、労働契約法20条の「不合理」に該当するかどうか、手当ごとに判断する。なお、「不合理」とは、「合理的でない」という意味ではなく、待遇差が積極的に「不合理」と評価できる場合である。何故なら、均衡の判断は、労使交渉や使用者の経営判断を尊重すべき面があることも否定し難いからである。

２．職務内容等の相違の有無

契約社員と正社員の間に、業務内容、業務に伴う責任の程度に相違はないが、正社員のみ、配転、出向を含む全国規模の異動の可能性があり、また、正社員のみ職務遂行能力に応じた等級制度がある。

３．個別の労働条件の相違の不合理性

(1)　無事故手当

安全運転及び事故防止の必要性に変わりないため、正社員と契約社員との間に支給の差異があることは不合理である。

(2)　作業手当

職務内容が同じである以上、正社員と契約社員との間に支給の差異があることは不合理である。

(3)　給食手当

勤務時間中に食事を取ることの必要性に変わりはないため、正社員と契約社員との間に支給の差異があることは不合理である。

(4)　住宅手当

従業員の住宅に要する費用を補助する趣旨であり、転居を伴う配転の可能性のない契約社員に対して支給されないことは不合理とはいえない。

(5)　皆勤手当

職務内容が変わらない以上、出勤確保の必要性に変わりはないため、正社員と契約社員との間に支給の差異があることは不合理である。

(6)　通勤手当

配転の有無は、通勤に要する費用の多寡とは直接関連しないため、正社員と契約社員との間に支給の差異があることは不合理である。

(※)　その他手当

家族手当、一時金、定期昇給、退職金については、第２審判決（大阪高裁　平成28年７月26日）の段階で、仮に会社の契約社員就業規則及び有期労働契約上の関連規程が労契法20条に違反するとしても、正社員就業規則及び正社員給与規程の該当規程が適用されることにはならないので、労契法20条の補充的効力は認められないと判断されている。したがって、労契法20条に違反するか否かにかかわらず、正社員と同一の権利を有する地位にあるとの確認を求めることはできないため、判

断は行われていない。最高裁判決もこの点を踏襲している。

労働条件の比較と裁判所の不合理性判断

正社員の待遇	非正規社員の待遇	最高裁判決	高裁判決	地裁判決
(1)無事故手当 該当者に月額1万円	不支給	●不合理	●不合理	○不合理と認める ことはできない
(2)作業手当 該当者に月額1万円	不支給	●不合理	●不合理	○不合理と認める ことはできない
(3)給食手当 月額3,500円	不支給	●不合理	●不合理	○不合理と認める ことはできない
(4)住宅手当 月額2万円	不支給	○不合理と認める ことはできない	○不合理と認める ことはできない	○不合理と認める ことはできない
(5)皆勤手当 該当者は月額1万円	不支給	●不合理	○不合理と認める ことはできない	○不合理と認める ことはできない
(6)通勤手当 通勤距離に応じて月額5万円を限度に支給（原告と同じ市内居住者は月額5,000円）	月額3,000円	●不合理	●不合理	●不合理
(7)家族手当 あり	不支給	判断せず（※）	判断せず（※）	○不合理と認める ことはできない
(8)定期昇給 原則あり	原則なし	判断せず（※）	判断せず（※）	○不合理と認める ことはできない
(9)一時金 原則支給あり	原則不支給	判断せず（※）	判断せず（※）	○不合理と認める ことはできない
(10)退職金 原則支給あり	原則不支給	判断せず（※）	判断せず（※）	○不合理と認める ことはできない

②長澤運輸事件 最高裁第二小法廷（平成30年6月1日）判決 労経速2346号

◇事件の概要

　セメント等の輸送事業を営む会社（長澤運輸）を定年退職した後に、有期契約労働者（嘱託者）として引き続き就労している者らが、無期契約労働者（正社員）との間に不合理な労働条件の相違が存在することは労契法20条により無効であると主張。主位的に正社員と同じ就業規則等の規定が適用される地位の確認ならびにこれに基づく差額賃金の支払い、予備的に不法行為に基づく損害賠償を請求した。

◇判決の要旨

1．職務内容等の相違の有無

　本件において、嘱託者の業務内容ならびに業務に伴う責任の程度は正社員と相違ない。また、嘱託者は正社員同様に勤務場所および担当業務が変更されることがある点でも同じである。

2．労契法20条違反の判断基準

　労働者の賃金に関する労働条件は、その職務内容および変更の範囲により一義的に定まるものではない。使用者は、労働条件の検討に際して、雇用および人事に関する経営判断の観点から、様々な事情を考慮する。実際、労働契約法20条は、嘱託者と正社員との労働条件の相違が不合理か否かを判断する際に「その他の事情」を考慮するとしている。しかるに、嘱託者が定年退職後に再雇用された者であることは、「その他の事情」として考慮される。また、嘱託者と正社員との賃金の相違の不合理性の判断にあたっては、賃金の総額を比較するのみではなく、当該賃金項目の趣旨を個別に考慮すべきである。

3．個別の労働条件の相違の不合理性

⑴　能率給・職務給

　上告人らの基本賃金は定年退職時の基本給をそれぞれ上回っている。また、能率給が支給されない代わりに、その2倍から約3倍に係数が設定された歩合給が支給される。したがって、職務給が支給されないことで上告人らへの支給額は定年退職前より低くなるが、その金額差は2％〜12％程度にとどまる。このほか、嘱託者は一定の条件を満たせば老齢厚生年金を受けられ、老齢厚生年金の報酬比例分の支給が開始されるまで、2万円の調整給が支給される。以上に鑑み、嘱託者に能率給・職務給が支給されなくても不合理とは認められない。

⑵　住宅手当・家族手当

　正社員には、嘱託者と異なり、幅広い世代の労働者が存在し得るので、住宅費および家族を扶養するための生活費を補助することに相応の理由がある。他方、嘱託者は正社員として勤続したあとに定年退職した者であり、老齢厚生年金の受給が想定され、その報酬比例分の支給が開始されるまで調整給が支給されることに鑑みれば、住宅手当、家族手当が支給されなくても不合理とはいえない。

⑶　賞与

　退職金を受け取っていることや、嘱託者の年収が定年退職前の79％程度となることに鑑み、支給されなくても不合理とはいえない。

⑷　役付手当

　正社員の中から指定された役付者に対して支給されるものであり、年功給ではないため、嘱託者に支給されなくても不合理とは認められない。

⑸　精勤手当・超勤手当

　精勤手当は、皆勤を奨励する趣旨であり、その必要性は嘱託者と正社員とで相違ないので、嘱託者に支給しないことは不合理である。これに伴い、超勤手当の計算の基礎に精勤手当が含まれないことも不合理である。なお、労働契約法20条違反の効果として、嘱託者の労働条件が比較の対象で

ある正社員のそれと同一であることが求められるわけではない。

労働条件の比較と裁判所の不合理性判断

正社員の待遇	有期契約社員（※）の待遇	最高裁判決	高裁判決	地裁判決
(1)基本給 ・在籍給（8万9100円〜12万1100円） ・年齢給（0円〜6000円）	基本給の代わりに一律12万5000円の基本賃金を支給（上告人らの定年退職時の基本給を上回る）。	○不合理と認めることはできない	○ただちに不合理であるとは認められない ※諸事情を総合的に考慮して判断（個別の労働条件ごとに判断していない）	●賃下げを正当化する特段の事情がない限り不合理である
(2)能率給 3.10％〜4.60％	能率給の代わりに7％〜12％の歩合給を支給			
(3)職務給 7万6952円〜8万2952円	なし			
(4)精勤手当 月額5,000円	なし	●不合理		
(5)役付手当 班長：月額3,000円 組長：月額1,500円	なし	○不合理と認めることはできない		
(6)住宅手当 月額1万円	なし	○不合理と認めることはできない		
(7)無事故手当 月額5,000円	月額5,000円	正社員と同額なので判断の対象外		
(8)家族手当 ・配偶者につき月額5,000円 ・子1人につき月額5,000円（2人まで）	なし	○不合理と認めることはできない		
(9)超勤手当 あり	計算の基礎に精勤手当が含まれないので、正社員と差異がある	●不合理		
(10)通勤手当 あり（月額4万円を限度）	あり（月額4万円を限度）	正社員と同額なので判断の対象外		
(11)調整給 なし	老齢厚生年金の報酬比例部分が支給されない期間につき、月額2万円	定年後再雇用者のみに支給される		
(12)賞与・退職金 ・賞与：基本給の5ヶ月分 ・退職金：3年以上勤務の者に支給	賞与・退職金ともになし	○不合理と認めることはできない		

（※）定年後再雇用

③**大阪医科薬科大学事件**　最高裁第三小法廷（令和2年10月13日）判決　労経速2430号

◇**事件の概要**

　大阪医科薬科大学において有期労働契約の時給制アルバイト職員として事務業務に従事していた者（所定労働時間は無期雇用職員と同じ）が、正社員との間の賞与、私傷病欠勤中の賃金等の相違が労働契約法20条に違反するものであったとして、不法行為に基づき、上記相違に係る賃金に相当する損害賠償等を求めた事案。大学には事務系の職員として正職員、契約社員、アルバイト職員及び嘱託職員が存在する。

◇**判決の要旨**

1．職務内容等の相違の有無

　比較対象とされた教室事務員である正社員とアルバイト職員の職務の内容は、共通する部分はあるものの、アルバイト職員の業務の内容は相当に軽易であるのに対し、正社員は学内の英文学術誌の編集事務、病理解剖に関する遺族等への対応や部門間の連携を要する業務または毒劇物等の試薬の管理業務等にも従事する必要があり、一定の相違があった。

　職務の内容及び配置の変更の範囲についても、正社員は正社員就業規則上人事異動を命ぜられる可能性があったのに対し、アルバイト職員は原則として業務命令によって配置転換されることはなく、人事異動は例外的かつ個別的な事情により行われており、一定の相違があった。

　教室事務員である正社員が他の大多数の正社員と職務の内容及び配置の変更の範囲を異にしていたことについては、教室事務員の業務の内容や大学が行ってきた人員配置の見直し等に起因する事情が存在していた。またアルバイト職員については、契約社員、正社員へ段階的に職種を変更するための登用制度が設けられていた。これらの事情は「その他の事情」として考慮するのが相当である。

2．個別の労働条件の相違の不合理性

(1)　賞与

　正社員に対する賞与は業績に連動するものではなく、算定期間における労務の対価の後払いや一律の功労報償、将来の労働意欲向上等の趣旨を含むものと認められ、正社員としての職務を遂行しうる人材の確保やその定着を図る等の目的があるといえる。

　これらの性質や目的を踏まえて、教室事務員である正社員とアルバイト職員の職務の内容等を考慮すれば、契約社員に対して正社員の約80％に相当する賞与が支給されていたこと、アルバイト職員に対する年間支給額が新規採用された正社員の基本給及び賞与の合計額の55％程度の水準にとどまることをしんしゃくしても、賞与に関する労働条件の相違があることは不合理であると評価することはできない。

(2)　私傷病中の賃金について

　正社員が長期にわたり継続して就労し、または将来にわたって継続して就労することが期待されることに照らし、生活保障を図るとともに、その雇用を維持し確保するという目的があるといえる。アルバイト職員は長期雇用を前提とした勤務を予定しているとはいい難く、雇用を維持し確保する

ことを前提とする当該制度の趣旨が直ちに妥当するものとはいえない。また、原告は勤務開始2年余りで欠勤扱いとなり（欠勤期間を含む在籍期間も3年余りであり）、その勤続期間が相当の長期間に及んでいたとはいい難く、原告の有期労働契約が当然に更新され契約期間が継続する状況にあったことをうかがわせる事情も見当たらない。したがって、私傷病中に賃金に係る労働条件の相違があることは、労働契約法第20条にいう不合理であるとは評価することはできない。

労働条件の比較と裁判所の不合理性判断

正社員の待遇	有期契約社員の待遇	最高裁判決	高裁判決	地裁判決
(1)賞与 ・基本給の4.6か月が一応の支給基準 ・業績連動せず	なし	○不合理であるとは評価することはできない	●正社員基準の60％を下回る部分	○不合理と認めることはできない
(2)私傷病欠勤・休職中の賃金 ・欠勤期間（6か月）について給与全額支給、その後の休職期間（1年6か月）については休職給として標準給与の2割を支給	なし	○不合理であるとは評価することはできない	●1ヶ月の賃金保障、2か月の休職給保障を下回る部分	
(3)基本給 ・月給制	・時給制 金額は正社員より2割程度低い	判断せず	○不合理と認めることはできない（確定）	
(4)夏期特別有給休暇 ・5日	なし	判断せず	○不合理と認めることはできない（確定）	

④メトロコマース事件 最高裁第三小法廷（令和2年10月13日）判決 労経速2430号

◇事件の概要

有期雇用契約社員（契約社員B）として、会社（メトロコマース）の運営する地下鉄駅構内の売店において販売業務に従事していた者が、同じく売店業務に従事している正社員との間の退職金等の相違が労働契約法20条に違反するものであったとして、不法行為等に基づき、退職金に相当する額等の損害賠償等を求めた事案。会社には正社員、契約社員A（平成28年4月に職種限定社員と名

称が改められ、無期労働契約とされ、退職金制度が設けられた。）、契約社員Bの雇用区分があった。

◇判決の要旨

1．職務内容等の相違の有無

　職務の内容を見ると、比較の対象とされた売店業務に従事する正社員と契約社員Bの業務の内容はおおむね共通するものの、正社員は代務業務やエリアマネージャー業務に従事することがあったのに対し、契約社員Bは売店業務に専従しており、両者の職務内容に一定の相違があったことは否定できない。

　また、正社員は配置転換等を命ぜられる現実の可能性があったのに対し、契約社員Bは業務の場所の変更を命ぜられることはあっても、業務の内容に変更はなく、配置転換等を命ぜられることはなかったのであり、両者の配置の変更範囲にも一定の相違があった。

　売店業務に従事する正社員が他の多数の正社員と職務の内容及び配置の変更の範囲を異にしていたことについては会社の組織再編等に起因する事情が存在したものといえる。加えて、会社は契約社員A及び正社員へ段階的に職種を変更するための開かれた試験による登用制度を設け、相当数の登用が行われていた。これらの事情は、「その他の事情」として考慮するのが相当である。

2．個別の労働条件の相違の不合理性

(1)　退職金

　正社員に対して支給される退職金は、職務遂行能力や責任の程度等を踏まえた労務の対価の後払いや継続的な勤務等に対する功労報償等の複合的な性質を有するものであり、会社は正社員としての職務を遂行しうる人材の確保や定着を図るなどの目的から、様々な部署等で継続的に就労することが期待される正社員に対し退職金を支給することとしたものといえる。

　こうした目的を踏まえて、売店業務に従事する正社員と契約社員Bの職務の内容等を考慮すれば、契約社員Bの有期労働契約が原則として更新するものとされ、定年が65歳と定められるなど、必ずしも短期雇用を前提としていたものとはいえず、また、10年前後の勤続年数を有していることをしんしゃくしても、両者の間に退職金の支給の有無に係る労働条件の相違があることは、不合理であるとまでは評価することはできない。

労働条件の比較と裁判所の不合理性判断

正社員の待遇		有期契約社員の待遇	最高裁判決	高裁判決	地裁判決
(1)退職金 退職金（本給×勤続年数に応じて支給月数）を支給		なし	○不合理であるとまでは評価することができない	●正社員基準の4分の1を下回る部分	○不合理と認めることはできない

(2)本給 年齢給と職務給から構成 ・年齢給：18歳50,000円〜40歳以降は72,000円 ・職務給：3つの職務グループ毎の資格及び号俸による。108,000円〜337,000円	本給（時給）：入社時一律1,000円・平成22年以降は毎年10円ずつ昇給	判断せず	○不合理と認めることとはできない（確定）	○不合理と認めることとはできない
(3)住宅手当 扶養家族有：15900円、無：9,200円を一律支給	なし	判断せず	●不合理（確定）	
(4)賞与 年2回（平均支給実績：本給2か月分＋176,000円）	夏冬各120,000円	判断せず	○不合理と認めることとはできない（確定）	
(5)褒賞 勤続10年時3万円、定年退職時5万円相当の記念品	なし	判断せず	●不合理（確定）	
(6)早出残業手当の割増率 所定労働時間（7時間50分）を超えた早出残業手当の割増率について、初めの2時間が127％、それ以降135％	所定労働時間（8時間）を超えた早出残業手当の割増率について、125％	判断せず	●不合理（確定）	●不合理

⑤日本郵便（佐賀）事件　最高裁第一小法廷（令和2年10月15日）判決　労経速2429号

◇**事件の概要**

　原告は平成22年6月に郵便事業株式会社（現：日本郵便）との間で有期労働契約を締結し、その後、契約更新を繰り返しながら時給制契約社員として郵便業務に従事。同25年12月14日に日本郵便を退職した。

　日本郵便では、郵便業務を担当する正社員に夏期冬期休暇（夏期休暇は6月1日から9月30日まで、冬期休暇は10月1日から翌年3月31日までの各期間においてそれぞれ3日まで有給休暇）が与えられる。一方、郵便業務を担当する時給制契約社員には与えられない。原告は夏期冬期休暇にかかる労働条件の相違が労働契約法20条にいう不合理と認められるものにあたるとして、日本郵便に対して不法行為に基づく損害賠償請求を行った。

◇**判決の要旨**

1．労働条件の相違の不合理性

(1) 夏期冬期休暇

　日本郵便において、郵便業務を担当する正社員に夏期冬期休暇が与えられているのは労働から離れる機会を与えることにより、心身の回復を図る目的によるものと解される。郵便業務を担当する時給制契約社員は、繁忙期に限定された短期間の勤務ではなく、業務の繁閑に関わらない勤務が見込まれているから、夏期冬期休暇を与える趣旨は時給制契約社員にも妥当する。

⑥**日本郵便（東京）事件**　最高裁第一小法廷（令和2年10月15日）判決　労経速2429号

◇**事件の概要**

　原告のうち2名は、国または日本郵政公社に有期任用公務員として任用されたのち、平成19年10月に郵便事業株式会社（現：日本郵便）との間で有期労働契約を締結。契約更新を繰り返しながら時給制契約社員としてそれぞれ配達等郵便業務、窓口・区分け作業等郵便業務に従事している。原告のうちもう1名は、平成20年10月に郵便事業株式会社（現：日本郵便）と有期労働契約を締結。契約更新を繰り返しながら時給制契約社員として配達等郵便業務に従事している。

　郵便局で郵便外務事務や窓口業務等に従事している原告らが、正社員との労働条件の相違が労契法20条等に違反すると主張して、正社員の就業規則・給与規程が適用される地位にあることの確認や、諸手当の差額について支払いを求めたもの。

◇**判決の要旨**

1．個別の労働条件の相違の不合理性

(1) 有給の病気休暇

　日本郵便において、私傷病により勤務できなくなった正社員に有給の病気休暇が与えられているのは、郵便業務を担当する正社員が長期にわたり継続して勤務することが期待されることから、生活保障を図り、私傷病の療養に専念させることを通じて、その継続的な雇用を確保するという目的による。この点は使用者の経営判断として尊重し得るものと解される。

　もっとも、上記目的に照らせば、郵便業務を担当する時給制契約社員についても、相応に継続的な勤務が見込まれるのであれば、その趣旨は妥当する。上記時給制契約社員は、有期労働契約の更新を繰り返し、相応に継続的な勤務が見込まれている。

　そうすると、正社員と時給制契約社員との間に職務の内容や当該職務の内容及び配置の変更の範囲その他の事情につき相応の相違があること等を考慮しても、私傷病による病気休暇の日数につき相違を設けることはともかく、これを有給にするとか無給にするとかにつき労働条件の相違があることは不合理である。

(2) 夏期冬期休暇の損害

　夏期冬期休暇を与えられなかったことにより、当該所定の日数につき、本来する必要のなかった勤務をせざるを得なかったものといえるから上記勤務をしたことによる財産的損害を受けたものと

いえる。

(3) 年末年始勤務手当

日本郵便の年末年始勤務手当は、郵便業務についての最繁忙期であり、多くの労働者が休日として過ごしている年末年始の期間において、同業務に従事していたことに対し、その勤務の特殊性から基本給に加えて支給される対価としての性質を有する。

このような性質に照らせば、その支給趣旨は、郵便業務を担当する時給制契約社員にも妥当する。そうすると、正社員と時給制契約社員との間に職務の内容や当該職務の内容及び配置の変更の範囲その他の事情につき相応の相違があること等を考慮しても、両者間に同手当に係る労働条件の相違があることは不合理である。

⑦日本郵便（大阪）事件　最高裁第一小法廷（令和2年10月15日）判決　労経速2429号

◇事件の概要

原告のうち1名を除く者らは国または日本郵政公社に有期任用公務員として任用されたのち、平成19年10月に郵便事業株式会社（現：日本郵便）との間で有期労働契約を締結。契約更新を繰り返しながら時給制契約社員または月給制契約社員として配達等郵便業務に従事している（このうち1名は退職済）。原告のうち残りの1名は同22年4月に郵便事業株式会社（現：日本郵便）との間で有期労働契約を締結。契約更新を繰り返しながら日本郵便において時給制契約社員として配達等郵便業務に従事している。

原告らは、年末年始勤務手当、年始勤務の祝日給、扶養手当等に係る労働条件の相違が労働契約法20条にいう不合理と認められるものにあたるとして、日本郵便に対して不法行為に基づく損害賠償請求を行った。

◇判決の要旨

1．個別の労働条件の相違の不合理性

(1) 年始勤務の祝日給

本件契約社員は、契約期間が6か月以内または1年以内とされているが、有期労働契約の更新を繰り返して勤務するものもいるなど、繁忙期に限定された短期間の勤務ではなく、業務の繁閑に関わらない勤務が見込まれている。最繁忙期における労働力の確保の観点から、年始期に特別休暇を付与しないこと自体には理由はあるものの、年始期における勤務の代償として祝日給を支給する趣旨は本件契約社員にも妥当する。

そうすると、職務の内容や当該職務の内容及び配置の変更の範囲その他の事情につき相応の相違があること等を考慮しても、労働条件の相違があることは不合理である。

(2) 扶養手当

日本郵便において、扶養手当が支給されているのは、正社員が長期にわたり継続して勤務することが期待されることから、生活保障や福利厚生を図り、扶養親族のある者の生活設計等を容易にさせることを通じて、その継続的な雇用を確保するという目的によるものと考えられる。この点は、

使用者の経営判断として尊重し得る。

　もっとも、上記目的に照らせば、本件契約社員についても扶養家族があり、かつ、相応に継続的な勤務が見込まれるのであれば、扶養手当を支給することとした趣旨は妥当する。本件契約社員は、契約期間が6か月以内または1年以内とされているが、有期労働契約の更新を繰り返して勤務するものもいるなど、相応に継続的な勤務が見込まれている。

　そうすると、職務の内容や当該職務の内容及び配置の変更の範囲その他の事情につき相応の相違があること等を考慮しても、労働条件の相違があることは不合理である。

(3) 夏期冬期休暇の損害

　夏期冬期休暇を与えられなかったことにより、当該所定の日数につき、本来する必要のなかった勤務をせざるを得なかったものといえるから上記勤務をしたことによる財産的損害を受けたものといえる。

(4) 年末年始勤務手当

　日本郵便の年末年始勤務手当は、郵便業務についての最繁忙期であり、多くの労働者が休日として過ごしている年末年始の期間において、同業務に従事していたことに対し、その勤務の特殊性から基本給に加えて支給される対価としての性質を有する。

　このような同手当の性質に照らせば、その支給趣旨は、郵便業務を担当する時給制契約社員にも妥当する。そうすると、正社員と時給制契約社員との間に職務の内容や当該職務の内容及び配置の変更の範囲その他の事情につき相応の相違があること等を考慮しても、両者間に同手当に係る労働条件の相違があることは不合理である。

日本郵便3事件について、労働条件の比較と裁判所の不合理性判断

正社員の待遇	有期契約社員の待遇	最高裁判決	高裁判決	地裁判決
(1)年始勤務の祝日給 祝日を除く1月1日から同月3日までの期間（年始期間）に勤務した場合にも祝日休（時間 単価×135%）が支給される	なし	●不合理 〔東京・大阪〕	●不合理 〔東京・大阪〕 大阪：5年以降の分のみ	●不合理 〔東京・大阪〕 ※佐賀は損害発生の立証なし
(2)扶養手当 1人につき1,500円〜15,800円	なし	●不合理 〔大阪〕	○不合理でない 〔大阪〕	●不合理 〔大阪〕
(3)有給の病気休暇 90日間有給	10日間無給	●不合理 〔東京〕	●不合理 〔東京・大阪〕 大阪：5年以降の分のみ	●不合理 〔東京〕 ※大阪は契約上の地位確認を否定

(4)夏期冬期休暇 夏期・冬期それぞれ3日	なし	●不合理 〔佐賀・東京・大阪〕	●不合理 〔佐賀・東京・大阪〕 大阪：5年以降の分のみ	●不合理 〔東京〕 ○不合理でない 〔佐賀〕 ※大阪は契約上の地位確認を否定
(5)住居手当 家賃額・住宅購入借入額に応じて支給（最大27,000円）	なし	判断せず	●不合理 〔東京・大阪〕 （確定）	●不合理 〔東京・大阪〕
(6)年末年始勤務手当 4,000円〜5,000円/日	なし	●不合理 〔東京・大阪〕	●不合理 〔東京・大阪〕	●不合理 〔東京・大阪〕 ※佐賀は損害発生の立証なし
(7)夏期年末手当（賞与）	0.3を乗じるなど算定方法に差がある	判断せず	○不合理でない 〔佐賀・東京・大阪〕 （確定）	○不合理でない 〔佐賀・東京・大阪〕

⑧名古屋自動車学校事件　最高裁第一小法廷（令和5年7月20日）判決　労経速2529号

◇**事件の概要**

　上告人（一審被告）は自動車学校の経営等を行う株式会社である。

　被上告人（一審原告）らは、上告人の正職員として教習指導員の業務を行い、平成25年、26年に定年（60歳）退職した。その後期間1年の有期雇用契約を締結し（数回更新）、嘱託職員として、引き続き同じ業務を行っていた。なお、定年前後で、業務の内容及び当該業務に伴う責任の程度（以下「職務の内容」という。）並びに当該職務の内容及び配置の変更の範囲に相違はなかった。

　定年前と比較して、嘱託職員となった被上告人らの基本給、賞与（嘱託職員一時金）等は減額して支給されていたところ、本件は定年前との労働条件の相違が労働契約法20条に違反するとして、被上告人らが差額賃金、損害賠償等を請求した事案である。

　第1審及び原審は、被上告人らの定年退職時の基本給の額の60％を下回る部分、及び定年退職時の基本給の60％を基準に計算した賞与額を下回る部分は、労働契約法20条に違反するとして、被上告人らの請求を一部認容した。そこで、上告人が、敗訴部分を不服として上告した。

◇**判決の要旨**

1　有期労働契約を締結している労働者と無期労働契約を締結している労働者との労働条件の相違が基本給や賞与の支給に係るものであったとしても、それが期間の定めがあることによる不合理な相違を禁止した労働契約法20条にいう不合理と認められる場合はあり得るものと考えられる。

もっとも、その不合理性の判断に当たっては、他の労働条件の相違と同様に、当該使用者における基本給及び賞与の性質やこれらを支給することとされた目的を踏まえて同条所定の諸事情を考慮することにより、当該労働条件の相違が不合理と評価することができるか否かを検討すべきである。

2　正職員の基本給は、勤続年数に応じて額が定められる勤続給としての性質のみを有するということはできず、職務の内容に応じて額が定められる職務給としての性質や、職務遂行能力に応じて額が定められる職能給としての性質も有するものとみる余地がある。それに対して、嘱託職員は定年後再雇用された者であり、役職に就くことが予定されていないことに加え、基本給が勤続年数に応じて増額されることもないこと等からすると、嘱託職員の基本給は、正職員の基本給とは異なる性質や支給の目的を有するものとみるべきである。

3　正職員と嘱託職員である被上告人らとの間で基本給の金額が異なるという労働条件の相違については、各基本給の性質やこれを支給することとされた目的を十分に踏まえることなく、また、労使交渉に関する事情を適切に考慮しないまま、その一部が労働契約法20条にいう不合理と認められるものに当たるとした原審の判断には、同条の解釈適用を誤った違法がある。

4　前記3と同様に、正職員と嘱託職員である被上告人らとの間で賞与と嘱託職員一時金の金額が異なるという労働条件の相違については、賞与及び嘱託職員一時金の性質やこれらを支給することとされた目的を踏まえることなく、また、労使交渉に関する事情を適切に考慮しないまま、その一部が労働契約法20条にいう不合理と認められるものに当たるとした原審の判断には、同条の解釈適用を誤った違法がある。

5　原判決中、被上告人らの基本給及び賞与に係る損害賠償請求に関する上告人敗訴部分は破棄を免れない。そして、更に審理を尽くさせるため、上記部分につき本件を原審に差し戻すこととする。

労働条件の比較と裁判所の不合理性の判断

定年前の待遇	定年退職後の待遇 （嘱託職員）	最高裁判決	高裁判決	地裁判決
(1)基本給 あり	正職員定年退職時と比較して、50%以下に減額	△差し戻し	●不合理	●正職員定年退職時の基本給の60%を下回る限度で不合理と認められるものに当たる
(2)皆精勤手当 所定労働時間を欠略なく勤務した場合に支給	正職員定年退職時に比べて減額して支給	―	●不合理	●不合理と認められるものに当たる

健闘賞（精励手当） 施設ごとに定めた基準に基づき、1か月に担当した技能教習等の時間数に応じ、職務精励の趣旨で支給				
(3)家族手当 あり	支給なし	―	○不合理でない	○不合理と認められるものに当たるということはできない
(4)賞与 各季で正職員一律に設定される掛け率を各正職員の基本給に乗じ、さらに当該正職員の勤務評定分（10段階）を加算する方法で算定	正職員定年退職時の賞与を大幅に下回る ※賞与は原則として支給なし 勤務成績を勘案して支給することがある（嘱託職員一時金）	△差し戻し	●不合理	●基本給を正職員定年退職時の60％の金額であるとして各季の正職員の賞与の調整率を乗じた結果を下回る限度で不合理と認められるものに当たる

⑨九州惣菜事件　福岡高裁（平成29年9月7日）判決　労経速2347号

◇事件の概要

　被控訴人（水産物や惣菜の製造・加工を行なう株式会社）に雇用され定年に達した控訴人が、被控訴人に対し、①主位的に、控訴人は、被控訴人が定年後再雇用をするに当たって提示（以下「本件提案」）した再雇用条件を承諾しなかったが、定年後も被控訴人との間の雇用契約関係が存在し、その賃金につき定年前賃金の8割相当とする黙示的合意が成立していると主張して、控訴人が労働契約上の権利を有する地位にあることの確認、及び控訴人の定年退職日の翌日から判決確定の日まで毎月月額27万円余（退職前の賃金額の8割）の賃金の支払を求めるとともに、②予備的に、被控訴人が、本件提案において賃金が著しく低廉で不合理な労働条件の提示（月収ベースで約75％の減収につながるような短時間労働者への転換）しか行わなかったことは、被控訴人の再雇用の機会を侵害する不法行為を構成すると主張して、逸失利益金1663万円余及び慰謝料金500万円の支払い等を求める事案である。

　原審が、上記①②の請求をいずれも棄却したため、控訴人がこれを不服として控訴した。なお、本判決については、控訴人と被控訴人の双方が不服として、上告提起及び上告受理申し立てを行ったが、最高裁は、平成30年3月1日付の決定で上告棄却、申立不受理としている。

◇判決の要旨

1．定年後の労働契約成立の有無

　本件では、具体的な労働条件を内容とする定年後の労働契約について、明示的な合意が成立していると認めることはできないし、就業規則等の定めや当事者の意思解釈をもって個別労働条件についての合意を見出すこともできないから、控訴人の主位的請求（労働契約上の権利を有する地位の確認請求及び賃金請求）についてはいずれも理由がない。

2．再雇用条件の提示における裁量権逸脱の有無

⑴　労働契約法20条違反の有無

　控訴人は、再雇用契約を締結していないから、本件はそもそも労働契約法20条の適用場面ではない。また、再雇用契約について契約期間の定めの有無が原因となって構造的に賃金に相違が生ずる賃金体系とはなっておらず、定年前の賃金と本件提案における賃金の格差が、労働契約に「期間の定めがあることにより」生じたとは直ちにいえない。したがって、いずれにしても、本件提案が労契法20条に違反するとは認められない。

⑵　公序良俗違反等の有無

　ア　規範

　　高年齢者雇用安定法9条1項に基づく高年齢者雇用確保措置を講じる義務は、事業主に定年退職者の希望に合致した労働条件の雇用を義務付けるという私法的効力を有するものではないものの、労働契約法制に係る公序の一内容を為しているというべきであるから、同法の趣旨に反する事業主の行為、例えば、再雇用について、極めて不合理であって、労働者である高年齢者の希望・期待に著しく反し、到底受け入れ難いような労働条件を提示する行為は、継続雇用制度の導入の趣旨に違反した違法性を有するものであり、事業主の負う高年齢者雇用確保措置を講じる義務の反射的効果として当該高年齢者が有する、上記措置の合理的運用により65歳までの安定的雇用を享受できるという法的保護に値する利益を侵害する不法行為となり得ると解するべきである。

　　そして、高年法9条1項が定める継続雇用制度についても、同じく同項が定める定年の引上げや定年制の廃止に準じる程度に、当該定年の前後における労働条件の継続性・連続性が一定程度、確保されることが前提ないし原則となると解するのが相当であり、このように解することが高年法の趣旨に合致する。したがって、例外的に、定年退職前のものとの継続性・連続性に欠ける（あるいはそれが乏しい）労働条件の提示が継続雇用制度の下で許容されるためには、同提示を正当化する合理的な理由が存することが必要であると解する。

　イ　あてはめ

　　本件提案は、フルタイムでの再雇用を希望していた控訴人を短時間労働者とするものであるところ、本件提案から算出される賃金は、月給ベースで定年前の賃金の約25％にとどまるものであり、定年退職前の労働条件との継続性・連続性を一定程度確保するものとは到底いえない。したがって、本件提案が継続雇用制度の趣旨に沿うといえるためには、そのような大幅な賃金の減少を正当化する合理的な理由が必要である。

　　この点につき、被控訴人は、店舗数の減少という事情を挙げるが、かかる店舗減少による影響

は限定的であると解されることや、法改正後相当程度の期間が経過しており、この間に控訴人の希望に応じて本社事務職の人員配置及び業務分担の変更等の措置を講じることも可能であったと考えられること等からすると、月収ベースで約75％の減少につながるような短時間労働者への転換を正当化する合理的な理由は見出せない。

　以上から、被控訴人が、本件提案をしてそれに終始したことについては、継続雇用制度の導入の趣旨に反し、裁量権を逸脱または濫用したものとして違法性があるものと言わざるを得ず、不法行為を構成するものと認められる。

3．不法行為の損害

(1)　逸失利益

　本件に顕れた諸事情を総合しても、本件提案がなければ、控訴人と被控訴人が、退職前賃金の8割以上の額を再雇用の賃金とすることに合意した高度の蓋然性があると認めることはできず、合意されたであろう賃金の額を認定することは困難である。よって、被控訴人の上記不当行為と相当因果関係のある逸失利益を認めることはできない。

(2)　慰謝料

　他方、①本件提案の内容が定年退職前の労働条件と継続性・連続性を著しく欠くものであること、②他方で、店舗数の減少を踏まえて本件提案をしたことにはそれなりの理由があったといえることに加え、③遺族厚生年金等の受給や扶養親族がいないといった事情に照らせば、本件提案の内容は直ちに控訴人の生活に破綻を来すようなものではなかったといえること、④その他（控訴人の勤続年数等）の諸事情を総合考慮すれば、慰謝料額は100万円とするのが相当である。

判決

	高裁判決	地裁判決
【主位的請求】 労働契約上の権利を有する地位の確認及び賃金請求	棄却	棄却 （平成27年3月31日をもって定年退職。再雇用にも至らなかった）
【予備的請求】 再雇用条件の提示における裁量権逸脱による逸失利益金および慰謝料請求	慰謝料100万円 その余の予備的請求は棄却	棄却 （労働契約法20条違反等、公序良俗違反等、就業規則違反等、協議をしなかった等、原告の主張を検討したところからすれば、本件提案が不合理なものとまでは認め難く、他に原告の主張を裏付ける的確な主張立証も存しないから、被告について不法行為の成立を認めることはできない。）

⑩**科学飼料研究所事件**　神戸地裁姫路支部（令和3年3月22日）判決　労経速2452号

◇**事件の概要**

　被告は飼料及び飼料添加物の製造及び販売等を目的とする株式会社である。

　原告らは、被告と期間の定めのある労働契約を締結した嘱託社員（定年後再雇用者を含む。以下「原告ら嘱託社員」）、又は被告と期間の定めのない労働契約を締結した年俸社員（以下「原告ら年俸社員」）であり、兵庫県にある被告のQ2工場で製品の製造作業などに従事していた。

　本件は、原告ら嘱託社員及び原告ら年俸社員が、被告と無期労働契約を締結している年俸社員以外の他の無期契約労働者との間で、賞与、家族手当、住宅手当及び昼食手当（以下「本件手当等」）に相違があることは、労働契約法20条ないし民法90条に違反している旨などを主張して、被告に対し、不法行為に基づく損害賠償として、本件手当等に係る賃金に相当する額等の支払いを求め訴訟提起した事案である。

　被告の雇用形態には、有期契約労働者である「嘱託」と、無期契約労働者である「社員」との区分があり、さらに「社員」には「年俸社員」とその他の区分が存在していた。そして、年俸社員を除く社員のコースの種類として、「総合職コース」「専門職コース」及び「一般職コース」が設けられていた。

◇**判決の要旨**

1．原告ら嘱託社員について

(1)　比較対象者

　原告ら嘱託社員は、一般職コース社員のうち、資格等級が4等級の社員を比較の対象とするべきであると主張するが、職能資格等級と業務の内容は直接連動するものでないことなどの事情からすると、比較の対象を4等級の社員のみに限定することは相当とはいえず、Q2工場の製造課に所属する一般職コース社員と比較する。

(2)　賞与

　一般職コース社員と原告ら嘱託社員との間には、職務の内容やその変更の範囲等に一定の相違があり、そのため、両社員では人材活用の仕組みが異なっており、一般職コース社員については、職務遂行能力の向上が求められ、長期的な人材育成が予定されていたこと、また、両社員では賃金体系が異なっており、再雇用者を除く原告ら嘱託社員の年間支給額と比較すると、一般職コース社員の基本給の年間支給額は低く抑えられ、したがってこの点で月額の基本給も低いこと、定年後の再雇用者については、一定の要件を満たせば老齢厚生年金の支給を受けることも予定されていることなどからすれば、その賃金が一定程度抑制されることもあり得ること、さらに、被告では嘱託社員から年俸社員に、年俸社員から一般職コース社員になるための試験による登用制度が設けられ、一定の登用実績もあり、嘱託社員としての雇用が必ずしも固定されたものではないことが認められる。以上の事情を総合すれば、一般職コース社員と原告ら嘱託社員との間に賞与に係る労働条件に相違があることが、不合理であるとまで評価することはできない。

(3) 家族手当、住宅手当

　その支給要件や支給金額に照らすと、被告が支給する家族手当及び住宅手当は、従業員の生活費を補助するという趣旨によるものであったといえる。そして、扶養者がいることで日常の生活費が増加するということは、原告ら嘱託社員と一般職コース社員の間で変わりはない。また、原告ら嘱託社員と一般職コース社員は、いずれも転居を伴う異動の予定はされておらず、住居を持つことで住居費を要することになる点もおいても違いはないといえる。そうすると、家族手当及び住宅手当の趣旨は、原告ら嘱託社員にも同様に妥当するということができ、このことは、その職務の内容等によって左右されることとはいえない。

　また、住居を構えることや、扶養家族を養うことでその支出が増加するという事情は再雇用者にも同様に当てはまる上、再雇用者になると、その基本月額は相当な割合で引き下げられる一方で、被告において前記各手当に代わり得る具体的な支給がされていたといった事情は窺われない。

　これらの事情に照らすと、再雇用者を含め、原告ら嘱託社員に対して家族手当及び住宅手当を全く支給しないことは、不合理であると評価することができる。

(4) 昼食手当

　被告が支給している昼食手当は、当初は従業員の食事に係る支出の補助との趣旨として支給されていたとしても、過去の支給経緯等からすれば遅くとも平成4年頃からはその名称にかかわらず、月額給与額を調整する趣旨で支給されていたと認められる。

　そして、一般職コース社員と原告ら嘱託社員との間には、職務の内容やその変更の範囲等に一定の相違があり、両社員では人材活用の仕組みが異なっていること、また、両社員では賃金体系が異なっており、一般職コース社員の月額の基本給は、昼食手当を加えても原告ら嘱託社員の月額支給額より低いこと、さらに、被告では登用制度が設けられていることなどの事情が認められ、これらの事情を総合すれば、昼食手当との名称や、原告ら嘱託社員には同手当が一切支給されないことなどをしんしゃくしても、一般職コース社員と原告ら嘱託社員との間に上記趣旨を持つ昼食手当に係る労働条件の相違があることが、不合理であるとまでは評価することはできない。

2．原告ら年俸社員について

　本件事実関係において、本件手当等に係る労働条件の相違が社会通念に照らして著しく不当な内容であるとまで評価することはできない。したがって、当該労働条件の相違を設けたことが、公序良俗に違反するとか、不法行為を構成すると認めることはできない。

判決

一般職コース社員の待遇	嘱託社員・年俸社員の待遇	地裁判決	
		嘱託社員	年俸社員
(1)賞与 支給	支給なし	○不合理であるとまで評価することはできない	○公序良俗違反、不法行為を構成すると認めることはできない
(2)家族手当、住宅手当 支給	支給なし	●不合理であると評価することができる	

(3)昼食手当 支給	支給なし	○不合理であるとまで評価することはできない （過去の支給経緯等からすれば遅くとも平成4年頃からはその名称にかかわらず、月額給与額を調整する趣旨で支給されていたと認められる）

企業の対応における留意点

　上記①から⑦、⑨と⑩（一部）の裁判例は、正社員と有期契約社員との間における労働条件の相違について不合理かどうかが争点となったケースである。これら裁判例から得られる不合理性の判断のポイントと企業対応における留意点は次のとおりである。

　第一に、不合理性は待遇ごとに判断される。第二に、職務内容や人材活用の仕組みが異なっていても不合理な待遇差となることがある。休暇については趣旨・目的と当該有期雇用労働者の勤務時間・雇用の継続性、手当については趣旨・目的に照らし判断されることに留意する必要がある。

　第三に、待遇差の比較対象となる正社員は労働者側が選定する。下級審では、原告有期雇用労働者が比較対象正社員を選択できるという説（③大阪医科薬科大学事件）と、客観的に想定すべきという説（④メトロコマース事件）に分かれていたところ、最高裁は前者を採用しつつ「その他の事情」として対象正社員の特殊事情をしんしゃくした。企業は一般的に、全社員を念頭に待遇ごとの不合理性を検証するが、裁判の際は有期雇用労働者等が選択した一部の正社員が比較対象となる。現場レベルでみて有期雇用労働者から「同じ仕事をしているのに、なぜこの正社員と待遇が異なるのか」という疑問が生じえるか、生じた場合どのように回答するか、という観点から検討していくことが重要である。

　なお、これらの裁判例はいずれも待遇の「程度」ではなく「有無」についての格差について判断している。例えば、賞与であれば正社員と有期社員の間にいくらの差があれば不合理なのか、休暇であれば正社員と有期社員の間に何日間の違いがあれば不合理と判断されるのかといった点については依然不明である。

　⑨は最高裁判決の後に地裁で判決された、定年後再雇用者の基本給、賞与等が労働契約法20条に違反するとされた例である。定年退職後に再雇用された者であることを「その他の事情」として考慮するとしつつ、例えば、「労働者の生活保障という観点も踏まえ、嘱託職員時の基本給が正職員定年退職時の60%を下回る限度で不合理と認められるものに当たると解するのが相当である」との結論となっている。

　⑩は有期契約労働者である「嘱託社員」と無期契約労働者である「社員」との労働条件の相違が労働契約法20条に違反しているか否かの争いのほか、無期契約を締結した「年俸社員」とそれ以外の「社員」との間に労働条件の相違があることについて、同法20条の類推適用もしくは民法90条に違反すると主張して争われたもの。労働契約法20条の類推適用に関しては、「有期契約労働者と無期契約労働者との間の労働条件の相違が不合理であることを禁止する規定であることは明らかであ

り、また、雇止めに対する不安がないなどの点において、有期契約労働者と無期契約労働者では雇用契約上の地位が異なっていること等に鑑みると、無期契約労働者間の労働条件の相違について同条を類推適用することは困難である」としている。

　今後の裁判例を注視する必要がある。

❷ 副業・兼業の促進に関するガイドライン（厚生労働省）

平成30年1月策定

（令和2年9月改定）

（令和4年7月改定）

> 本ガイドラインは、副業・兼業を希望する者が年々増加傾向にある中、安心して副業・兼業に取り組むことができるよう、副業・兼業の場合における労働時間管理や健康管理等について示したものである。

1　副業・兼業の現状

（1）副業・兼業を希望する者は年々増加傾向にある。副業・兼業を行う理由は、収入を増やしたい、1つの仕事だけでは生活できない、自分が活躍できる場を広げる、様々な分野の人とのつながりができる、時間のゆとりがある、現在の仕事で必要な能力を活用・向上させる等さまざまであり、また、副業・兼業の形態も、正社員、パート・アルバイト、会社役員、起業による自営業主等さまざまである。

（2）副業・兼業に関する裁判例では、労働者が労働時間以外の時間をどのように利用するかは、基本的には労働者の自由であり、各企業においてそれを制限することが許されるのは、例えば、

①　労務提供上の支障がある場合

②　業務上の秘密が漏洩する場合

③　競業により自社の利益が害される場合

④　自社の名誉や信用を損なう行為や信頼関係を破壊する行為がある場合

に該当する場合と解されている。

（3）厚生労働省が平成30年1月に改定したモデル就業規則においても、「労働者は、勤務時間外において、他の会社等の業務に従事することができる。」とされている。

2　副業・兼業の促進の方向性

（1）副業・兼業は、労働者と企業それぞれにメリットと留意すべき点がある。

【労働者】

メリット：

①　離職せずとも別の仕事に就くことが可能となり、スキルや経験を得ることで、労働者が主体的にキャリアを形成することができる。

②　本業の所得を活かして、自分がやりたいことに挑戦でき、自己実現を追求することができる。

③　所得が増加する。

④　本業を続けつつ、よりリスクの小さい形で将来の起業・転職に向けた準備・試行ができる。

留意点：

①　就業時間が長くなる可能性があるため、労働者自身による就業時間や健康の管理も

　　　一定程度必要である。

　　② 職務専念義務、秘密保持義務、競業避止義務を意識することが必要である。

　　③ 1週間の所定労働時間が短い業務を複数行う場合には、雇用保険等の適用がない場合があることに留意が必要である。

【企業】

　メリット：

　　① 労働者が社内では得られない知識・スキルを獲得することができる。

　　② 労働者の自律性・自主性を促すことができる。

　　③ 優秀な人材の獲得・流出の防止ができ、競争力が向上する。

　　④ 労働者が社外から新たな知識・情報や人脈を入れることで、事業機会の拡大につながる。

　留意点：

　　① 必要な就業時間の把握・管理や健康管理への対応、職務専念義務、秘密保持義務、競業避止義務をどう確保するかという懸念への対応が必要である。

（2）人生100年時代を迎え、若いうちから、自らの希望する働き方を選べる環境を作っていくことが必要である。また、副業・兼業は、社会全体としてみれば、オープンイノベーションや起業の手段としても有効であり、都市部の人材を地方でも活かすという観点から地方創生にも資する面もあると考えられる。

（3）これらを踏まえると、労働者が副業・兼業を行う理由は、収入を増やしたい、1つの仕事だけでは生活できない、自分が活躍できる場を広げる等さまざまであり、業種や職種によって仕事の内容、収入等も様々な実情があるが、自身の能力を一企業にとらわれず幅広く発揮したい、スキルアップを図りたいなどの希望を持つ労働者がいることから、こうした労働者については、長時間労働、企業への労務提供上の支障や業務上の秘密の漏洩等を招かないよう留意しつつ、雇用されない働き方も含め、その希望に応じて幅広く副業・兼業を行える環境を整備することが重要である。

　　また、いずれの形態の副業・兼業においても、労働者の心身の健康の確保、ゆとりある生活の実現の観点から法定労働時間が定められている趣旨にも鑑み、長時間労働にならないよう、以下の3～5に留意して行われることが必要である。

　　なお、労働基準法（以下「労基法」という。）の労働時間規制、労働安全衛生法の安全衛生規制等を潜脱するような形態や、合理的な理由なく労働条件等を労働者の不利益に変更するような形態で行われる副業・兼業は、認められず、違法な偽装請負の場合や、請負であるかのような契約としているが実態は雇用契約だと認められる場合等においては、就労の実態に応じて、労基法、労働安全衛生法等における使用者責任が問われる。

3　企業の対応

（1）基本的な考え方

　　裁判例を踏まえれば、原則、副業・兼業を認める方向とすることが適当である。副業・兼業

を禁止、一律許可制にしている企業は、副業・兼業が自社での業務に支障をもたらすものかどうかを今一度精査したうえで、そのような事情がなければ、労働時間以外の時間については、労働者の希望に応じて、原則、副業・兼業を認める方向で検討することが求められる。

　実際に副業・兼業を進めるに当たっては、労働者と企業の双方が納得感を持って進めることができるよう、企業と労働者との間で十分にコミュニケーションをとることが重要である。なお、副業・兼業に係る相談、自己申告等を行ったことにより不利益な取扱いをすることはできない。加えて、企業の副業・兼業の取組を公表することにより、労働者の職業選択を通じて、多様なキャリア形成を促進することが望ましい。

　また、労働契約法第3条第4項において、「労働者及び使用者は、労働契約を遵守するとともに、信義に従い誠実に、権利を行使し、及び義務を履行しなければならない。」とされている（信義誠実の原則）。

　信義誠実の原則に基づき、使用者及び労働者は、労働契約上の主たる義務（使用者の賃金支払義務、労働者の労務提供義務）のほかに、多様な付随義務を負っている。

　副業・兼業の場合には、以下の点に留意する必要がある。

ア　安全配慮義務

　労働契約法第5条において、「使用者は、労働契約に伴い、労働者がその生命、身体等の安全を確保しつつ労働することができるよう、必要な配慮をするものとする。」とされており（安全配慮義務）、副業・兼業の場合には、副業・兼業を行う労働者を使用する全ての使用者が安全配慮義務を負っている。

　副業・兼業に関して問題となり得る場合としては、使用者が、労働者の全体としての業務量・時間が過重であることを把握しながら、何らの配慮をしないまま、労働者の健康に支障が生ずるに至った場合等が考えられる。

　このため、

・　就業規則、労働契約等（以下この（1）において「就業規則等」という。）において、長時間労働等によって労務提供上の支障がある場合には、副業・兼業を禁止又は制限することができることとしておくこと

・　副業・兼業の届出等の際に、副業・兼業の内容について労働者の安全や健康に支障をもたらさないか確認するとともに、副業・兼業の状況の報告等について労働者と話し合っておくこと

・　副業・兼業の開始後に、副業・兼業の状況について労働者からの報告等により把握し、労働者の健康状態に問題が認められた場合には適切な措置を講ずること

　等が考えられる。

イ　秘密保持義務

　労働者は、使用者の業務上の秘密を守る義務を負っている（秘密保持義務）。

　副業・兼業に関して問題となり得る場合としては、自ら使用する労働者が業務上の秘密を他の使用者の下で漏洩する場合や、他の使用者の労働者（自らの労働者が副業・兼業として他の使用者の労働者である場合を含む。）が他の使用者の業務上の秘密を自らの下で漏洩す

　る場合が考えられる。

　　このため、

・　就業規則等において、業務上の秘密が漏洩する場合には、副業・兼業を禁止又は制限することができることとしておくこと

・　副業・兼業を行う労働者に対して、業務上の秘密となる情報の範囲や、業務上の秘密を漏洩しないことについて注意喚起すること

等が考えられる。

ウ　競業避止義務

　　労働者は、一般に、在職中、使用者と競合する業務を行わない義務を負っていると解されている（競業避止義務）。

　　副業・兼業に関して問題となり得る場合としては、自ら使用する労働者が他の使用者の下でも労働することによって、自らに対して当該労働者が負う競業避止義務違反が生ずる場合や、他の使用者の労働者を自らの下でも労働させることによって、他の使用者に対して当該労働者が負う競業避止義務違反が生ずる場合が考えられる。

　　したがって、使用者は、競業避止の観点から、労働者の副業・兼業を禁止又は制限することができるが、競業避止義務は、使用者の正当な利益を不当に侵害してはならないことを内容とする義務であり、使用者は、労働者の自らの事業場における業務の内容や副業・兼業の内容等に鑑み、その正当な利益が侵害されない場合には、同一の業種・職種であっても、副業・兼業を認めるべき場合も考えられる。

　　このため、

・　就業規則等において、競業により、自社の正当な利益を害する場合には、副業・兼業を禁止又は制限することができることとしておくこと

・　副業・兼業を行う労働者に対して、禁止される競業行為の範囲や、自社の正当な利益を害しないことについて注意喚起すること

・　他社の労働者を自社でも使用する場合には、当該労働者が当該他社に対して負う競業避止義務に違反しないよう確認や注意喚起を行うこと

等が考えられる。

エ　誠実義務

　　誠実義務に基づき、労働者は秘密保持義務、競業避止義務を負うほか、使用者の名誉・信用を毀損しないなど誠実に行動することが要請される。

　　このため、

・　就業規則等において、自社の名誉や信用を損なう行為や、信頼関係を破壊する行為がある場合には、副業・兼業を禁止又は制限することができることとしておくこと

・　副業・兼業の届出等の際に、それらのおそれがないか確認すること

等が考えられる。

オ　副業・兼業の禁止又は制限

（ア）副業・兼業に関する裁判例においては、

> ・　労働者が労働時間以外の時間をどのように利用するかは、基本的には労働者の自由であること
> ・　例外的に、労働者の副業・兼業を禁止又は制限することができるとされた場合としては
>> ①　労務提供上の支障がある場合
>> ②　業務上の秘密が漏洩する場合
>> ③　競業により自社の利益が害される場合
>> ④　自社の名誉や信用を損なう行為や信頼関係を破壊する行為がある場合
>
> が認められている。
>
> 　このため、就業規則において、
> ・　原則として、労働者は副業・兼業を行うことができること
> ・　例外的に、上記①〜④のいずれかに該当する場合には、副業・兼業を禁止又は制限することができることとしておくこと
>
> 等が考えられる。

（イ）なお、副業・兼業に関する裁判例においては、就業規則において労働者が副業・兼業を行う際に許可等の手続を求め、これへの違反を懲戒事由としている場合において、形式的に就業規則の規定に抵触したとしても、職場秩序に影響せず、使用者に対する労務提供に支障を生ぜしめない程度・態様のものは、禁止違反に当たらないとし、懲戒処分を認めていない。

　このため、労働者の副業・兼業が形式的に就業規則の規定に抵触する場合であっても、懲戒処分を行うか否かについては、職場秩序に影響が及んだか否か等の実質的な要素を考慮した上で、あくまでも慎重に判断することが考えられる。

（２）労働時間管理

　労基法第38条第１項では「労働時間は、事業場を異にする場合においても、労働時間に関する規定の適用については通算する。」と規定されており、「事業場を異にする場合」とは事業主を異にする場合をも含む（労働基準局長通達（昭和23年５月14日付け基発第769号））とされている。

　労働者が事業主を異にする複数の事業場で労働する場合における労基法第38条第１項の規定の解釈・運用については、次のとおりである。

ア　労働時間の通算が必要となる場合

（ア）労働時間が通算される場合

　　労働者が、事業主を異にする複数の事業場において、「労基法に定められた労働時間規制が適用される労働者」に該当する場合に、労基法第38条第１項の規定により、それらの複数の事業場における労働時間が通算される。

　　次のいずれかに該当する場合は、その時間は通算されない。

・　労基法が適用されない場合（例　フリーランス、独立、起業、共同経営、アドバイザー、コンサルタント、顧問、理事、監事等）

・　労基法は適用されるが労働時間規制が適用されない場合（農業・畜産業・養蚕業・水産業、管理監督者・機密事務取扱者、監視・断続的労働者、高度プロフェッショナル制度）

なお、これらの場合においても、過労等により業務に支障を来さないようにする観点から、その者からの申告等により就業時間を把握すること等を通じて、就業時間が長時間にならないよう配慮することが望ましい。

（イ）通算して適用される規定

法定労働時間（労基法第32条）について、その適用において自らの事業場における労働時間及び他の使用者の事業場における労働時間が通算される。

時間外労働（労基法第36条）のうち、時間外労働と休日労働の合計で単月100時間未満、複数月平均80時間以内の要件（同条第6項第2号及び第3号）については、労働者個人の実労働時間に着目し、当該個人を使用する使用者を規制するものであり、その適用において自らの事業場における労働時間及び他の使用者の事業場における労働時間が通算される。

時間外労働の上限規制（労基法第36条第3項から第5項まで及び第6項（第2号及び第3号に係る部分に限る。））が適用除外（同条第11項）又は適用猶予（労基法第139条第2項、第140条第2項、第141条第4項若しくは第142条）される業務・事業についても、法定労働時間（労基法第32条）についてはその適用において自らの事業場における労働時間及び他の使用者の事業場における労働時間が通算される。

なお、労働時間を通算して法定労働時間を超える場合には、長時間の時間外労働とならないようにすることが望ましい。

（ウ）通算されない規定

時間外労働（労基法第36条）のうち、労基法第36条第1項の協定（以下「36協定」という。）により延長できる時間の限度時間（同条第4項）、36協定に特別条項を設ける場合の1年についての延長時間の上限（同条第5項）については、個々の事業場における36協定の内容を規制するものであり、それぞれの事業場における延長時間を定めることとなる。

また、36協定において定める延長時間が事業場ごとの時間で定められていることから、それぞれの事業場における時間外労働が36協定に定めた延長時間の範囲内であるか否かについては、自らの事業場における労働時間と他の使用者の事業場における労働時間とは通算されない。

休憩（労基法第34条）、休日（労基法第35条）、年次有給休暇（労基法第39条）については、労働時間に関する規定ではなく、その適用において自らの事業場における労働時間及び他の使用者の事業場における労働時間は通算されない。

イ　副業・兼業の確認

（ア）副業・兼業の確認方法

使用者は、労働者からの申告等により、副業・兼業の有無・内容を確認する。

その方法としては、就業規則、労働契約等に副業・兼業に関する届出制を定め、既に雇

い入れている労働者が新たに副業・兼業を開始する場合の届出や、新たに労働者を雇い入れる際の労働者からの副業・兼業についての届出に基づくこと等が考えられる。

　使用者は、副業・兼業に伴う労務管理を適切に行うため、届出制など副業・兼業の有無・内容を確認するための仕組みを設けておくことが望ましい。

（イ）労働者から確認する事項

　副業・兼業の内容として確認する事項としては、次のものが考えられる。

・　他の使用者の事業場の事業内容

・　他の使用者の事業場で労働者が従事する業務内容

・　労働時間通算の対象となるか否かの確認

　労働時間通算の対象となる場合には、併せて次の事項について確認し、各々の使用者と労働者との間で合意しておくことが望ましい。

・　他の使用者との労働契約の締結日、期間

・　他の使用者の事業場での所定労働日、所定労働時間、始業・終業時刻

・　他の使用者の事業場での所定外労働の有無、見込み時間数、最大時間数

・　他の使用者の事業場における実労働時間等の報告の手続

・　これらの事項について確認を行う頻度

ウ　労働時間の通算

（ア）基本的事項

　a　労働時間を通算管理する使用者

　　副業・兼業を行う労働者を使用する全ての使用者（ア（ア）において労働時間が通算されない場合として掲げられている業務等に係るものを除く。）は、労基法第38条第１項の規定により、それぞれ、自らの事業場における労働時間と他の使用者の事業場における労働時間とを通算して管理する必要がある。

　b　通算される労働時間

　　労基法第38条第１項の規定による労働時間の通算は、自らの事業場における労働時間と労働者からの申告等により把握した他の使用者の事業場における労働時間とを通算することによって行う。

　c　基礎となる労働時間制度

　　労基法第38条第１項の規定による労働時間の通算は、自らの事業場における労働時間制度を基に、労働者からの申告等により把握した他の使用者の事業場における労働時間と通算することによって行う。

　　週の労働時間の起算日又は月の労働時間の起算日が、自らの事業場と他の使用者の事業場とで異なる場合についても、自らの事業場の労働時間制度における起算日を基に、そこから起算した各期間における労働時間を通算する。

　d　通算して時間外労働となる部分

　　自らの事業場における労働時間と他の使用者の事業場における労働時間とを通算して、自らの事業場の労働時間制度における法定労働時間を超える部分が、時間外労働と

なる。

（イ）副業・兼業の開始前（所定労働時間の通算）

　a　所定労働時間の通算

　　副業・兼業の開始前に、自らの事業場における所定労働時間と他の使用者の事業場における所定労働時間とを通算して、自らの事業場の労働時間制度における法定労働時間を超える部分の有無を確認する。

　b　通算して時間外労働となる部分

　　自らの事業場における所定労働時間と他の使用者の事業場における所定労働時間とを通算して、自らの事業場の労働時間制度における法定労働時間を超える部分がある場合は、時間的に後から労働契約を締結した使用者における当該超える部分が時間外労働となり、当該使用者における36協定で定めるところによって行うこととなる。

　c　所定労働時間の把握

　　他の使用者の事業場における所定労働時間は、イ（イ）のとおり、副業・兼業の確認の際に把握しておくことが考えられる。

（ウ）副業・兼業の開始後（所定外労働時間の通算）

　a　所定外労働時間の通算

　　（イ）の所定労働時間の通算に加えて、副業・兼業の開始後に、自らの事業場における所定外労働時間と他の使用者の事業場における所定外労働時間とを当該所定外労働が行われる順に通算して、自らの事業場の労働時間制度における法定労働時間を超える部分の有無を確認する。

　※　自らの事業場で所定外労働がない場合は、所定外労働時間の通算は不要である。

　※　自らの事業場で所定外労働があるが、他の使用者の事業場で所定外労働がない場合は、自らの事業場の所定外労働時間を通算すれば足りる。

　b　通算して時間外労働となる部分

　　所定労働時間の通算に加えて、自らの事業場における所定外労働時間と他の使用者の事業場における所定外労働時間とを当該所定外労働が行われる順に通算して、自らの事業場の労働時間制度における法定労働時間を超える部分がある場合は、当該超える部分が時間外労働となる。

　　各々の使用者は、通算して時間外労働となる時間のうち、自らの事業場において労働させる時間については、自らの事業場における36協定の延長時間の範囲内とする必要がある。

　　各々の使用者は、通算して時間外労働となる時間（他の使用者の事業場における労働時間を含む。）によって、時間外労働と休日労働の合計で単月100時間未満、複数月平均80時間以内の要件（労基法第36条第6項第2号及び第3号）を遵守するよう、1か月単位で労働時間を通算管理する必要がある。

　c　所定外労働時間の把握

　　他の使用者の事業場における実労働時間は、ウ（ア）bのとおり、労働者からの申告

等により把握する。

　他の使用者の事業場における実労働時間は、労基法を遵守するために把握する必要があるが、把握の方法としては、必ずしも日々把握する必要はなく、労基法を遵守するために必要な頻度で把握すれば足りる。

　例えば、時間外労働の上限規制の遵守等に支障がない限り、

・　一定の日数分をまとめて申告等させる

　　（例：一週間分を週末に申告する等）

・　所定労働時間どおり労働した場合には申告等は求めず、実労働時間が所定労働時間どおりではなかった場合のみ申告等させる

　　（例：所定外労働があった場合等）

・　時間外労働の上限規制の水準に近づいてきた場合に申告等させる

などとすることが考えられる。

（エ）その他

　労働者が事業主を異にする３以上の事業場で労働する場合についても、上記に記載したところにより、副業・兼業の確認、副業・兼業開始前の所定労働時間の通算、副業・兼業開始後の所定外労働時間の通算を行う。

エ　時間外労働の割増賃金の取扱い

（ア）割増賃金の支払義務

　各々の使用者は、自らの事業場における労働時間制度を基に、他の使用者の事業場における所定労働時間・所定外労働時間についての労働者からの申告等により、

・　まず労働契約の締結の先後の順に所定労働時間を通算し、

・　次に所定外労働の発生順に所定外労働時間を通算することによって、

それぞれの事業場での所定労働時間・所定外労働時間を通算した労働時間を把握し、その労働時間について、自らの事業場の労働時間制度における法定労働時間を超える部分のうち、自ら労働させた時間について、時間外労働の割増賃金（労基法第37条第１項）を支払う必要がある。

（イ）割増賃金率

　時間外労働の割増賃金の率は、自らの事業場における就業規則等で定められた率（２割５分以上の率。ただし、所定外労働の発生順によって所定外労働時間を通算して、自らの事業場の労働時間制度における法定労働時間を超える部分が１か月について60時間を超えた場合には、その超えた時間の労働のうち自ら労働させた時間については、５割以上の率。）となる（労基法第37条第１項）。

オ　簡便な労働時間管理の方法

（ア）趣旨

　副業・兼業の場合の労働時間管理の在り方については上記のとおりであるが、例えば、副業・兼業の日数が多い場合や、自らの事業場及び他の使用者の事業場の双方において所定外労働がある場合等においては、労働時間の申告等や通算管理において、労使双方に手

続上の負担が伴うことが考えられる。

このため、副業・兼業の場合の労働時間管理の在り方について、上記によることのほかに、労働時間の申告等や通算管理における労使双方の手続上の負担を軽減し、労基法に定める最低労働条件が遵守されやすくなる簡便な労働時間管理の方法（以下「管理モデル」という。）として、以下の方法によることが考えられる。

（イ）管理モデルの枠組み

管理モデルは、副業・兼業の開始前に、当該副業・兼業を行う労働者と時間的に先に労働契約を締結していた使用者（以下「使用者Ａ」という。）の事業場における法定外労働時間と時間的に後から労働契約を締結した使用者（以下「使用者Ｂ」という。）の事業場における労働時間（所定労働時間及び所定外労働時間）とを合計した時間数が単月100時間未満、複数月平均80時間以内となる範囲内において、各々の使用者の事業場における労働時間の上限をそれぞれ設定し、各々の使用者がそれぞれその範囲内で労働させることとするものであること。また、使用者Ａは自らの事業場における法定外労働時間の労働について、使用者Ｂは自らの事業場における労働時間の労働について、それぞれ自らの事業場における36協定の延長時間の範囲内とし、割増賃金を支払うこととするものであること。

これにより、使用者Ａ及び使用者Ｂは、副業・兼業の開始後においては、それぞれあらかじめ設定した労働時間の範囲内で労働させる限り、他の使用者の事業場における実労働時間の把握を要することなく労基法を遵守することが可能となるものであること。

（ウ）管理モデルの実施

a　導入手順

副業・兼業に関する企業の事例において、労務管理上の便宜や労働者の健康確保等のため、副業・兼業の開始前に、あらかじめ使用者が他の使用者の事業場における労働時間や通算した労働時間について上限を設定し、労働者にその範囲内で副業・兼業を行うことを求めている事例がみられる。

管理モデルについても、一般的には、副業・兼業を行おうとする労働者に対して使用者Ａが管理モデルにより副業・兼業を行うことを求め、労働者及び労働者を通じて使用者Ｂがこれに応じることによって導入されることが想定される。

b　労働時間の上限の設定

使用者Ａの事業場における１か月の法定外労働時間と使用者Ｂの事業場における１か月の労働時間とを合計した時間数が単月100時間未満、複数月平均80時間以内となる範囲内において、各々の使用者の事業場における労働時間の上限をそれぞれ設定する。

月の労働時間の起算日が、使用者Ａの事業場と使用者Ｂの事業場とで異なる場合には、各々の使用者は、各々の事業場の労働時間制度における起算日を基に、そこから起算した１か月における労働時間の上限をそれぞれ設定することとして差し支えない。

c　時間外労働の割増賃金の取扱い

使用者Ａは自らの事業場における法定外労働時間の労働について、使用者Ｂは自らの事業場における労働時間の労働について、それぞれ割増賃金を支払う。

　　使用者Aが、法定外労働時間に加え、所定外労働時間についても割増賃金を支払うこととしている場合には、使用者Aは、自らの事業場における所定外労働時間の労働について割増賃金を支払うこととなる。

　　時間外労働の割増賃金の率は、自らの事業場における就業規則等で定められた率（2割5分以上の率。ただし、使用者Aの事業場における法定外労働時間の上限に使用者Bの事業場における労働時間を通算して、自らの事業場の労働時間制度における法定労働時間を超える部分が1か月について60時間を超えた場合には、その超えた時間の労働のうち自らの事業場において労働させた時間については、5割以上の率。）とする。

（エ）その他

　a　管理モデルの導入の際の労働時間の上限の設定において、使用者Aの事業場における1か月の法定外労働時間と使用者Bの事業場における1か月の労働時間とを合計した時間数を80時間を超えるものとした場合には、翌月以降において複数月平均80時間未満となるように労働時間の上限の設定を調整する必要が生じ得る。

　　このため、労働時間の申告等や通算管理における労使双方の手続上の負担を軽減し、労基法に定める最低労働条件が遵守されやすくするという管理モデルの趣旨に鑑み、そのような労働時間を調整する必要が生じないように、各々の使用者と労働者との合意により労働時間の上限を設定することが望ましい。

　b　管理モデルの導入後に、使用者Aにおいて導入時に設定した労働時間の上限を変更する必要が生じた場合には、あらかじめ労働者を通じて使用者Bに通知し、必要に応じて使用者Bにおいて設定した労働時間の上限を変更し、これを変更することは可能である。なお、変更を円滑に行うことができるよう、あらかじめ、変更があり得る旨を留保しておくことが望ましい。

　c　労働者が事業主を異にする3以上の事業場で労働する場合についても、使用者Aの事業場における法定外労働時間、使用者Bの事業場における労働時間、更に時間的に後から労働契約を締結した使用者C等の事業場における労働時間について、各々の使用者の事業場における労働時間の上限をそれぞれ設定し、各々の使用者がそれぞれその範囲内で労働させ、使用者Aは自らの事業場における法定外労働時間の労働について、使用者B及び使用者C等は自らの事業場における労働時間の労働について、それぞれ割増賃金を支払うことにより、管理モデルの導入が可能である。

　d　管理モデルを導入した使用者が、あらかじめ設定した労働時間の範囲を逸脱して労働させたことによって、時間外労働の上限規制を超える等の労基法に抵触した状態が発生した場合には、当該逸脱して労働させた使用者が、労働時間通算に関する法違反を問われ得ることとなる。

（3）健康管理

　使用者は、労働者が副業・兼業をしているかにかかわらず、労働安全衛生法第66条等に基づき、健康診断、長時間労働者に対する面接指導、ストレスチェックやこれらの結果に基づく事後措置等（以下「健康確保措置」という。）を実施しなければならない。

　また、健康確保の観点からも他の事業場における労働時間と通算して適用される労基法の時間外労働の上限規制を遵守すること、また、それを超えない範囲内で自らの事業場及び他の使用者の事業場のそれぞれにおける労働時間の上限を設定する形で副業・兼業を認めている場合においては、自らの事業場における上限を超えて労働させないこと。

（注）労働安全衛生法第66条に基づく一般健康診断及び第66条の10に基づくストレスチェックは、常時使用する労働者（常時使用する短時間労働者を含む。）が実施対象となる。

　　　この際、常時使用する短時間労働者とは、短時間労働者のうち、以下のいずれの要件をも満たす者である（平成26年7月24日付け基発0724第2号等抜粋）。

　・　期間の定めのない労働契約により使用される者（期間の定めのある労働契約により使用される者であって、契約期間が1年以上である者並びに契約更新により1年以上使用されることが予定されている者及び1年以上引き続き使用されている者を含む。）

　・　1週間の労働時間数が当該事業場において同種の業務に従事する通常の労働者の1週間の所定労働時間の3/4以上である者

ア　健康確保措置の対象者

　健康確保措置の実施対象者の選定に当たって、副業・兼業先における労働時間の通算をすることとはされていない。

　ただし、使用者の指示により当該副業・兼業を開始した場合は、当該使用者は、原則として、副業・兼業先の使用者との情報交換により、それが難しい場合は、労働者からの申告により把握し、自らの事業場における労働時間と通算した労働時間に基づき、健康確保措置を実施することが適当である。

イ　健康確保措置等の円滑な実施についての留意点

　使用者が労働者の副業・兼業を認めている場合は、健康保持のため自己管理を行うよう指示し、心身の不調があれば都度相談を受けることを伝えること、副業・兼業の状況も踏まえ必要に応じ法律を超える健康確保措置を実施することなど、労使の話し合い等を通じ、副業・兼業を行う者の健康確保に資する措置を実施することが適当である。また、副業・兼業を行う者の長時間労働や不規則な労働による健康障害を防止する観点から、働き過ぎにならないよう、例えば、自社での労務と副業・兼業先での労務との兼ね合いの中で、時間外・休日労働の免除や抑制等を行うなど、それぞれの事業場において適切な措置を講じることができるよう、労使で話し合うことが適当である。

　さらに、使用者の指示により当該副業・兼業を開始した場合は、実効ある健康確保措置を実施する観点から、他の使用者との間で、労働の状況等の情報交換を行い、それに応じた健康確保措置の内容に関する協議を行うことが適当である。

（4）副業・兼業に関する情報の公表について

　企業は、労働者の多様なキャリア形成を促進する観点から、職業選択に資するよう、副業・兼業を許容しているか否か、また条件付許容の場合はその条件について、自社のホームページ等において公表することが望ましい。

4　労働者の対応

（1）労働者は、副業・兼業を希望する場合にも、まず、自身が勤めている企業の副業・兼業に関するルール（労働契約、就業規則等）を確認し、そのルールに照らして、業務内容や就業時間等が適切な副業・兼業を選択する必要がある。例えば労働者が副業・兼業先の求職活動をする場合には、就業時間、特に時間外労働の有無等の副業・兼業先の情報を集めて適切な就職先を選択することが重要である。なお、適切な副業・兼業先を選択する観点からは、自らのキャリアを念頭に、企業が3（4）により自社のホームページ等において公表した副業・兼業に関する情報を参考にすることや、ハローワークにおいて求人内容の適法性等の確認作業を経て受理され、公開されている求人について求職活動を行うこと等も有効である。また、実際に副業・兼業を行うに当たっては、労働者と企業の双方が納得感を持って進めることができるよう、企業と労働者との間で十分にコミュニケーションをとることが重要である。

（2）（1）により副業・兼業を行うに当たっては、副業・兼業による過労によって健康を害したり、業務に支障を来したりすることがないよう、労働者（管理監督者である労働者も含む。）が、自ら各事業場の業務の量やその進捗状況、それに費やす時間や健康状態を管理する必要がある。

　　また、他の事業場の業務量、自らの健康の状況等について報告することは、企業による健康確保措置を実効あるものとする観点から有効である。

（3）そこで、使用者が提供する健康相談等の機会の活用や、勤務時間や健康診断の結果等の管理が容易になるようなツールを用いることが望ましい。始業・終業時刻、休憩時間、勤務時間、健康診断等の記録をつけていくような民間等のツールを活用して、自己の就業時間や健康の管理に努めることが考えられる。ツールは、副業・兼業先の就業時間を自己申告により使用者に伝えるときにも活用できるようなものが望ましい。

（4）なお、副業・兼業を行い、20万円を超える副収入がある場合は、企業による年末調整ではなく、個人による確定申告が必要である。

5　副業・兼業に関わるその他の制度について

（1）労災保険の給付（休業補償、障害補償、遺族補償等）

　　事業主は、労働者が副業・兼業をしているかにかかわらず、労働者を1人でも雇用していれば、労災保険の加入手続を行う必要がある。

　　労災保険制度は労基法における個別の事業主の災害補償責任を担保するものであるため、従来その給付額については、災害が発生した就業先の賃金分のみに基づき算定していたが、複数就業している者が増えている実状を踏まえ、複数就業者が安心して働くことができるような環境を整備するため、「雇用保険法等の一部を改正する法律」（令和2年法律第14号）により、非災害発生事業場の賃金額も合算して労災保険給付を算定することとしたほか、複数就業者の就業先の業務上の負荷を総合的に評価して労災認定を行うこととした。

　　なお、労働者が、自社、副業・兼業先の両方で雇用されている場合、一の就業先から他の就業先への移動時に起こった災害については、通勤災害として労災保険給付の対象となる。

　　（注）事業場間の移動は、当該移動の終点たる事業場において労務の提供を行うために行われ

る通勤であると考えられ、当該移動の間に起こった災害に関する保険関係の処理については、終点たる事業場の保険関係で行うものとしている。（労働基準局長通達（平成18年3月31日付け基発第0331042号））

（2）雇用保険、厚生年金保険、健康保険

　雇用保険制度において、労働者が雇用される事業は、その業種、規模等を問わず、全て適用事業（農林水産の個人事業のうち常時5人以上の労働者を雇用する事業以外の事業については、暫定任意適用事業）である。このため、適用事業所の事業主は、雇用する労働者について雇用保険の加入手続きを行わなければならない。ただし、同一の事業主の下で、①1週間の所定労働時間が20時間未満である者、②継続して31日以上雇用されることが見込まれない者については被保険者とならない（適用除外）。また、同時に複数の事業主に雇用されている者が、それぞれの雇用関係において被保険者要件を満たす場合、その者が生計を維持するに必要な主たる賃金を受ける雇用関係についてのみ被保険者となるが、「雇用保険法等の一部を改正する法律」（令和2年法律第14号）により、令和4年1月より65歳以上の労働者本人の申出を起点として、一の雇用関係では被保険者要件を満たさない場合であっても、二の事業所の労働時間を合算して雇用保険を適用する制度が試行的に開始される。

　社会保険（厚生年金保険及び健康保険）の適用要件は、事業所毎に判断するため、複数の雇用関係に基づき複数の事業所で勤務する者が、いずれの事業所においても適用要件を満たさない場合、労働時間等を合算して適用要件を満たしたとしても、適用されない。また、同時に複数の事業所で就労している者が、それぞれの事業所で被保険者要件を満たす場合、被保険者は、いずれかの事業所の管轄の年金事務所及び医療保険者を選択し、当該選択された年金事務所及び医療保険者において各事業所の報酬月額を合算して、標準報酬月額を算定し、保険料を決定する。その上で、各事業主は、被保険者に支払う報酬の額により按分した保険料を、選択した年金事務所に納付（健康保険の場合は、選択した医療保険者等に納付）することとなる。

❸働き方改革推進支援センター連絡先一覧

名称	住所	電話番号
北海道働き方改革推進支援センター	札幌市中央区北１条西３丁目3-33 リーブロビル３階	0800-919-1073
青森働き方改革推進支援センター	青森市本町５丁目5-6 青森県社会保険労務士会館	0800-800-1830
岩手働き方改革推進支援センター	盛岡市肴町４番５号 カガヤ肴町ビル３階	0120-664-643
宮城働き方改革推進支援センター	仙台市宮城野区原町１丁目3-43 アクス原町ビル201	0120-97-8600
秋田働き方改革推進支援センター	秋田市大町3-2-44 大町ビル３階	0120-695-783
山形働き方改革推進支援センター	山形市香澄町3-2-1 山交ビル４階	0800-800-3552
福島働き方改革推進支援センター	福島市御山字三本松19-3	0120-541-516
茨城働き方改革推進支援センター	水戸市三の丸２丁目2-27 リバティ三の丸２階	0120-971-728
栃木働き方改革推進支援センター	宇都宮市宝木本町1140-200	0800-800-8100
群馬働き方改革推進支援センター	前橋市新前橋町26-9 八兵衛ビル３階	0120-486-450
埼玉働き方改革推進支援センター	さいたま市大宮区吉敷町１丁目103 大宮大鷹ビル404号	0120-729-055
千葉働き方改革推進支援センター	千葉市中央区中央4-13-10 千葉県教育会館７階	0120-174-864
東京働き方改革推進支援センター	港区虎ノ門1-16-18 虎ノ門石井ビル４階	0120-232-865
神奈川働き方改革推進支援センター	横浜市中区尾上町5-80 神奈川中小企業センタービル12階	0120-910-090
新潟働き方改革推進支援センター	新潟市中央区東大通2-2-18 タチバナビル４階3-B	0120-009-229
働き方改革推進支援センター富山	富山市赤江町1-7 富山県中小企業研修センター４階	0800-200-0836
石川働き方改革推進支援センター	金沢市西念4-24-30 金沢M.Gビル３階	0120-319-339
ふくい働き方改革推進支援センター	福井市西木田2-8-1 福井商工会議所ビル１階	0120-14-4864
山梨働き方改革推進支援センター	山梨県中巨摩郡昭和町河西1232-1 ２階	0120-755-455
長野働き方改革推進支援センター	長野市中御所岡田町215-1 フージャース長野駅前ビル３階	0120-088-703
ぎふ働き方改革推進支援センター	岐阜市神田町６丁目12番地 シグザ神田５階	0120-226-311
静岡働き方改革推進支援センター	静岡市葵区伝馬町18-8 アミイチビル２階	0800-200-5451
愛知働き方改革推進支援センター	名古屋市千種区千種通7-25-1 サンライズ千種３階	0120-006-802
三重働き方改革推進支援センター	津市栄町2-209 セキゴン第二ビル２階	0120-111-417
滋賀働き方改革推進支援センター	大津市中央3-2-1 セザール大津森田ビル１階	0120-100-227
京都働き方改革推進支援センター	京都市中央区泉正寺町328 西川ビル４階	0120-417-072
大阪働き方改革推進支援・賃金相談センター	大阪市北区天満２丁目１番30号 大阪府社会保険労務士会館５階	0120-068-116
兵庫働き方改革推進支援センター	神戸市中央区八幡通3-2-5 IN東洋ビル６階	0120-79-1149
奈良働き方改革推進支援センター	奈良市西木辻町343-1 奈良社会保険労務士会館	0120-414-811
和歌山働き方改革推進支援センター	和歌山市北出島１丁目５番46号	0120-547-888
働き方改革サポートオフィス鳥取	鳥取市富安1-152 SGビル２階201号室	0800-200-3295
島根働き方改革推進支援センター	松江市末次本町46 松江京町RGBビル502	0120-514-925
岡山働き方改革推進支援センター	岡山市北区厚生町３丁目１番15号 岡山商工会議所801号室	0120-947-188
広島働き方改革推進支援センター	広島市中区基町11-13 合人社広島紙屋町アネクス４階	0120-610-494
働き方改革サポートオフィス山口	山口市吉敷下東３丁目4-7 リアライズⅢ	0120-172-223
徳島働き方改革推進支援センター	徳島市南末広町５番8-8号 徳島経済産業会館２階徳島県社会保険労務士会内	0120-967-951
香川働き方改革推進支援センター	高松市寿町2-2-10 高松寿町プライムビル２階	0120-000-849
愛媛働き方改革推進支援センター	松山市大手町２丁目５番地７ 愛媛県法人会連合会会館別館１階	0120-005-262
高知県働き方改革推進支援センター	高知市南はりまや町2-3-10 ア・ラ・モードはりまや103号	0120-899-869
福岡働き方改革推進支援センター	福岡市博多区博多駅南1-7-14 BOIS博多305	0800-888-1699
佐賀働き方改革推進支援センター	佐賀市白山2-1-12 佐賀商工ビル	0120-610-464
長崎働き方改革推進支援センター	長崎市五島町3-3 プレジデント長崎２階	0120-168-610
熊本働き方改革推進支援センター	熊本市中央区紺屋町2-8-1 熊本県遺族会館2-7	0120-04-1124
大分働き方改革推進支援センター	大分市府内町１丁目4-16 河電ビル203	0120-450-836
みやざき働き方改革推進支援センター	宮崎市橘通東2-9-14 トライスター本町通りビル302	0120-975-264
鹿児島働き方改革推進支援センター	鹿児島市鴨池新町6-6 鴨池南国ビル11階	0120-221-255
沖縄働き方改革推進支援センター	那覇市泉崎1-20-1 カフーナ旭橋A街区（那覇オーパ３階）	0120-420-780

春季労使交渉対策講演会

　下記の各団体では、毎年1～3月に春季労使交渉対策講演会を開催しています。日時および会場、講演内容、費用などは団体によって異なりますので参加ご希望の方は、恐れ入りますが、下の各団体までお問い合わせください。

北海道経営者協議会 電話 011（251）3592	（一社）滋賀経済産業協会 電話 077（526）3575
（一社）青森県経営者協会 電話 017（734）2531	（一社）京都経営者協会 電話 075（205）5417
（一社）岩手県経営者協会 電話 019（622）2732	大阪経営者協議会 電話 06（6441）0103
（一社）宮城県経営者協会 電話 022（222）4023	兵庫県経営者協会 電話 078（321）0051
（一社）秋田県経営者協会 電話 018（864）0812	（一社）奈良経済産業協会 電話 0742（36）7370
（一社）山形県経営者協会 電話 023（622）3875	和歌山県経営者協会 電話 073（431）7376
福島県経営者協会連合会 電話 024（922）1495	（一社）鳥取県経営者協会 電話 0857（22）8424
（一社）茨城県経営者協会 電話 029（221）5301	（一社）島根県経営者協会 電話 0852（21）4925
（一社）栃木県経営者協会 電話 028（611）3226	岡山県経営者協会 電話 086（225）3988
（一社）群馬県経営者協会 電話 027（234）2770	広島県経営者協会 電話 082（221）6844
（一社）埼玉県経営者協会 電話 048（647）4100	山口県経営者協会 電話 083（922）0888
（一社）千葉県経営者協会 電話 043（246）1158	徳島県経営者協会 電話 088（625）7701
（一社）東京経営者協会 電話 03（3213）4700	香川県経営者協会 電話 087（821）4691
（一社）神奈川県経営者協会 電話 045（671）7060	愛媛県経営者協会 電話 089（921）6767
（一社）新潟県経営者協会 電話 025（267）2311	高知県経営者協会 電話 088（872）5181
（一社）富山県経営者協会 電話 076（441）9588	福岡県経営者協会 電話 092（715）0562
（一社）石川県経営者協会 電話 076（232）3030	佐賀県経営者協会 電話 0952（23）7191
福井県経営者協会 電話 0776（63）6201	長崎県経営者協会 電話 095（822）0245
山梨県経営者協会 電話 055（233）0271	熊本県経営者協会 電話 096（352）0419
（一社）長野県経営者協会 電話 026（235）3522	大分県経営者協会 電話 097（532）4745
（一社）岐阜県経営者協会 電話 058（266）1151	宮崎県経営者協会 電話 0985（22）4667
（一社）静岡県経営者協会 電話 054（252）4325	鹿児島県経営者協会 電話 099（222）3489
愛知県経営者協会 電話 052（221）1931	（一社）沖縄県経営者協会 電話 098（859）6151
三重県経営者協会 電話 059（228）3557	（一社）経団連事業サービス 電話 03（6741）0043

注：都道府県によっては、地区経営者協会でも講演会を開催しています
　　詳細については、上記各団体までお問い合わせください

2024年版 春季労使交渉・労使協議の手引き

編　者
経団連事務局

発　行
2024年 1 月16日　第 1 刷

発行者
大下　正
発行所
経団連出版
〒100-8187　東京都千代田区大手町 1 - 3 - 2
経団連事業サービス
電話　編集03-6741-0045　販売03-6741-0043
URL　http://www.keidanren-jigyoservice.or.jp
印刷所
サンケイ総合印刷
© Japan Business Federation 2024, Printed in Japan
ISBN978-4-8185-1954-1 C2034